生态环境产教融合系列教材

景区绿色服务与管理实务

主　编　孙英杰

副主编　胡召鑫　赵　力

中国环境出版集团·北京

图书在版编目（CIP）数据

景区绿色服务与管理实务 / 孙英杰主编. --北京：
中国环境出版集团，2024.11
生态环境产教融合系列教材
ISBN 978-7-5111-5730-0

Ⅰ. ①景⋯　Ⅱ. ①孙⋯　Ⅲ. ①旅游区－经营管理－高
等学校－教材　Ⅳ. ①F590.6

中国国家版本馆 CIP 数据核字 (2023) 第 249945 号

策划编辑　葛　莉
责任编辑　范云平
封面设计　宋　瑞

出版发行　中国环境出版集团
　　　　　（100062　北京市东城区广渠门内大街 16 号）
　　　　　网　　　址：http://www.cesp.com.cn
　　　　　电子邮箱：bjgl@cesp.com.cn
　　　　　联系电话：010-67112765（编辑管理部）
　　　　　发行热线：010-67125803，010-67113405（传真）
印　　刷　玖龙（天津）印刷有限公司
经　　销　各地新华书店
版　　次　2024 年 11 月第 1 版
印　　次　2024 年 11 月第 1 次印刷
开　　本　787×1092　1/16
印　　张　13.25
字　　数　290 千字
定　　价　53.00 元

中国环境出版集团郑重承诺：
中国环境出版集团合作的印刷单位、材料单位均具有中国环境标志产品认证。

生态环境产教融合系列教材编委会

主　任：李晓华（河北环境工程学院）

副主任：耿世刚（河北环境工程学院）
　　　　张　静（河北环境工程学院）

编　委（按拼音排序）：
　　　　曹　宏（河北环境工程学院）
　　　　崔力拓（河北环境工程学院）
　　　　杜少中（中华环保联合会）
　　　　杜一鸣（金色河畔（北京）体育科技有限公司）
　　　　付宜新（河北环境工程学院）
　　　　高彩霞（河北环境工程学院）
　　　　冀广鹏（北控水务集团）
　　　　纪献兵（河北环境工程学院）
　　　　靳国明（企美实业集团有限公司）
　　　　李印杲（东软教育科技集团）
　　　　潘　涛（北京泷涛环境科技有限公司）
　　　　王喜胜（北京京胜世纪科技有限公司）
　　　　王　政（河北环境工程学院）
　　　　薛春喜（秦皇岛远中装饰工程有限公司）
　　　　殷志栋（河北环境工程学院）
　　　　张宝安（河北环境工程学院）
　　　　张军亮（河北环境工程学院）
　　　　张利辉（河北环境工程学院）
　　　　赵文英（河北正润环境科技有限公司）
　　　　赵鱼企（企美实业集团有限公司）
　　　　朱溢镕（广联达科技股份有限公司）

本 书 主 编 简 介

孙英杰

河北环境工程学院人文社科系旅游管理与服务教育专业教研室主任，副教授，旅游管理专业硕士研究生，主持省级、厅局级课题 10 余项，发表学术论文 20 余篇，主编《旅游景区开发与管理》教材 1 部。秦皇岛市旅游项目评审专家、A 级景区评审专家。

胡召鑫

北京九州盛景文化旅游发展集团有限公司董事长，重庆交通大学艺术设计学院客座教授，深耕文旅行业 20 多年，主持并完成各类文旅、康旅项目百余个，擅长景区综合规划、旅游品牌打造及景区营运管理工作，对文旅行业有独到的见解和丰富的经验。武汉市旅规设计研究院标识系统首席专家，重庆市智慧景区评审专家。

赵力

南宁职业技术学院旅游管理专业骨干教师，副教授，国家中级导游，旅游管理专业硕士研究生，主要担任"智慧景区服务与管理""旅游文创"等专业课程的教研工作。国家导游资格证考试面试评委。

生态环境产教融合系列教材

总　序

引导部分地方本科高校向应用型转变是党中央、国务院的重大决策部署，其内涵是推动高校把办学思路真正转到服务地方经济社会发展上来，把办学模式转到产教融合、校企合作上来，把人才培养重心转到应用型技术技能型人才、增强学生就业创业能力上来，全面提高学校服务区域经济社会发展和创新驱动发展的能力。为推动我校转型发展，顺利完成河北省转型发展试点高校的各项任务，根据教育部、国家发展改革委、财政部《关于引导部分地方普通本科高校向应用型转变的指导意见》（教发〔2015〕7号），《河北省本科高校转型发展试点工作实施方案》等文件精神，特组织编写生态环境产教融合系列教材。

我校自被确立为河北省转型发展试点高校以来，以习近平新时代中国特色社会主义思想为指导，坚持立德树人根本任务，坚定不移培养德智体美劳全面发展的高素质应用型人才；以绿色低碳高质量发展需求为导向，优化学科专业结构，建设与行业产业需求有机链接的专业集群；以产教融合为人才培养主要路径，建立产教融合协同育人的有效机制；以培养高素质应用型人才为根本目标，探索"五育并举"的实现形式，创新产教融合人才培养模式，改革课程体系和教育教学方法，打造高水平"双师双能型"教师队伍，把学校建设成为教育教学理念先进、跨学科专业交叉融合、多元主体协同育人充满活力、服务地方经济社会能力突出、生态环保特色彰显的应用型大学。为深入推进转型发展，切实落实各项任务，确保实现"12333"转型发展目标，学校实行转型发展项目负责制，共包含产业学院建设项目、专业产教融合建设项目和公共课程平台建设项目 3 类。根据 OBE 教育理念，构建"跨学科交叉、校政企共育共管、多元协同促教"的产教融合人才培养模式，着眼于建设特色鲜明高水平应用型大学的办学目标，通过实施项目负责制精准推进产教融合。25 个本科专业实现了校企合作办学全覆盖，7 个产业学院、10 个专业和 5 个课程平台投入建设，通过多层次、多渠道与相关行业企业开展实质性合作办学，不断深化产教融合、校企合作，校企协同育人机制初步形成。

编写产教融合教材是转型发展工作中的重要环节，是学校与企业之间沟通交流的重要载体。教材建设团队坚持正确的政治方向和价值导向，将先进企业的生产技术、管理理念和课程思政教育元素融入教材。教材的编写推进了启发式、探究式等教学方法改革和项目式、案例式、任务式企业实操教学等培养模式综合改革；有利于促进人才培养与技术发展衔接、与生产过程对接、与产业需求融合；有利于促进学生自主学习和深度学习。产教融合教材和对应课程依据合作企业先进的、典型的任务而开发，满足学生顶岗实习需求、项目教学需求、企业人员承担教学任务需求。课程开发和教材编写人员组成包含共建实习实训基地项目和创新创业项目人员及顶岗挂职人员，确保教材能够将人才链、创新链、产业链有机融合，为应用型人才培养贡献力量。

前　言

　　旅游业是一个集食、住、行、游、购、娱于一体的综合性服务产业，是世界上产业规模最大、发展势头最强劲的产业。自改革开放后，我国历经40多年的发展，已经成为全世界第三大旅游目的地和第三大旅游客源地。从最初的以接待外国友好团体为主到现在国内旅游和出境旅游日益繁荣，旅游业已经成为我国国民经济新的增长点。

　　旅游景区作为旅游活动的原动力、旅游动机产生的主要影响因素、旅游目的地吸引力强弱的主要标志，是旅游产业中至关重要的一环。旅游景区开发与运营管理的水平，直接影响当地旅游经济的发展水平。我国旅游景区的规划与开发起步晚，历史较短，但是发展速度很快。我国旅游业在改革开放之前以旅游接待为主，不涉及旅游资源的开发，旅游景区的开发始于1985年国务院转批国家旅游局《关于当前旅游体制改革几个问题的报告》，报告中明确提出"以旅游接待为主转变为旅游资源开发与旅游接待并举"，此后，旅游景区如雨后春笋般在中国大地迅速发展起来。目前，我国旅游景区在数量、规模、种类、质量、知名度等方面都发生了巨大变化并取得了显著的成效。

　　本教材适用于应用型本科旅游管理专业。在编写团队和案例引用方面突出校企合作，50%的参编人员来自旅游企业，大多数案例来自企业近年来典型的真实项目，体现了案例的前沿性和真实性。在介绍理论知识的基础上强化景区运营中具体项目的实操性，明确学习任务，通过任务训练达成学习目标。教材设置学习任务、达成目标、案例导入、案例思考、任务训练、企业实务、课后思考题等板块。以绿色景区的创建标准为依据，基于生态文明和可持续发展理念，指导景区的运营和管理是本书的特色。

　　本书分为两部分，即景区绿色服务篇和景区绿色管理篇。共13个项目，基本涵盖了景区运营的各个环节，对景区行业新兴的业态进行了探讨。

本书由河北环境工程学院孙英杰老师担任主编,北京九州盛景文化旅游发展集团有限公司董事长胡召鑫和南宁职业技术学院智慧景区学科骨干教师赵力担任副主编。北京九州盛景文化旅游发展集团有限公司、北戴河秦行宫遗址博物馆、重庆笨鸟标识制作有限公司、唐山市归巢旅游开发有限公司、龙云谷景区、集发自然教育营地等为相应章节提供真实案例并参与内容的编写。项目一、项目八由孙英杰老师编写;项目二由孙英杰老师和北戴河秦行宫遗址博物馆孙昕主任、重庆笨鸟标识制作有限公司的李海军经理编写;项目三由张岩老师和集发自然教育营地总监焦春红编写;项目四由孙英杰老师和唐山市归巢旅游开发有限公司总经理贾春雷先生编写;项目五由臧传芹老师编写;项目六由王慧元老师编写;项目七由申雨璇老师编写;项目八、项目九、项目十三由北京九州盛景文化旅游发展集团有限公司董事长胡召鑫和市场部总监潘红编写;项目十由南宁职业技术学院智慧景区学科骨干教师赵力编写;项目十一由李书毅老师和龙云谷景区总经理李宏民编写;项目十二由曹艺丹老师编写。全书由孙英杰老师统稿。本教材的编写得到了相关部门和领导的支持和帮助,在此表示最诚挚的谢意。

本书可作为应用型本科旅游管理专业及相关专业的教材,也可供旅游系统各级旅游景区开发与管理的负责人和专业人员参考使用。

由于时间和水平有限,书中错误和不足之处在所难免,恳请读者批评指正。需要教材课件的老师可通过资源码的数字教材获取。

编 者

2023 年 5 月

目　录

绿色服务篇

绿色管理篇

扫码学习 >>

绿色旅游景区的运营之道

AI孙行者 01
领悟**运营思路**，
助推中国旅游高质量发展。

数字教材 02
学习**理论知识**，
成为绿色景区的创新人才。

企业案例 03
精选**优秀案例**，
提高绿色服务与管理水平。

视野拓展 04
解构**文旅体系**，
学习旅游创新的营销策略。

绿色服务篇

项目一　认识旅游景区及绿色旅游景区

- **学习任务**
1．掌握旅游景区的概念和特征；
2．了解我国旅游景区发展的历程和未来趋势；
3．掌握支撑旅游景区绿色运营和管理的基础理论和国家标准。
- **达成目标**
熟悉绿色旅游景区的服务与管理标准。

☞ **案例导入**

塞罕坝国家森林公园——从一棵树到一片"海"

塞罕坝位于河北省承德市围场满族蒙古族自治县北部，曾是清王朝木兰围场的一部分，同治年间开围放垦，致使千里松林被砍伐殆尽。中华人民共和国成立之初，过去的原始森林已变成"黄沙遮天日、飞鸟无栖树"的高原荒丘。20 世纪 50 年代中期，毛泽东同志发出了"绿化祖国"的伟大号召。1961 年，林业部决定在河北北部建立大型机械林场，并选址塞罕坝。1962 年，塞罕坝机械林场正式组建，来自我国 18 个省（区、市）的 127 名大中专毕业生，与当地干部职工一起组成了一支 369 人的创业队伍，拉开了塞罕坝造林绿化的历史帷幕。"天当房，地当床，草滩窝子做工房"，一代代塞罕坝人薪火相传，用半个多世纪的接力传承，以青春、汗水甚至血肉之躯，筑起为京津阻沙涵水的"绿色长城"，从茫茫荒原到百万亩人工林海，建造起一道守卫京津的重要生态屏障。

2017 年 8 月，习近平总书记对河北塞罕坝林场建设者感人事迹做出重要指示：55 年来，河北塞罕坝林场的建设者们听从党的召唤，在"黄沙遮天日，飞鸟无栖树"的荒漠沙地上艰苦奋斗、甘于奉献，创造了荒原变林海的人间奇迹，用实际行动诠释了"绿水青山就是金山银山"的理念，铸就了牢记使命、艰苦创业、绿色发展的塞罕坝精神。他们的事迹感人至深，是推进生态文明建设的一个生动范例。习近平总书记强调，全党全社会要坚持绿色发展理念，弘扬塞罕坝精神，持之以恒推进生态文明建设，一代接着一代干，驰而不息，久久为功，努力形成人与自然和谐发展新格局，把我们伟大的祖国建设得更加美丽，为子孙后代留下天更蓝、山更绿、水更清的优美环境。

现如今的塞罕坝国家森林公园，总面积 141 万亩①，森林景观 106 万亩，草原景观 20 万亩，森林覆盖率 75.2%。全园规划了 6 大类型景观，被誉为"水的源头，云的故乡，花的世界，林的海洋，休闲度假的天堂"，属国家一级旅游资源，国家 AAAA 级旅游景区。保护生态环境就是保护生产力，改善生态环境就是发展生产力。塞罕坝国家森林公园因其优质的生态环境吸引了大量国内外游客前来旅游。按照规划，塞罕坝完全可以承受 100 万人次/年的接待量，但是塞罕坝实际却只接待旅游者 50 万人次/年，在开发与保护的考题上，塞罕坝人做出"严格控制入园人数、控制入园时间、控制开发区域、控制占林面积"的决定。

守住绿水青山，塞罕坝创造了价值难以估量的金山银山，以现有的林木蓄积量，塞罕坝植被每年释放的氧气可供近 200 万人呼吸 1 年。中国林业科学研究院的评估显示，塞罕坝的森林生态系统每年提供超过 120 亿元的生态服务价值。沈国舫院士评价说：从造林、护林到用林，塞罕坝将绿色理念贯穿始终，成为建设美丽中国的一支重要力量。

（资料来源：生态中国网 https://www.eco.gov.cn/news_info/40684.html，国家林业和草原局政务网 https://www.forestry.gov.cn/main/195/content-1013954.html）

任务一　认识旅游景区

一、旅游景区的定义

近年来，随着经济收入的增加、生活水平的提高，旅游已经成为人们生活中必不可少的一部分。旅游业也已成为我国的战略性支柱产业，各地积极发展旅游业，旅游人次持续攀升，旅游收入不断增加，旅游服务水平和产品质量得到很大的提升。旅游景区是旅游产业中非常重要的组成部分，旅游景区的吸引力是游客外出旅游的重要驱动力，各地旅游业通过旅游景区对游客产生吸引力，促进其旅游消费，带动游客对住宿、餐饮、交通、购物、娱乐等旅游要素的直接消费，也拉动了房地产、金融、商贸零售等相关要素的间接消费。旅游景区是一个城市旅游形象甚至是城市形象的代表和窗口，是旅游景区所在地的亮丽名片，很多城市因其拥有高等级的景区而驰名中外，为城市带来可观的经济效益、社会效益和环境效益。

对于作为旅游活动载体的旅游景区，国内外旅游学界一直在努力界定它的概念和解释它的内涵，形成了一些具有代表性的观点和意见。

在国外，旅游景区的概念很多用"旅游吸引物"来表示。

---

① 1 亩=1/15 hm²

美国学者 Alan Lew 指出旅游吸引物包括能够使旅游者离开家到"不是家"（no-home）的地方的所有因素，如可供观赏的景观、游客参与的活动以及值得回忆的体验。

英国学者 John Swarbrooke 认为，旅游景区应该是一个独立的单位，一个专门的场所，或者是一个有明确界线的、范围不可太大的区域，交通便利，可以吸引大批游人闲暇时来到这里做短时间的访问。

美国学者 C. A. Guun 认为，旅游景区可以是地球上任何一个独具特色的地方，这些地方的形成既可能是自然力量的结果，也可能是人类活动的结果。

我国也有多位学者就旅游景区的概念提出了不同的看法。

张凌云认为，旅游景区是可以进行管理的、促使旅游者出游的吸引物，包括有界定地域的、永久存在的各类景区以及暂时性的各类节事庆典，但不包括大多数体育运动项目和购物场所。

马勇认为，旅游景区是由一系列相对独立的景点组成，从事商业性经营，满足旅游者观光、休闲、娱乐、探险、科学考察等需求，具有明确的地域界线，是相对独立的小尺度空间旅游地。

岳怀仁认为，旅游景区是指一定区域范围内，旅游资源、旅游服务设施和机构以及旅游交通设施等相互作用而形成的旅游地域系统。

魏小安对旅游景区的定义是，能够使旅游者产生旅游动机，并追求旅游动机实现的各种空间要素的总和。

根据《旅游区（点）质量等级的划分与评定》（GB/T 17775—2003），旅游区是以旅游及其相关活动为主要功能或主要功能之一的空间或地域。本标准中旅游区（点）是指具有参观游览、休闲度假、康乐健身等功能，具备相应旅游服务设施并提供相应旅游服务的独立管理区。该管理区应有统一的经营管理机构和明确的地域范围。包括风景区、文博院馆、寺庙观堂、旅游度假区、自然保护区、主题公园、森林公园、地质公园、游乐园、动物园、植物园及工业、农业、经贸、科教、军事、体育、文化艺术等各类旅游区（点）。

牟红认为凡是具有明确的地域范围，能满足人们休闲、娱乐、审美等旅游需求，专门从事旅游休闲经营管理活动的场所就是旅游景区。旅游景区的概念需要强调以下三点：

1. 专用性——专门从事休闲活动

旅游景区是指定的用来供游人开展上述各项休闲活动的场所。这种专用性的指定要么源于商业性决策，要么源于政府有关部门的公益性决策。但不管源于哪一种决策，旅游景区的上述职能都是不可改变的，如果发生改变，则不属于旅游景区。例如，工厂、学校、乡村和部队军营也可供旅游者参观或游览，但它们都不属于旅游景区，因为它们的职能不是供游人参观。换言之，只有那些专供游人参观、游览或开展其他休闲活动的场所才可称为旅游景区。

2. 长久性——固定的场所

旅游景区都必须有其长期固定的场所，并利用这一场所发挥其固有功能。这里对其长久性的强调，主要是为了与那些没有固定场所的旅游吸引物区别开来。例如，某时某处临时举办的展览、娱乐活动、流动演出及民间盛会等。这些暂时性的旅游吸引物有其不同的组织和营销方式，并且没有长期专用的固定场所，因而不属于旅游景区的行列，也不在旅游景区的经营管理讨论范围内。

3. 可控性——统一的管理机构

旅游景区必须对游人的出入进行有效的控制，否则，从旅游业经营的意义上讲，便不属于真正的旅游景区，而只能是一般的公众活动区域。旅游景区并非仅限于对来访游人收费的旅游景区，也包括那些有人管理但对游人实行免费参观的旅游景区，比如博物馆。后者多见于政府部门和社会团体出于社会公益目的而兴办和管理的参观与游览场所。需要说明的是，目前世界上绝大多数旅游景区都实行购票入园的做法。纯商业性的旅游景区旨在通过门票收费去补偿其全部运营成本并获取利润。对于由政府部门和社会团体兴办的旅游景区，有些旨在通过门票收入补偿其流动费用而非建设投资，有些则是为了补贴有关方面所支付的费用。

二、旅游景区的特征

1. 综合性

从旅游产业要素的角度看，一个旅游景区通常包括"食、住、行、游、购、娱"等传统旅游六要素。从旅游产业功能的角度看，旅游景区能满足游客的参观游览、休闲度假、康体健身、文化体验、科普研学、商务会议、节庆娱乐、宗教朝拜、美食餐饮、特色购物等各个方面的需求，具有典型的综合性的特征。

2. 地域性

旅游景区是以一定的地域空间为载体，每个旅游景区，无论规模大小，都有一个相对明确的空间范围。不同的地域空间会形成不同的自然地理环境、气候环境和生态环境。同时，旅游景区还受到地方经济、社会、民族、文化等因素的影响而具有显著的地域文化特色。

3. 主客共享性

随着全域旅游时代的到来，本地居民到当地旅游景区参观游览、休闲度假已成为常态，尤其是以特色小镇、特色乡村、历史文化街区等为代表的旅游景区的兴起，更是加速了旅游景区主客共享的步伐，这些旅游景区不仅为游客提供服务，也是很多社区居民休闲度假的目的地。

三、旅游景区的功能

从产品层面上，旅游景区不仅具有满足旅游者吃、住、行、游、购、娱等多样化需求的基本功能，而且具有观光体验、度假休闲、资源保护等多元化特色的基本功能，从而使景区成为刺激旅游者前往旅游的关键动力要素。

从企业层面上，旅游景区不仅具有保护资源多样性、实现经营专业化、激活资本运作、增加旅游收入等内生性基本功能，而且具有解决就业、提升区域形象、促进经济发展等外部性基本功能，从而使景区成为旅游活动的重要空间载体。

从产业层面上，旅游景区不仅是旅游业发展不可或缺的物质资源，而且通过关联效应可带动所在区域实现经济活动的协作化，形成具有相对独立性的旅游产业，从而促进社会分工的发展和科学技术的进步。

四、旅游景区相关概念辨析

1. 旅游景区与旅游资源

旅游资源是指自然界和人类社会中凡能对旅游者产生吸引力，可以为旅游业开发利用，并可产生经济效益、社会效益和环境效益的各种事物和因素。旅游资源具有吸引性、可利用性和效益性三大特点。旅游资源是旅游景区的核心和基础。相对于游客而言，旅游景区主要是一个空间场所的概念，是为游客提供服务的场所，称为旅游对象；而旅游对象以旅游资源为核心，包括旅游设施、旅游服务、旅游商品等诸多要素。

2. 旅游景区与旅游目的地

旅游目的地往往是具有下列四大功能（即四个 A）的旅游地域综合体：

吸引性（Attractions）——有旅游景区和旅游吸引物。

舒适性（Amenities）——提供与旅游活动直接相关的住宿、餐饮、娱乐和商业零售等配套设施。

可达性（Access）——提供方便的区际、区内交通。

辅助服务（Ancillary services）——提供当地社区服务，如查询信息、银行、邮政、医疗、治安、法律援助等。

旅游目的地比旅游景区的功能要完善得多，空间尺度也要大得多。旅游目的地一般是指一个比较大的地理区域，如一个国家、一个海岛、一座城市等。而旅游景区只是旅游目的地的核心部分。当然，一些小型的旅游目的地和景区之间往往出现重合的现象。如鼓浪屿，既可以说是一处旅游目的地，也可以说是一个景区。没有足够的空间也就不能称其为旅游目的地，而只能称为旅游吸引物。至于旅游度假区、风景名胜区等，其实都是属于旅游景区的一种类型。

3. 旅游景区与旅游景点

旅游景点是旅游景区的核心要素，是旅游景区存在的基础。它是以旅游吸引物为主体，经过人为开发的，可供旅游者观光、休闲的单位旅游点。由于景区与景点都是以吸引物为核心，在英语中的表述都用 tourist attractions 一词，而汉语的表述中，常把两者统称为"景区（点）"或"旅游区（点）"。

景区与景点的差别，首先是空间尺度上的差别。一座历史建筑、一处名人故居、一所博物馆等均属于景点。景区一般由数个景点构成，空间尺度比景点大，景区的吸引物具有一定的规模和数量，并能形成市场影响和规模效应。而单一的旅游景点，不会成为独立的旅游地。在一些地方，也有一些独立的景点对外经营（如寺庙），影响面很窄，产业的经济意义不大。

景区与景点的差别还在于配套设施完善程度的不同。景区是独立的对外经营单位，需要配套的旅游设施和完善的服务体系。景点是旅游景区的组成部分，虽然也需要配套设施和服务，如安全设施、卫生设施、服务人员等，但一般不独立地对外经营，因此不要求完善的配套体系。

4. 旅游景区与旅游吸引物

旅游吸引物通常指旅游目的地中对旅游者具有吸引力的要素，是旅游业的核心，在旅游目的地的发展中具有重要作用，它可能是一种直接卖给旅游者的旅游产品，也可能是一种节日活动；它可能存在于景区中，也可能存在于景区外。

五、旅游景区的分类

1. 按照设立性质分类

按景区设立性质分类，可以划分为纯商业性的景区和公益性的景区。前者指投资者完全是出于营利目的而建造或设立的景区，这类景区属于企业性质；后者指政府部门和社会团体出于社会公益目的而建造或设立的景区，这类景区虽然也多采用收费准入的管理办法，但收费的目的不是为了营利，更不是为了回收其建设投资。

2. 按照吸引因素分类

按照景区所依赖的吸引因素的形成原因，可以划分为自然旅游景区和人造旅游景区。前者的吸引因素属于大自然的赋予；后者或为人类历史遗产或为现代人为产物，都属于人为的结果。

3. 按照展示内容多寡分类

按景区展示内容的多寡分类，可以划分为单一性旅游景区和集合性旅游景区。前者指仅有一项参观游览内容的旅游景区；后者指由多项参观游览内容共同构成的一个旅游景区。

4. 按照景区主要功能与用途分类

邹统钎分类法即为此类分类方法，可以划分为开发型旅游景区与遗产型旅游景区（表1-1），前者突出经济功能，后者突出保护功能。

表 1-1　旅游景区分类

开发型旅游景区	遗产型旅游景区
主题公园 旅游度假区	风景名胜区 自然保护区 文物保护单位 森林公园 地质公园 历史文化名城/镇/村

资料来源: 邹统钎. 中国旅游景区管理模式研究[M]. 天津: 南开大学出版社, 2006.

5. 按景区吸引功能分类

此功能分类, 名称不尽统一, 如张凌云分类法, 如下分类:

(1) 自然景观 (如国家公园、森林公园、地质公园、自然保护区、野生动物园等);

(2) 历史人文景观 (如文化遗址、博物馆、古建筑、名人故居等);

(3) 人造景区 (如主题乐园、微缩景区、海洋馆等);

(4) 休闲度假区 (如滨海、滨湖、温泉、滑雪、高尔夫等)。

6. 按照旅游景区质量的等级分类

国家质量监督检验检疫总局 2003 年发布了《旅游区(点)质量等级的划分与评定》(GB/T 17775—2003), 将景区划分为 A 级、AA 级、AAA 级、AAAA 级、AAAAA 级五种类型。这个标准规定, 从旅游交通、游览、旅游安全、卫生、邮电服务、旅游购物、经营管理、资源和环境的保护、旅游资源吸引力、市场吸引力、年接待海内外旅游者的人次、游客抽样调查满意率等 12 个方面, 对景区进行评分, 全部项目满分为 1 000 分。A 级、AA 级、AAA 级、AAAA 级、AAAAA 级景区分别需要达到 500 分、600 分、750 分、850 分和 950 分。其中 AAAAA 级景区的级别最高, 截至 2022 年 7 月, 我国共有 318 个 AAAAA 级景区。

7. 按照旅游景区的管理等级分类

为了加强旅游景区及其资源的保护, 大部分国家或地区采用分级管理方式对旅游景区或旅游资源进行管理, 由此形成了不同等级的旅游景区。不同的分级管理是由不同行政主管部门来负责的, 我国旅游景区的等级分类及其主管单位见表 1-2。

表 1-2　我国旅游景区的等级分类及其主管单位

景区主管部门	分类结果	
	分类系统	分级系统
文化和旅游部	A 级旅游景区	AAAAA 级旅游景区
		AAAA 级旅游景区
		AAA 级旅游景区
		AA 级旅游景区
		A 级旅游景区

景区主管部门	分类结果	
	分类系统	分级系统
文化和旅游部	旅游度假区	国家级旅游度假区
		省级旅游度假区
	历史文化名城（镇、村、街区）	国家级历史文化名城（镇、村、街区）
		省级历史文化名城（镇、村、街区）
国家林业和草原局（隶属于自然资源部）	风景名胜区	国家级风景名胜区
		省级风景名胜区
	地质公园	世界级地质公园
		国家级地质公园
		省级地质公园
		县级地质公园
	湿地公园	世界级湿地公园
		国家级湿地公园
		省级湿地公园
	森林公园	国家级森林公园
		省级森林公园
	自然保护区	国家级自然保护区
		省级自然保护区
	国家公园	国家级国家公园
水利部	水利风景区	国家级水利风景区

资料来源：郎富平. 景区服务与管理[M]. 北京：旅游教育出版社，2021.

任务二　旅游景区的发展历史和趋势

一、我国旅游景区的发展历史

我国旅游景区的建造起源于历史悠久的古代园林，大致经历了四个开发阶段：古代的萌芽阶段、近代的低迷阶段、现代的兴旺阶段和当代的提升阶段。

1. 古代的萌芽阶段（1840 年以前）

古代我国景区开发主要表现为园林的建造活动，人们通常把 1840 年以前的中国园林称为古典园林。中国古典园林起源于商周时代的"囿"，即从天然地域中，圈出一定的范围，挖池筑台，放养禽兽，作为帝王贵族狩猎取乐的地方。秦汉之际，原始的"囿"已经发展成为游居结合的帝王宫苑。汉武帝时期扩建秦时的"上林苑"，纵横达 300 里。魏晋南北朝时期，文人士大夫崇尚自然，寄情山水，营造了以自然山水为主体的私家园林。这类园林摒弃了以宫殿为主、禽兽充斥其中的宫苑形式，追求天然的情趣和超脱的境界，为后世的园林文化奠定了基础。随着佛教的东进与道教的传播，寺庙与风景融合的宗教园林随之而生。唐代时期国力强盛、城市发达，帝王与文人士大夫都在城内外建造园林，享受山林之乐。宋代，大批画家和诗人参与园林创作，将诗情画意大量引入园林之中。明清时期是我国园林文化发展的鼎盛时期，所建造的园林数量和质量都大大超过历史上的任何时期。至此，中国古典园林的三大基本类型——皇家园林、私家园林和宗教园林发展到完美的境界，形成了鲜明的审美特征。

中国的古典园林注重选择天然山水胜景作为园址，然后采用模山范水的造园技法进行人为的改造建设，使人工建筑与自然风景协调起来，形成一种立体的空间艺术作品，体现了人对自然的顺应和人与自然的协调。所以，古典园林是由建筑、山水、植物等组合而成的富有诗情画意的景区类型。

2. 近代的低迷阶段（1840—1949 年）

1840—1842 年的第一次鸦片战争，帝国主义列强打开了中国的国门，古老的中国遭遇到了强大的西方殖民主义的入侵。100 多年来，冲突和战争使古老的中国饱受欺侮和蹂躏，国力衰弱，民不聊生，直到 1945 年第二次世界大战结束，中国才摆脱了帝国主义列强的侵略和国内军阀的混战。其间，不仅出现了火烧圆明园这样的历史悲剧，而且大量的古典园林被西方人据为己有，中国的景区建设处于历史上的最低谷。1949 年 10 月 1 日，中华人民共和国宣告成立，中国的景区开发迎来了新的春天。

3. 现代的兴旺阶段（1950—1999 年）

中华人民共和国成立后，中国旅游业如同国民经济的其他部门一样，经历了计划经济和市场经济两个时代的洗礼，走过了一段艰难曲折的路程。大体而言，可以把这一阶段50 年的发展过程划分为三个阶段：中华人民共和国成立初期的复苏阶段、"文化大革命"十年的停滞阶段和改革开放的大发展阶段。

中华人民共和国成立初期，我国政府为了继承传统、弘扬文化、建设城市、改变环境和丰富生活，在城市发展过程中配套建设了大量的休闲公园。这些城市休闲公园不仅继承了中国古典园林的优秀传统，而且吸收了西方城市公园的许多优点，增加了大面积的空地，设计了丰富多彩的体育运动项目，全面拓展了休闲娱乐功能，使休闲公园成为城市的有机组成部分。传统的风景名胜区得到了有效的保护和利用，成为人民精神生活的重要内容。中国的景区处于一个全面复苏的发展状态。

"文化大革命"十年是中华人民共和国成立以来非常特殊的历史时期。其间，中国的旅游业与国民经济和社会文化一样，受到了严重的干扰和冲击，景区因此处于停滞甚至崩溃的状态。

1978 年 12 月，我国实行改革开放政策，社会主义建设从此进入健康发展的轨道，旅游业呈现出欣欣向荣的发展景象。改革开放以来，通过实施"适度超前战略"和"政府主导战略"，旅游业从接待入境旅游起步，通过跨越式的发展，逐步形成了入境旅游、国内旅游和出境旅游三驾马车齐头并进的局面，接待入境过夜旅游者数量和旅游外汇收入跃居世界前列，成为名副其实的世界旅游大国。在这种背景下，我国的旅游景区取得了突飞猛进的发展。国家公园、森林公园、地质公园、野生动物园、世界遗产、游乐园、主题公园、乡村度假、海滨度假、温泉、滑雪、滑水、高尔夫、节事庆典等景区类型不断完善和升级，形成了比较完整的景区系统。

4. 当代的提升阶段（2000 年至今）

进入 21 世纪以来，随着旅游大国地位的确立，中国旅游业实现了第二次战略转型：从适度超前战略到政府主导战略再到旅游强国战略，旅游业的产业化和国际化水平不断提高。在这种背景下，中国景区的类型逐渐多样化、规模化和系统化，景区经营日益市场化和国际化，景区管理更加专业化和规范化，景区的数量和质量进入全面提升阶段。

二、我国旅游景区的发展趋势

1. 市场化趋势

当前我国景区的市场化程度偏低，未来会逐渐提高，主要表现：在旅游供给方面，旅游景区的数量急剧增加，质量不断提高；在需求方面，游客对景区的需求总量在持续增长，对景区的质量要求越来越高；在竞争方面，当更多的景区冲向市场的时候，很多景区开始从较低层次的价格战转向品牌竞争和文化竞争；在治理模式方面，很多景区从行政事业管理向多元化景区治理模式转变。

2. 智慧化趋势

随着智能手机、终端支付、互联网的普及，越来越多的景区开始进行智慧化建设。在互联网技术不断创新和完善的当下，景区建设也逐渐转型，智慧化建设成为推动景区发展的重要抓手，无论是自然资源丰富的景区，还是历史文化厚重的景区，抑或是现代主题鲜明的园区，对资源经营、接待能力、安全监控及游览服务辅助的技术应用，一直是智慧景区力求完善的主旨。因此，旅游景区智慧化建设和管理，对于推进智慧旅游整体建设、推进信息技术与旅游业的融合、加快旅游业管理现代化和国际化进程、实现整个旅游产业更好更快地发展具有重要意义。

3. 品牌化趋势

品牌体现了旅游景区的特色和旅游者对景区的形象认同，是旅游景区的无形资产。我国景区的品牌建设虽然相对落后，但是越来越多的景区已经认识到，景区的品牌化发展非常重要，很多管理者开始着手打造景区的特色，并使其系统化，越来越重视景区商标、品牌的保护。目前我国已经形成了知名度比较高的景区品牌，如华侨城、宋城、长隆等。

4. 规范化趋势

随着旅游产业的深度发展，旅游行政主管部门结合旅游业中出现的问题和旅游者的需求，陆续修订和出台了很多法规和条例，如《风景名胜区条例》《旅游景区质量等级管理办法》《旅游厕所质量等级的划分与评定》《国家级森林公园管理办法》《国家公园管理暂行办法》《中华人民共和国湿地保护法》等。这些为景区的规范化发展提供了指导。

5．生态化趋势

随着环境保护意识的觉醒和生态旅游的发展，景区生态化成为旅游景区可持续发展的重要前提，主要体现在旅游景区规划设计生态化和经营管理生态化。未来旅游景区在促进生态化发展时，应重点关注三个方面的内容：一是要充分认识到游客消费理念的生态化。游客消费理念的生态化体现在游客的现实消费行为习惯上，即对景区的生态环境质量、植被绿化覆盖率、环境卫生清洁度等方面的要求越来越高。二是要持续重视旅游景区项目设施的生态化建设，即未来旅游景区新建或改建的旅游项目、配套设施都应体现生态、绿色、低碳的理念，尤其是在旅游垃圾分类与回收处理、绿色可再生能源的使用等方面应率先取得突破，如使用现代生物技术进行垃圾处理，采用太阳能、风能等绿色能源。三是要实现景区内外空间环境的生态化，景区至少应该在游客视野范围内，保证旅游环境的高品质，保持游览环境的清洁、卫生、整洁。

任务三　景区绿色服务与管理的理论基础和依据

一、习近平生态文明思想

习近平生态文明思想是习近平新时代中国特色社会主义思想的重要组成部分，全面准确地理解和认识习近平生态文明思想有助于从整体上把握习近平新时代中国特色社会主义思想，更好地贯彻党的二十大精神，推进绿色发展，实现中国的绿色崛起。

习近平生态文明思想提出了一套相对完善的生态文明思想体系，形成了面向绿色发展的四大核心理念，成为新时代马克思主义中国化的思想武器。

习近平生态文明思想不仅关注人类认识和改造自然的一般规律，还以当代工业文明和科学技术发展现状及其历史趋势为研究对象，揭示了工业社会发展到一定阶段后如何建设人与自然和谐共生的现代化社会的特殊规律。

1．习近平生态文明思想的基本方面

1）生态文明建设是发展战略

党的十八大把生态文明建设纳入中国特色社会主义事业"五位一体"总体布局，明确提出大力推进生态文明建设，努力建设美丽中国，实现中华民族永续发展。这标志着我们对中国特色社会主义规律认识的进一步深化，是新时期中国共产党运用整体文明理论指导当代中国的又一重大理论创新成果。突出生态文明建设在"五位一体"总体布局中的重要地位，表明中国共产党从全局和战略高度解决日益严峻的生态矛盾，确保生态安全，加强

生态文明建设的坚定意志和坚强决心。同时，生态文明建设在"五位一体"总体布局中具有突出地位，发挥独特功能，为经济建设、政治建设、文化建设、社会建设奠定坚实的自然基础和提供丰富的生态滋养，推动美丽中国建设蓝图一步步成为现实。

2）绿色发展方式是发展路径

恩格斯曾经说过："不要过分陶醉于我们人类对自然界的胜利，对于每一次这样的胜利，自然界都报复了我们。"人类的发展活动必须尊重自然、顺应自然、保护自然，否则将会自食其果。只有让发展方式绿色转型，才能适应自然的规律。绿色是生命的象征，是大自然的底色；绿色是对美好生活的向往，是人民群众的热切期盼；绿色发展代表了当今科技和产业变革方向，是最有前途的发展方向。

3）绿色发展理念具有战略性、纲领性、引领性

发展是中国共产党执政兴国的第一要务。绿色发展理念作为科学把握发展规律的创新理念，明确了新形势下完成第一要务的重点领域和有力抓手，为切实担当起新时期执政兴国使命指明了前进方向。必须坚持和贯彻新发展理念，像保护眼睛一样保护生态环境，像对待生命一样对待生态环境。加深对自然规律的认识，并以此指导行动。绿色发展不仅明确了我国发展的目标取向，更丰富了中国梦的伟大蓝图，是生态文明建设必不可少的部分。

4）建设美丽中国是发展目标

我国尽管在生态建设方面取得了很大成效，但生态环境保护仍然任重道远。步入新时代，我国社会主要矛盾已经转化为人民日益增长的美好生活需要和不平衡不充分的发展之间的矛盾，而对优美生态环境的需要则是对美好生活需要的重要组成部分。党的十九大报告将"美丽"纳入了建设社会主义现代化强国的奋斗目标之中，多次提出要建设"美丽中国"。还自然于宁静、和谐、美丽，这句富有诗意的表述，实际上反映了党的执政理念，体现了党的责任担当和历史使命。党的十九大报告指出，到2035年基本实现社会主义现代化，生态环境根本好转，美丽中国目标基本实现；到本世纪中叶，建成富强民主文明和谐美丽的社会主义现代化强国，生态文明将全面提升。

党的二十大报告指出：尊重自然、顺应自然、保护自然，是全面建设社会主义现代化国家的内在要求。必须牢固树立和践行绿水青山就是金山银山的理念，站在人与自然和谐共生的高度谋划发展。要推进美丽中国建设，加快发展方式绿色转型，实施全面节约战略，发展绿色低碳产业，倡导绿色消费，推动形成绿色低碳的生产方式和生活方式。

2. 习近平生态文明思想的核心理念

1）生态兴则文明兴，生态衰则文明衰，人与自然和谐共生的新生态自然观

历史上有许多文明古国都是遭受生态破坏而导致文明衰落。习近平总书记提出的"生态兴则文明兴，生态衰则文明衰"这一重要论断，揭示了生态与文明的内在关系，更把生态保护的重要性提升到了关系国家和民族命运的高度。"天育物有时，地生财有限，而人

之欲无极"。人类只有遵循自然规律才能有效防止在开发利用自然上走弯路，人类对大自然的伤害最终会伤及人类自身，这是无法抗拒的规律。人类尊重自然、顺应自然、保护自然，自然则滋养人类、哺育人类、启迪人类。

2）绿水青山就是金山银山，保护环境就是保护生产力的新经济发展观

要把生态环境保护摆在更突出的位置。坚持"绿水青山就是金山银山"理念。绝不能以牺牲生态环境为代价换取经济的一时发展。让绿水青山充分发挥经济社会效益，关键是要树立正确的发展观，因地制宜选择好发展产业。绿水青山和金山银山绝不是对立的，关键在人，关键在思路。只有充分考虑生态环境的承受能力，才能保持两者的协调发展关系，保持经济的持续发展。我们决不能以牺牲环境、浪费资源为代价换取经济增长，不能在问题发生之后再以更大的代价去弥补，而是要让经济发展和生态文明相辅相成、相得益彰，让良好环境成为人民生活质量的增长点，让绿水青山变为金山银山。

3）山水林田湖草是一个生命共同体的新系统观

山水林田湖草是一个生命共同体，人的命脉在田，田的命脉在水，水的命脉在山，山的命脉在土，土的命脉在林草。人和自然是相互依存、相互影响的。习近平总书记曾说，如果破坏了山、砍光了林，也就破坏了水，山就变成了秃山，水就变成了洪水，泥沙俱下，地就变成了没有养分的不毛之地，水土流失、沟壑纵横。人类在这样的自然环境下，怎么能正常生存下去呢。所以人和自然是一个生命共同体，如果我们只看到眼前的利益而忽视对自然环境的保护，那么人类的实践活动终将影响人类的命运。这也告诉我们，用途管制和生态修复必须遵循自然规律，不可顾此失彼。由一个部门行使所有国土空间用途管制职责，对山水林田湖草进行统一保护、统一修复是十分必要的。

4）环境就是民生，满足人民群众对美好生活的需求就是新民生政绩观

建设生态文明，关系人民福祉，关乎民族未来。良好的生态环境是最公平的公共产品，是最普惠的民生福祉。小康全面不全面，生态环境是关键。经济在发展，环境在污染，我国已经在发展与污染中徘徊了很多年。环境污染的原因固然有群众环保意识淡薄、绿色生活习惯尚未形成等，但是归根结底，还是因为重经济发展轻环境保护、重开发资源轻科学统筹规划。面对日益严重的环境问题，我们应把其上升到民生的高度去认识、去重视、去治理。所以温饱问题解决以后，保护生态环境就应该而且必须成为发展的题中应有之义，这也是改善民生的重要着力点。

3. 习近平生态文明思想对景区运营与管理的指导意义

近年来，生态文明建设在我国已经受到越来越多的重视，但是由于我国长期以经济发展为主要目标，受工作惯性影响，忽视环境保护或者环境保护让位于经济社会建设现象严重；公众在全社会尊重自然、顺应自然、保护自然的生态文明理念还没有完全形成，我国现有生态文明制度仍不健全。与此同时，我国资源趋紧、环境破坏问题严峻、生态系统退化局面尚未得到根本扭转，高投入、高消耗、高排放、难循环、低效率的增长方式还

未发生根本性改变。预计 2030 年我国碳排放才能达到峰值，因而应对气候变化挑战依然严峻。

　　旅游景区作为旅游活动发生的核心驱动力、旅游产业的重要组成部分，要在习近平生态文明思想的指导下，自觉减少自身的碳排放，提升景区自身的绿色服务水平和绿色管理水平。景区要重视生态环境保护，要以当地环境承载力为基础开发景区，明确游客的上限人数，严格控制进入景区的游客人数，完善相关的环境保护设施，设置警示牌，提醒游客保护生态环境，对环境破坏较为严重的地区设置隔离带，使其免受进一步的破坏。景区要加大对游客的环境保护宣传力度，强化游客的环境保护意识，鼓励游客积极参与环境保护事业。同时，景区还要引导游客绿色消费，提供绿色餐饮、绿色住宿、绿色交通、绿色购物等服务。

二、可持续发展观

　　20 世纪 80 年代初，世界面临三大热点问题，即南北问题、裁军与安全问题、环境与发展问题。为了解决这些问题，联合国成立了由联邦德国前任总理勃兰特、瑞典首相帕尔梅和挪威首相布伦兰特为首的三个高级专家委员会。经过共同研究，三个专家委员会分别发表了《我们共同的危机》《我们共同的安全》和《我们共同的未来》三个纲领性文件。在文件中，委员会均不约而同地得出了如下战略结论：为了克服危机、保障安全和面向未来，必须实施可持续发展。专家委员会同时提出的"可持续发展"是发达国家和发展中国家协调人口、资源、环境和经济发展间相互关系所必须采取的战略，这一战略的提出立刻引起了全世界对发展问题的极大关注。

1. 可持续发展的含义

　　可持续发展的概念提出以后，人们对其确切定义展开了热烈讨论，并且从不同角度为可持续发展下了定义，主要有以下几种：

　　1）从自然属性上阐述可持续发展的定义

　　这个定义是由生态学家提出的，他们所关注的是生态持续性（ecological sustainability），即保持自然资源再生和开发利用的平衡。

　　2）从社会属性上阐述可持续发展的定义

　　该定义是 1991 年世界自然保护联盟（IUCN）、联合国环境规划署（UNEP）和世界自然基金会（WWF）共同提出的，它以人类社会的进步、发展为目标，即强调人类的生活、生产方式与地球的承载力相协调，并最终落脚于促进人类生活质量和生活环境的改善。

　　3）从经济属性上阐述可持续发展的定义

　　经济学家将经济的发展作为可持续发展的核心内容，从经济发展的资源支撑角度来理解可持续发展。他们认为，可持续发展是不降低环境质量和不破坏世界自然资源基础之上的经济发展。

上述定义的提出均得到了部分学者的支持，但同时也有不少欠完备之处。迄今为止，为大家广泛认可的可持续发展的概念是由挪威首相布伦兰特为首的世界环境与发展委员会在《我们共同的未来》报告中提出的，即可持续发展是指既满足当代人的需求，又不对后代人满足其自身需求的能力产生威胁的发展。该概念主要强调了两个方面的内容：首先，可持续发展的目的还是要满足人的各种需求，这些需求应放在第一位来加以考虑。其次，可持续发展不能以破坏后代人满足其自身需求的能力为代价。这里实际上讲的是人对周边环境产生影响的度的问题，即人们在自身需求得到满足时，不能以牺牲环境为代价。环境与需求满足之间是相互依存、缺一不可的，可持续发展只有从上述两个方面来把握才能抓住其本质内容。

2．可持续发展的原则

虽然可持续发展从定义上看只是需求和环境两个方面的内容，但是其深层次所包含的意义却是相当复杂的，基本上可以分为以下四个原则来加以表述。

1）公平性原则（fairness）

公平性原则是可持续发展理念与传统发展理念之间的重大区别。公平性在传统的发展模式中没有得到足够的重视，传统的经济理论纯粹是为了生产而生产，没有考虑到未来各代人的利益，于是就产生了许多为了眼前效益而破坏宝贵环境资源的短视行为。可持续发展中的公平性是指人类满足自身需求的机会对每个人来说都是均等的，因为满足自身需求是发展的主要目标。但在现实中，人类满足自身需求的能力却存在许多不公平因素，诸如同代人之间、不同代人之间，以及资源的分配等方面。因此，可持续发展的公平性要从下列三个方面来理解。

同代人之间的公平性，即同代人均有相同的机会满足自身基本需要及获得更好生活的需求。可是，现实的世界却是一部分人十分富足，而约占世界人口 1/5 的人们还处于贫困状态，这种贫富差距悬殊、两极分化明显的世界给实现可持续发展造成了极大的障碍。因此，我们要将消除贫困作为实现可持续发展的第一个步骤，使地球上生活的人能共同拥有满足生活基本需求的机会。

代际间的公平，即不同世代人之间的纵向公平性。不同世代的人都同样生活在这个地球上，下一代人应该和当代人一样平等地享有满足其需求的机会。然而，地球上的资源是有限的，如何开发和利用才能既满足当代人需求又不损害人类世世代代满足需求的权利，是实现代际间公平的关键。

分配有限资源的公平性，地球上的每个人均对有限的资源享有相同的使用权利。可现实中，却是少数人使用了大量的资源；而大多数人只能分配到一小部分，这尤其表现在发达国家和发展中国家及落后国家之间。发达国家对能源、矿藏等有限资源的拥有和消耗量远远大于多数发展中国家，而世界上人口又大多分布于发展中国家，这就产生了不公平。可见，可持续发展对公平性的要求是十分全面的，这种公平性要求当代人在考虑自身的需求和消费时，也要对未来各代人的需求与消费负起责任，保证各代人都有同样选择发展的机会。

2）可持续性原则（sustainability）

可持续性是指生态系统在受到外界的某种干扰时，能够保持其生产率的能力。资源和环境是人类社会赖以存在的基础，因而保持资源与环境的可持续性是人类社会持续存在的前提。资源和环境的可持续，要求人们在生活和生产中对环境和资源进行保护式使用，在消耗方式和消耗量上对自己的行为加以约束。具体而言，可持续性原则要求人们放弃传统的高消耗、高增长、高污染的粗放式生产方式和高消费的生活方式，鼓励进行生态化的生产和适度消费，尽可能避免给环境造成破坏。从上述分析不难看出，可持续性原则的核心内容就是人类社会的经济和社会发展要和环境的承载力相协调，不能超过资源与环境的承载能力。

3）共同性原则（common）

在可持续发展中共同性包括了两个含义：其一，人类社会发展的目标是共同的，即实现公平性和持续性的发展；其二，人类拥有共同的环境和资源，为了实现可持续发展的目标必须采取全球共同的联合行动。因此，共同性原则需要人们形成一种相同的意识，即在满足自身需求时考虑到对他人（包括后代人）和生态环境的影响，切实保障人类共同资源的可持续利用，实现人与人以及人与自然之间的动态平衡。

4）需求性原则（demand）

传统发展模式以传统经济学为支柱，所追求的目标是经济的增长，发展效果通过国民生产总值（GNP）来反映。这种发展模式忽视了资源的代际合理配置，通过市场信息来刺激当代人的生产活动，它不仅使世界资源环境承受了前所未有的压力并不断恶化，而且人类的一切基本物质需要仍然得不到满足。而可持续发展则坚持公平性和长期可持续性原则，以满足所有人的基本需求和向所有人提供实现美好生活愿望的机会。

3. 可持续发展理论对景区运营与管理的指导意义

旅游业是社会发展的重要组成部分，是国家经济不可缺少的要素。因此，旅游业的可持续发展对国家经济的发展有着十分重要的意义。旅游景区作为旅游产业的核心驱动力，长期以来其运营和管理模式往往是粗放型的，管理理念比较落后，片面追求游客数量的增长，忽视了景区的容量控制和对游客的行为管理，缺乏对旅游资源的深入调查研究和全面科学的论证、评估与规划，导致旅游景区的生态环境遭到了严重的破坏，降低了游客的旅游体验，缩短了景区的生命周期。所以，在旅游景区的运营与管理过程中，要以可持续发展理论作为工作的指导原则之一，维护人类享受资源的公平性，严格控制急功近利的行为，避免重开发轻保护，甚至只开发不保护的现象。对于旅游资源的开发，应进行科学的论证，并且只有在技术和资金到位的前提下才能进行，否则，应继续等待开发时机。在景区的运营与管理活动中还要注重环境问题，不能一味追求经济效益而疏忽了生态效益和社会效益，切实保证旅游活动与生态环境相协调，实现旅游的有序发展，走可持续发展道路。

■ **案例思考**

泰山：世界遗产的忧虑

泰山（Mount Tai），世界文化与自然双重遗产，世界地质公园，全国重点文物保护单位，国家重点风景名胜区，国家 AAAAA 级旅游景区。泰山位于山东省泰安市中部。主峰玉皇顶海拔 1 545 m，气势雄伟磅礴，有"五岳之首""五岳之长""天下第一山"之称。自古以来，中国人就崇拜泰山，有"泰山安，四海皆安"的说法。在汉族传统文化中，泰山一直有"五岳独尊"的美誉。自秦始皇封禅泰山后，历朝历代帝王不断在泰山封禅和祭祀，并且在泰山上下建庙塑神，刻石题字。古代的文人雅士更是对泰山无比仰慕，纷纷前来游历，赋诗记文。泰山宏大的山体上留下了 20 多处古建筑群，2 200 余处碑碣石刻。

泰山索道包括泰山中天门索道、后石坞索道、桃花源索道。这三条索道以岱顶为中心，构成了连接中天门景区、后石坞景区和桃花峪景区的泰山空中交通网。中天门索道下起中天门西侧的凤凰岭，上至南天门西侧的月观峰，1981 年 7 月开始建设，1983 年 8 月建成通车。后石坞索道上起泰山岱顶北天门，下至后石坞景区。1992 年 5 月起开始建设，1993 年 8 月建成通车。桃花源索道下起桃花峪景区，上至岱顶天街北端，1992 年 5 月开始建设，1993 年 11 月建成通车。

2000 年 10 月，扩建后的泰山新索道在众多专家学者的质疑和反对声中投入运营。有关学者在接受媒体访问时再次呼吁：泰山修建索道弊大于利，为了把泰山完好无损地传给后人，应坚决拆除泰山索道。

泰山世界遗产研究委员会主任、《泰山志》编纂办公室主任李继生是泰山申报世界遗产时申报资料的主笔人，他从一开始就坚决反对在泰山上修建索道。他说，泰山修建索道是富了一家穷了大家，近几年的建筑投入越大，破坏也就越大。他介绍说，在泰山上修建索道违背了《保护世界文化和自然遗产公约》的有关精神。中国加入该公约的目的就是更好地保护泰山，泰山也是我国当年申报的唯一的文化、自然双遗产。他进一步强调，在泰山可以修什么，不可以修什么，在哪个地方修，国务院 1987 年批准的《泰山风景名胜区总体规划》已有明确的规定，关于保护问题的规定更加严格，这一规划是有法律效力的。

✍ **思考题**

泰山上的索道到底该不该修？为什么？

三、《绿色旅游景区》（LB/T 015—2011）

1. 绿色旅游景区的概念

旅游景区是自然环境优良、人文资源丰富的区域，是优质的景观资源、珍稀的自然生态系统、珍贵的历史文化资源，具有不可替代的景观、生态和文化价值。建设绿色旅游景区，实现旅游景区的绿色管理，对旅游景区资源的永续利用、提供高质量的旅游环境具有重要意义。

该标准旨在推动旅游景区引入绿色管理理念，为旅游景区实施生态化管理提供依据和技术规范，保护旅游景区的生态环境和旅游资源，提升旅游产业发展内在素质。

该标准是 2011 年由国家旅游局发布的。标准在制定过程中，借鉴了国内外有关资料，并直接引用了相关国家标准或标准条文，适用于中华人民共和国境内各类旅游景区的管理和服务。

绿色旅游景区指以可持续发展和循环经济为经营和管理理念，以生态化设计为基础，实施清洁生产，倡导生态化服务和消费，有效保护旅游资源和旅游环境的旅游景区。

2. 《绿色旅游景区》（LB/T 015—2011）对景区运营与管理的指导意义

该标准以循环经济为理念，将绿色设计、清洁生产、节能管理、环境管理、绿色消费等概念引入景区经营和管理中，在为游客提供高质量的旅游产品和服务的同时，最大限度地降低对资源和环境的消耗，减少各类废弃物的产生，实现景区资源的高效和循环利用。该标准规定了旅游景区实施绿色管理和服务的规范要求和技术指标，为绿色旅游景区的规划和管理实践提供具体的指导。

二维码：绿色旅游景区标准

课后思考题

1. 绿色旅游景区的判断依据是什么？
2. 习近平生态文明思想和可持续发展观对景区绿色服务与管理的指导作用是什么？
3. 如何处理旅游景区开发与资源保护之间的关系？

◇ 任务训练

列出您所在地的主要旅游景区，根据景区质量等级的分类标准，对景区进行分类练习。

项目二 景区的环境解说服务

● 学习任务

1. 认识景区的环境解说服务；

2. 了解景区环境解说服务的类型；

3. 掌握景区环境解说服务的方法及优缺点；

4. 掌握环境解说服务策划的基本程序。

● 达成目标

能够为景区提供环境解说服务体系的设计方案。

☞ 案例导入

平遥古城："机器人导游"上岗了！

2019 年 3 月，一位逛平遥古城的游客偶遇"机器人导游"，十分新奇："从背后看，以为是辆电动车，但行驶得比较慢，走近了才发现，是个机器人。" 原来是平遥古城的首批 26 台智能"机器人导游"正式亮相。

"机器人导游"具有讲解、互动和代步功能。其"头部"为机器人外形，后部设计为电动车，设有座椅，载重 200 千克以内。目前，机器人主要投放在景区步行街，运行速度较低，每小时 6.4 千米左右。"机器人导游"设置有防撞系统，当检测到和其他游客距离小于 50 厘米时，就会暂停前进，防止出现撞人情况。因此，在旅游高峰时段，一旦出现景区游客流量不适于"机器人导游"出行时，就会暂停该服务。

夜游平遥古城是当地的一个旅游项目。面对越来越多游客夜游古城的需求，平遥古城引进了"机器人导游"，用于弥补景区夜间讲解员不足的情况。"机器人导游"始终处于联网状态，基于北斗系统，具有定点讲解功能，可以做到游客走到哪里，"机器人导游"就讲到哪里。同时，机器人讲解员还可以陪游客聊天，比如游客问"哪有牛肉卖啊？""平遥有什么特产啊？"等等，机器人讲解员都能回答，极大地方便了夜游古城的游客。

（资料来源：山西新闻网　发布时间 2019-03-08）

任务一　认识景区的环境解说服务

一、环境解说服务的概念

环境解说服务最早起源于美国国家公园服务中心（visitor center）的解说，到了"二战"以后，发展成为在那些科学价值高的风景区或公园内的专门服务。美国国家公园管理局在每个公园内规划设计了功能完备的国家公园解说和教育系统，每一个公园都要向旅游者提供良好的解说和服务设施。"二战"后，环境解说服务在英国也得到普遍应用。英国提倡环境保护运动，让公众认识到乡村和工业遗迹的价值。于是，美国、加拿大和英国都将环境解说纳入本国的环境教育活动中，并且渐渐地变成了旅游景区管理的重要内容之一。

环境解说服务的直接目的在于环境教育。1970 年，世界自然保护联盟（IUCN）在内华达会议上对环境教育定义为：环境教育是认识价值与澄清概念的过程，它培养人们理解和评价人与文化、生物物理环境之间的相互关系所必需的态度和技能，在有关环境质量问题的决策和行为规范的自我行为中，环境教育承担着实践的任务。

环境解说服务是旅游景区必不可少的一部分，它通常以交通引导、景区解说、警示解说等功能出现，以导游人员、录像、触摸屏、标本、照片、简介、书籍、名片和标识牌、智能机器人等为载体，出现在旅游景区的重要节点。良好的环境解说系统对于提高游客的旅游体验，潜移默化地对游客进行环境教育，规范游客的行为，保护景区的生态资源，加快景区的可持续发展起到很好的促进作用。环境解说服务依托旅游景区这个载体，将环境教育普及到大众的休闲生活中，是寓教于乐的综合体。

二、环境解说服务的目的

我国旅游景区的环境解说服务起步较晚，景区早期的环境解说服务形式单一，旅游者通往机场、车站、码头、景点等各种公共设施的信息使用不符合国际规范，给游客造成很大的不便。旅游景区也缺乏规范的解说规划和设计，普遍存在信息内容不充分、主题不突出、文字错漏、语言呆板、设施缺乏艺术性、书写和语言不规范等问题。随着我国旅游业的飞速发展，以及旅游景区质量等级建设的标准化和规范化，旅游景区的环境解说服务也得到很大提升，已经成为展示景区旅游形象、彰显景区管理水平的重要环节。旅游景区环境解说服务的目的主要有：

1. 提供基本信息和导向服务

旅游景区的环境解说可提高游客游览和观赏的效果，是旅游景区服务中的核心问题之一。为了帮助游客游览和观赏，旅游景区需要设立景区导览系统。

2. 提高旅游景区的经营管理水平

旅游景区是否有完善的解说服务，以及解说质量的高低是衡量旅游景区管理水平的重要标志。每一个旅游景区，无论是以自然旅游资源为主的，还是以文化旅游资源为主的，都有自己独特的自然和文化价值。经营管理工作做得好的旅游景区，配有完备的文字、图片、人员解说等，甚至还设置了更为现代化的解说设施。

3. 对游客进行环境教育，促进旅游资源保护

环境解说有助于景区旅游资源和生态环境的保护，因为它是旅游资源和游客之间沟通的桥梁。旅游者通过环境解说服务提高对旅游景区景物价值的认识后，会改变对环境的态度，从而改变旅游活动中的行为，遵循旅游指南提供的游览线路，不进入生态敏感地区，并自觉地支持旅游景区的各项政策与措施，主动参与旅游资源保护。利用环境解说服务，一方面可以提高旅游质量，另一方面也可以培养旅游者亲近大自然和保护环境的意识，养成良好的旅游观光习惯，尽量减少对环境的破坏。

4. 促使旅游者获得更高的旅游价值

一般的旅游者在旅游景区看到的只是某名胜古迹的外在轮廓，这一视觉感知十分表面化，对于缺乏相关文化背景知识的旅游者来说，可能只是外行看热闹，难以深入理解其中的文化内涵。环境解说服务使旅游者对旅游景区的线路、景观及整个环境更为熟悉和了解，帮助旅游者认识并欣赏旅游景区景点的资源价值。环境解说能使游客在对景物进行更加细致、深入的了解中，得到更加丰富和满意的旅游体验，提高旅游质量和愉悦感。

5. 可以使游客在随机教育中获得新知识

良好的环境解说服务可采取各种方式，让游客轻松地获得有关历史、考古、地理、地质、民俗风情和生态等方面的知识，使旅游者对旅游景区旅游资源及其所具有的科学和艺

术价值有较深刻的理解。旅游景区的有关知识能满足旅游者对新事物的好奇心。例如，农业旅游景区的环境解说，可以让生活在城市的游客了解有关农业生产的知识，了解农产品与健康的关系。

任务二　景区环境解说服务类型

一、向导式解说和自导式解说

从引导方式上看，有向导式解说和自导式解说两类。向导式解说亦称导游解说系统，以具备能动性的专业导游人员，向旅游者进行动态的信息传导为主要表达方式。这种体系是一种双向沟通，可为旅游者提供个性化的服务，但其可靠性与准确性很大程度上有赖于导游人员的素质。自导式解说则通过书面材料、标准公共信息图形符号、语言等媒介，向旅游者提供静态的、被动的信息服务。这种解说形式主要有指示牌、解说手册、导游图、语音解说、智能导览系统、录像带、幻灯片、光盘等。这些信息经过精心编排，旅游者可根据自己的需要取舍信息，自主进行实地观赏，时间自由，所获体验受他人影响小。但自导式解说为单向沟通，游客有疑问无法立即得到解答，也不具备向导式解说那样的戏剧性效果。

二、交通导引解说、景物解说和警示解说

从功能上看，有交通导引解说、景物解说和警示解说。

交通导引解说旨在引导旅游者在旅游景区进行游览，主要有旅游线路图和在道路两侧路面设置的导示标识。旅游线路图可以选择在不同的解说媒体上，常见的有旅游地图，也可以印制在入口和主要景点旁的指示牌上，甚至印在门票、明信片和有关旅游纪念品上，便于游客参考。

景物解说是对旅游景区内景物的介绍，给予游客关于景物的知识，指导游客欣赏景物，提高认识。

警示解说主要提醒游客注意安全、保护资源和遵守旅游景区的公共秩序。

三、园外解说和园内解说

从位置上看，有园外解说和园内解说。园外解说是在旅游景区的边界外设置宣传和说明，增加公众对旅游景点的了解。园内解说是在景区内设置的宣传和说明。

四、自然环境解说和文化遗产解说

从内容上分，有自然环境解说和文化遗产解说等。例如，美国国家公园的环境解说是介绍自然和自然资源知识。文化遗产解说是针对文化景观、历史建筑、人类活动遗址的介绍，目的在于进行历史文化教育。

任务三　景区环境解说服务方法

环境解说方法很多，目前普遍采用的有人员解说、标牌、照片、地图、模型、标本、视听节目等。各种解说方法具有不同的特点，适合不同的解说内容，景点景区应根据具体的内容灵活运用。

一、人员解说

人员解说指在旅游景区的入口、接待中心、观赏点进行解说，也可沿途引导解说。在我国，大多数博物馆、纪念地类型的文化景点景区设有专门的讲解员，一些含有众多文化古迹的风景区也设有景点景区自己的导游员，除沿途引导外，他们还负责景点景区自然景观和文化古迹讲解。当然，有些景点景区的讲解服务是旅行社的导游提供的。

专职讲解员必须对旅游景区的解说内容非常熟悉，达到一定的深度，这样才能满足不同游客的需要。俗话说"祖国山河美，不如导游一张嘴"，说明导游讲解在引导游客了解旅游景区文化内涵方面的重要作用。为此，有些旅游景区不惜在一些重要的观赏点配备解说员，例如，我国四大石窟之一的甘肃天水麦积山石窟，重要的石窟每窟一名讲解员。我国有些旅游景区内，对讲解服务管理不善，对没有资格讲解的人员控制不严，一些未经培训的人员自称能为游客提供沿途的引导讲解，但他们知识贫乏，除带领游客到达某景观，告诉这是什么地方外，无任何其他内容介绍，就算完成了讲解服务。这种做法不仅不能使游客获得知识，还严重影响旅游景区的形象。

二、视听节目

视听节目主要是通过电影、录像、录音等设施，将旅游景区的有关内容传达给旅游者。近年来，我国著名旅游景区拍摄的电影、电视片越来越多，但大多作为专题片在电视节目中播放，极少为旅游景区的环境解说服务。利用电影表现景点景区的环境与风情者，当推我国著名的风景名胜区——庐山。在庐山有一家专门放映电影《庐山恋》的电影院，整个影院全天滚动放映《庐山恋》，虽然这部电影不属于正规的环境解说服务，但影片中庐山的大部分典型景观，甚至在特殊的天气情况下才会出现的气象景观（如瀑布云）一一展现在游客的眼前，达到了环境解说服务的效果。另外一些旅游景区（如上海孙桥现代农业旅游区）以录像的方式，向游客滚动播放景区介绍。近年来，旅游景区的光盘加入视听解说行列，例如，反映广东肇庆旅游的"画山绣水肇庆游"光盘，对肇庆著名的国家风景名胜区"七星岩"和"鼎湖山"进行了详细的介绍，再如，海南三亚"天涯热带海洋动物园"光盘，汇集了动物馆动物的精彩表演。光盘解说画面效果好，游客乐于购买，以便日后回忆、玩味。

幻灯是一种静态的具象化的展示。我国有些旅游景区拍摄了专门的幻灯片介绍自己的景观和环境，但一般是作为旅游商品向游客出售，以便留念和宣传。

录音设施是一种声讯解说服务，这种设施在我国较高级别的博物馆和纪念馆内设置（如上海博物馆），游客可以用手提耳机了解自己想要知道的信息。

三、室内陈列

这类解说服务主要采用照片、图表、模型、标本等，向游客提供景点景区的有关知识，室内陈列是博物馆和纪念馆常用的方法。虽然博物馆属于特定类型的旅游景区，但在有些风景区和国家公园内也设置了博物馆或陈列馆。

四、标识系统

景区标识系统主要是在景物附近设置标牌和图标，言简意赅地向游人介绍和解释旅游景区的内容和活动特点。

五、出版物

出版物。旅游景区的简介、小册子、导游图、明信片、画册和书籍等读物，一般分赠阅和出售两类。旅游景区有着丰富多彩的人文景观和自然景观，由于游客在每一景点景区的停留时间有限，在极短的时间里难以详尽领会，便有购买反映旅游景区的书籍或其他书面材料带回家加深了解的愿望。出版物可简可繁，简单的要算只有 2~3 页的折叠式宣传品，内容主要有旅游景区的范围图，景区内景点的分布、服务设施、旅游线路等，指导游客计划游程，选择自己喜欢的景点和活动项目，合理安排旅游活动。复杂的可以是专门介绍旅游景区的书籍或丛书。

景点简介。简介的形式有单页式、单页折叠式和本册式等，内容主要有旅游景区的自然景观、人文景点、历史典故等，还可介绍旅游景区的地理位置、地貌特征、气候特征，距离所依托城市的路程，旅游景区内的各类服务设施包括交通集散地、饭店、娱乐设施、土特产品和餐饮特色等。

旅游书籍。指专门介绍旅游景区的书籍和丛书。专门书籍涵盖的内容比简介详细，我国一些旅游景区印制了专门介绍本景点的书籍，例如南京栖霞山的《栖霞山》，安徽省黟县西递村的《中国明清民居博物馆西递》等。专门介绍景点景区的丛书针对一些大型的风景区和旅游线路，按一定的类别专项介绍，如南京的钟山风采丛书，有《钟山风光》《钟山风雨》《钟山风物》《钟山风韵》四本。目前我国开发的旅游出版物仍然十分缺乏，旅游景区除简介或旅游地图外，至多供应一些诗文、书画和宗教书籍，内容翔实的说明书较少，这一市场开发的潜力很大。

旅游地图。旅游景区的旅游地图主要有景点景区的导游图和旅游宣传图。导游图是为游客在旅游景区活动提供指导的一类旅游地图，如风景名胜区、公园、园林、寺庙等，这类地图主要表现旅游客体要素和媒体要素，即将旅游景区的类型、分布、特点都表现出来，并给予游客以食、住、行、游、购、娱的信息指导。导游图内容涉及旅游景区的风景点、旅游线路、购物点、摄影点、生活服务设施、休息点、公共厕所以及各类旅游服务设施等。旅游者可凭借导游图完成在旅游景区的游览活动，完备的信息会给游客的旅游活动带来更大的方便。旅游宣传图以宣传旅游景观或服务项目为主，同时附以旅游线路示意和风景点介绍等，这种宣传图的导游价值较小，主要价值是广告宣传。常见的旅游宣传图有：专门的地图、置于大门一侧的导游图、简介以及门票上的简图等。在旅游景区门前的游览图介绍旅游线路和景点景区的概况，实际上就是导游图的放大，在门票上印制游览图，也能起到宣传的作用。

图片。图片解说主要有明信片和画册。图片一般以具有特征的风景景观为主展示，适量地展示旅游服务设施、依托的城市、商业街区、特征标志、人民生活、土特产和交通情况等。图片常常与文字介绍相配合，在图片之下需要附以简单的文字说明。

各种解说方法有其自己的特点，各旅游景区应根据自己的实际情况合理选用。如解说牌是一种单向、静态的解说服务，成本较低，使用普遍，但旅游者不太感兴趣，易被忽略，尤其是那些毫无创意的设计，以及说教式的毫无生动语言风格的解说牌。解说员虽然是一种双向、动态的解说服务，但需增加人员培训，成本较高，较难管理。在建立环境解说体系时，要了解各种解说方法的优缺点，以便以较低的成本达到理想的效果。各类解说方法的优缺点比较见表2-1。

表2-1 各类解说方法优点和缺点的比较

解说方法	优点	缺点
人员解说	1. 人际间交流，具有亲切感 2. 可根据客的文化程度和兴趣调整讲解内容 3. 现身说法，随时解说突发现象和回答游客提问，双方能交换意见 4. 可接受群众反映，增强游客好奇心和兴趣	1. 招募和培训人员需要花费较高的成本 2. 解说效果取决于解说人员的文化水平、思想水平和解说技巧 3. 服务的人数有限，人数多则效果不好 4. 讲解时间受限制

解说方法		优点	缺点
视听解说	影视	1. 效果好而持久，适合解说特定主题 2. 视觉效果好，以故事为线索，引人入胜 3. 便于携带，景区内外均可使用	1. 制作难度大，所需经费多 2. 修改困难 3. 互动性差，对游客的文化水平有一定的要求
	语音	1. 用语言播出，可增强效果 2. 手提式耳机解说，可减少周围干扰 3. 可借助个人声音、地方色彩和习俗等，使音响效果戏剧化	1. 音响效果受设备影响 2. 有时可能造成噪声
	幻灯	1. 制作简单 2. 突出重点，同时欣赏摄影艺术 3. 更换内容容易	1. 需以配音和文字介绍等方式增强效果，受到拍摄、配音和文字水平的限制 2. 不是动态的视觉效果，视觉上的真实感不如影视
陈列室		1. 集中展示，参观方便 2. 真品实物往往配以照片、图片、模型，容易理解 3. 不受天气及蚊虫等外界因素干扰	1. 游客长时间参观易疲倦 2. 陈列项目多而细，对游客的吸引力会递减
标识系统		1. 对照性强，能产生触景生情的效果，可多人观看 2. 耐久性稳定性强，不懂的时候可反复阅读 3. 不受时间限制，可根据自己的时间和兴趣阅读	1. 无人看管，易被破坏 2. 露天放置，易受天气、光线等因素影响和破坏 3. 文字有限，信息量有限 4. 一次性投入，启动成本高
出版物		1. 使用时间长，可用于旅游之前的初步了解、旅游中的引导和旅游后的回味 2. 可对旅游景区全面、详细、深入介绍，如景区的历史文化、线路、设施等 3. 可用多种语言撰写，适合国际旅游者 4. 具有纪念价值	1. 旅游景区的出版物一般在旅游景区出售，许多人在旅游之前不易获得 2. 要求游客有一定的文化水平，否则，不大可能购买出版物去阅读 3. 需要考虑出版成本
电子触摸屏		1. 信息丰富 2. 交互性强	1. 设备易损坏 2. 排他性强，单位时间不能容纳较多游客
3D 虚拟展示		1. 形象生动，具有震撼力，能对原貌进行还原 2. 不受时空限制，有效缓解旅游景区人数过多的压迫感	成本高昂，研发维护和设备技术要求高，中小旅游景区无力承担
无线蓝牙技术		受众广泛，游客的随身设备均可用于实时互动，如手机、平板电脑等	对信号的稳定性、终端的支持性、用户的操作水平要求较高，需要专门的指导

■ **案例思考**

美国黄石公园的环境解说

对游客进行关于公园的自然和文化方面的教育，是游客愉快旅游的重要组成部分。这种方式能够使公园不被破坏，从而让子孙后代继续享用。在理想的情况下，讲解从游客进入公园之前就开始了，并且持续到游览结束之后，这样就能在实现资源保护的同时，给每个游客留下终生难忘的旅游记忆。

黄石公园协会以及授权为游客讲解的工作人员都为这一学习过程做出贡献。每年有数以千计的关于公园方面的书面咨询、电话问询、电传或电子邮件被转入黄石公园的全体员工手中。为加深游客体验及保护公园资源而进行讲解的任务是由黄石公园的讲解员完成的。这些讲解员由 22 名正式雇员和大约 60 名季节性的临时雇员构成。他们的任务就是通过各种各样的正式或非正式的私人交往、室内外展示、出版物、多媒体等方式来增进公众对公园价值和资源的理解和好评。1998 年，有近 19 万人参加了讲解项目，还有两倍于该数字的人访问了黄石公园的官方网站。此外，讲解专家通过在网站上开展对景点的"真实"游览、互动地图等活动详细地介绍黄石公园等活动，这极大地提高了该网站的访问次数和受欢迎程度，而且还将公园的服务向非传统的讲解、各种类型的公众拓宽。

黄石公园对游客的宣传教育活动可以说是无时不在、无处不在。

（1）到达公园前：数以千计的游客在计划来公园游览之前就和公园或其网站接触，咨询关于地图、天气、食宿及景点方面的信息，每年黄石公园的工作人员都要回复超过29 000 个电话、邮件；此外，还要给有特殊要求的咨询者发出 9 000 封信件。

（2）在入园当日：公园工作人员在每个入口处给游客分发报纸、地图和小册子。关于重要的安全问题和资源保护问题还被翻译成法语、德语、西班牙语和日语。

（3）在公园的主要景点：从 5 月底到 10 月初，游客能够得到关于公园的特点、游园守则、游览项目、垂钓、划船及在偏远地区宿营等方面的信息。获得这些信息的主要来源包括：5 个主要的游览中心（猛犸象、峡谷乡村、垂钓桥、大乡村及老忠实泉）；4 个守护站（湖区、桥湾、堡垒汇合处以及南门）；3 个小的联系站（诺瑞斯间歇泉盆地、迈迪逊汇合处及西萨姆）。

（4）边走、边谈、边展示：1998 年，除了有 18.99 万名游客参与了由导游带领的边走、边谈、边展示的活动，另外，据估计，还有 27 万多游客通过在野生动物观赏区观看或在空中俯视黄石景区而获得了美好的旅游体验。夏季黄石公园在 7 个主要的野营地播放各种题材的幻灯片。在旅游旺季，白天的活动项目包括诸如在老忠实泉和猛犸象等主要景点的讲解。长距离的徒步导游活动在诸如斯派西曼岭、沃什伯恩山及口袋盆地等地区进行。

黄石公园有如下讲解和教育的形式。

（1）多媒体介绍：用多媒体向游客介绍公园的地质演变、野生动物等是一个很有效的教育方式。目前公园内有 4 处游客中心播放电影和幻灯片，还有两部关于黄石公园地热资源的新影片正在制作中。但是，对于多媒体，黄石公园在设备和资金等方面还需要加大投入力度。

（2）室内展示：精彩的展示活动有助于游客了解公园并从中受益。黄石公园有 7 处展示设施，用于展示公园的地质特征、野生动物和人类的变迁。不过，今后应当更多地利用现代化的技术手段把展示项目办得更加生动、丰富和有趣。

（3）室外展示：设在公路及小道旁边的展示牌可以一天 24 小时为游客提供诸如安全事项及公园规章等方面的信息。公园内还在很受游客欢迎的景点设有 12 个自助游展示点。大多数游客要么借助自助游展示牌，要么借助公园的出版物了解公园的许多特色景点。从 1999 年起，公园开始安装由陶瓷制成的新一代更加耐用的展示牌，有 120 个已经安装到位，还有 100 个已经得到了经费或正在安装过程中。

（4）环境方面的教育：自 1985 年以来，有近 10 000 名学生和他们的老师完成了对黄石公园的考察。在考察过程中，他们学到了关于公园的资源和环境方面的许多知识。1995 年，公园开始向每一名学生收取少量费用，用于该项活动中讲解人员及物资方面的开支。

（5）"初级守护者"活动：每年夏天，大约有 13 000 名年龄从 5 岁到 12 岁的孩子通过一份专门设计的报纸——《黄石公园的自然资源》而学到许多关于黄石公园的资源和安全注意事项等方面的知识。每一个能够成功完成其中一系列活动的孩子将被授予"初级守护者"称号，并且这一称号在黄石公园游客中心以仪式的方式宣布。

公园的工作人员还走进校园开展教育活动，为教师开设与环境相关的课程，并且组织专门的活动。1999 年，在西黄石公园开展的"向导"活动中，为高校学生提供了在接受在职培训的同时协助"初级守护者"活动的机会。这项活动还有助于加强公园和周围社区之间的联系。

（6）出版物：每年黄石公园针对来访游客和其他公众出版大约 60 种读物，其中包括：4 种报纸，有 850 000 份在驾车驶入公园的游客中分发；7 种自助游出版物，每年达 750 000 份；有一份叫作《初级守护者》的报纸；还有关于滑雪、徒步旅游、划船、骑马等方面的小册子；此外，还有叫作《黄石公园科学》的季刊杂志。黄石公园协会，作为教育和讲解的主要合作伙伴，通过在公园的游客中心销售出版物，将获得的资金用于印制公园外文版地图，提供给外文导游，出版法文、德文、西班牙文、日文报纸等。

（7）采取主动和扩大范围：来自各部门的员工在公众会议上代表的是整个公园，他们既要对志趣相投者讲解，还要对有情绪的人讲解，向他们提供信息，并解释公园在一些棘手问题上的困境。一般来说，每年讲解人员和资源专家会发表 160 次这样的陈述，听众达 11 000 人次。1999 年，讲解部开展了一项扩大范围的活动，在该活动中，讲解人员经常参加社区会议，这无疑在信息共享方面为当地居民和公园建立了沟通的平台。

（8）广播和电视：当游客驾车驶入公园时，将自己的收音机调到 1610 频道，就可以收到关于公园的简短信息和注意事项。更新设备和加大员工投入后，广播已能够为游客提供更多的信息，包括：道路封锁的情况、天气预报、野营和住宿的建议等。

（资料来源：孙英杰．旅游景区开发与管理[M]．北京：中国财富出版社，2016.）

✍ 思考题

黄石公园采用了哪些形式的环境解说服务？你认为有哪些值得借鉴的经验？

任务四　景区环境解说服务技巧

环境解说服务的关键，除明确向旅游者提供信息外，还要根据旅游者的习惯，选择何时何地安排何种解说服务，为此，必须了解各种解说方法的特点，提高解说服务的有效性。

在解说工作中运用适当的语言技巧，可使解说工作更圆满、更理想。人员解说技巧通过解说人员的语言风格体现，例如，说话轻松幽默，灵活运用地方色彩的语言。此外，解说人员的表情、气质、音色、态度和仪表等都会影响解说效果。非人员解说的技巧表现在文字和画面介绍的质量、编排和选材方面的高超。

一、人员解说

一名合格的解说人员仅有热情和信心是不够的，还需要有扎实的基本功、丰富的知识和良好的心理素质，同时适当地运用解说技巧，可以使游客更容易接受。解说时，解说员应处于明显位置，声音清晰洪亮，以大多数人能听到为准，语速不急不慢，急则游客听不清楚，慢则容易使人注意力不集中。在语言的运用上，适当地运用抒情性的演讲方式，起伏跌宕，错落不平，幽默生动，使游客的情绪随艺术化的语言而波动。在解说过程中，必须集中游客的注意力，避免冷场。人员解说比较容易针对不同的解说对象安排解说内容，针对不同的游客作针对性的讲解。对一般的游客主要在于引导，使其对景物产生一定认识，对特殊的游客，要尽量满足要求，积极回答游客的提问。

讲解时，吸引游客的注意力可以从以下几点入手：

（1）解说主题力求变化。介绍了一个主题之后，最好能穿插一些与之有关的话题，一味地选择一种主题易显枯燥无味。例如，在讲解与人物有关的景观时，可插入一些与人物有关的故事，引起游客的共鸣。此外，旅游讲解是在人们处于休闲的状态下进行的，在讲解中不时地插入一些轻松的话题，减少游客的紧张感。

（2）以提出疑问的方式开始解说，造成一种悬念，引起游客的好奇心，进而引起求知欲。在讲解过程中向游客提出一些问题，让游客参与回答，加深问题的印象，同时拉近讲解人员与游客的关系。

（3）运用对比方法。讲解游客不太熟悉的内容时，可同其他内容进行对比说明，使游客有所鉴别，从而更好地理解景物。

（4）提供与游客切身利益有关的知识，例如，面对特殊情况时的紧急处置，碰到景区顽猴挡路时该怎么办，遇到生病或跌伤时怎样急救等。

（5）注意游客反馈。人员解说区别于其他方法的最大优点是双向式沟通，解说人员应注意从游客的反馈中，了解游客对解说主题的了解程度、兴趣程度及对旅游景区的意见，以便调整下一步的解说内容，并改进旅游景区的产品和管理。

（6）讲解内容的健康性。对自然风物和人文历史的解说要正确真实，向游客宣传美与善，那些胡乱攀扯、任意附会、哗众取宠、故弄玄虚的故事，不仅无法使游客增长见识、陶冶性情、愉悦身心，反而败人雅兴，倒人胃口。

二、解说牌的解说词

解说牌上的解说词不仅要注意其历史和科学的准确性，同时还要注意其文学性。解说牌上的解说词要避免错别字、病句和其他不规范的现象。按照史籍、志乘记载重新书写篆刻的作品，应尊重原作的完整性和正确性，切忌望文生义。警示类的解说牌应尽量避免引起游客的反感。我国一些旅游景区通常会在需要保护的草地和林地前竖一木牌，上书："禁止践踏草坪，违者罚款""严禁摘花，折花者罚款×元""严禁乱扔果皮、纸屑等杂物，违者罚款"，还有的在文物古迹前竖立"禁止照相"的牌子。这类告示在许多旅游景区都有，虽然对绿地和文物古迹的保护能起到一定的作用，但这些生硬、冷淡、训诫式的言辞，不尊重游客，忽视了游客的心理感受，常常会引起游客的反感，不仅起不到保护作用，甚至会大煞风景。警示类的解说牌如果换一种表达方式，不仅能提醒游客注意，而且还充满情趣，如禁止践踏草坪的警示牌可以写成"虽然我是小草，但也珍惜生命""留得寸草心，报得三春晖"等，营造出优美的文字环境。

书面材料解说。书面材料解说是旅游景区环境解说的重要组成部分，现在许多管理较好的旅游景区印制了专门介绍的读物，常见有简介、书籍，但要使这些读物更具吸引力，并适合旅游时阅读，读物的印制可以巧做安排，而不一定是标准规格的。例如，《庐山掌故》一书设计成 9 厘米×13 厘米，厚 200 多页的袖珍读物，收录了庐山自然景观、名人韵事、神话传说等 156 条，游客揣之，游览时对照十分方便。

三、门票解说

旅游景区的门票也是一种比较实用的解说媒体，可发布有关旅游景区的信息。在门票上印制解说内容时，因面积有限，应突出重点，只将需要强调的内容印在门票上。门票解说内容的安排一般是正面印主景照片，背面的印制可以采用以下几种方法：

（1）列出旅游景区包含的主要景点。

（2）提供旅游景区的中英文对照简介。

（3）附上游览图和游客须知。

（4）提供旅游景区简介和参观须知。

（5）附上旅游景区游览图。

（6）介绍主要景观和提供区位图。

（7）提供旅游景区的平面图和简介。

四、导游图

导游图是一种非常重要的自助式解说方法，是帮助游客进行参观游览的重要工具，而非专业人士看的地图。导游图应从使用者的眼光编制，考虑到旅游者对导游图文的阅读和辨认能力。因此，导游图的设计应信息准确、通俗易懂、便于携带，否则可能产生误导或者使用不方便。导游图的编制需在符号、颜色和注记等方面巧做安排。符号是风景点和服务设施等在地图上的表示，应讲究艺术性、通俗性、科学化和规范化。虽然我国许多旅游景区编制了旅游图，但却没有形成一套规范化、科学化的符号系统。颜色差别可以增强不同要素的视觉区分，便于识别不同要素和寻找同类要素，从而增强地图的易读性和表现力。导游图中要素的颜色选择应视不同的主题、类型和用途而定，例如，蓝色表示水面、绿色表示原野、建筑物用棕色、风景点用红色等。符号颜色要尽量与实际景物的色彩接近，符合人们的视觉习惯。导游图上的注记，其字体、大小和颜色的差别可表示要素的类别与级别，同时对图面的表现效果、美感和阅读产生影响。导游图配置注记一般要求注记与被注记要素的关系明确，不偏、不远、不散、不乱，避免游客产生错觉和疑问。对一些重要的界标，加以三度空间的投射，更能引起旅游者的兴趣。注记应避免遮挡图中主要内容，合理布局，注记的字体、大小要与符号的等级系统相匹配，注记的颜色一般与被注记符号的颜色相同。

任务五 景区环境解说服务策划程序

环境解说服务是针对旅游者在旅游景区需要了解的内容，在旅游过程中向游客提供易于接受的环境解说。环境解说服务程序由以下步骤组成。

步骤一： 确定景区环境解说的目标

策划环境解说服务开始于确定目标。解说目标分为一般目标和特别目标。一般目标比较浅显，包括设置必要的景区简介、交通引导标识、警示解说等，让游客顺利地浏览景区，并带着愉快的心情离开。特别目标比较深刻，除了实现一般目标，还需要根据景区的历史、特点，对景区内的重点景观进行科学、权威、准确的解说，使旅游者了解旅游景区的自然、生态、文化、社会、民族、宗教等方面的专业知识，达到寓教于乐、寓学于游的目的。环境解说目标在解说服务设计中非常重要，是策划环境解说服务首要考虑的问题。目标是策划工作的指导，也是检验环境解说服务设计成功与否的标准。

步骤二： 对景区内的资源进行调查

1. 对资源进行调查和分类

对于旅游景区内所有的自然景观、古迹及其他旅游设施，应进行详细调查和分类，将有用的信息仔细地研究，明确应该重点解说的内容，以便确定解说工作的中心主题。除调查本景区外，对周围的旅游景区也要进行调查，找出本景区与周围景点景区的差别与特色。

2. 收集相关资料

中心主题确定后，便可着手收集相关资料。相关资料主要指与景点和景区有关的风土民俗、名人轶事、特产等，因为这部分资料也是游客较感兴趣的内容。

3. 筛选信息

应对收集的信息进行筛选，剔除任何违背主题的信息，包含过多主题的解说是失败的，因为主题过多容易混淆信息，针对性也不强。

步骤三： 对景区的目标群体进行分析

由于解说面对的受众在年龄、性别、文化、收入等方面存在客观差异，即使同样的解说主体、同样的解说信息，最后收到的解说效果可能也截然不同。比如教育程度高的游客接受能力强，感兴趣的领域比较广泛；游客职业与景区关系密切的，对解说内容的深度和专业度要求较高。用同一种方法满足不同游客的需要非常困难，旅游景区可以针对主要的目标市场提供合适的解说服务，即旅游者人数占比较高的那部分旅游市场。因此，设计环境解说服务时，要分析旅游景区环境解说的受众，只有了解游客对解说方法和内容的需求，才能设计出游客乐于接受的解说服务。

步骤四：选择合适的环境解说的类型和方法

选择媒介包括选择最适合的主题、资源和旅游者的传播介质。媒介的种类很多，不仅有人们熟悉的指示牌、旅游指南和游客中心等，还有各种视频、音频以及计算机驱动的媒介。环境解说媒介可以分为人员的和非人员的解说服务。

人员解说服务有：问询服务、指导活动、团体讲解、现场解说。非人员解说服务有：视听装置、书面读物、自助导游、室内陈列展览、游客中心。

选择媒介时要注意媒介本身的性质，资源本身是选择媒介的因素，不同的媒介适合不同的内容，有些解说媒介可能对环境产生影响。例如，有碍观瞻的指示牌，旅游景区高音喇叭传出的声音等。每个媒介都有自己的优缺点，例如，导游员引领是一种双向的沟通，但导游员的综合素质参差不齐，解说质量不稳定；自助导游成本低但缺乏人际交流。

选择媒介时要注意利用各种解说媒介的互补性。例如，对旅游景区重点景物的解说可多种媒介配合使用，除人员讲解外，将讲解的内容印制成书面材料，出售或赠与游客，以加强解说效果。

成本和耐久性也是选择媒介时需考虑的因素。成本过高会影响经营效益。耐久性差一方面影响解说效果，另一方面过多的更换也会使成本升高。

步骤五：准备景区环境解说的内容

环境解说必须有丰富的内容。由于旅游者的旅游活动是一种休闲和放松，再加上旅游者的文化层次和知识结构差异，环境解说内容一要具有准确性和权威性，二要生动有趣，能激发旅游者对旅游景区的兴趣。旅游环境解说的文字材料不同于学术研究文章，必须深入浅出，通俗易懂。因此，准备环境解说服务时，应做好充分的准备。这一阶段最重要的是创造性，而不是循规蹈矩，否则很难达到环境解说的最好效果，甚至可能误导游客。

步骤六：对环境解说服务进行评估和调控

环境解说评估是解说服务策划的最后一步，根据解说目标对环境解说服务进行检查，检查解说的有效性，评价解说设计效果与目标的差距，以便进行调整。对解说评估有正式的和非正式的两种方法。非正式的方法有观察法、访问法，例如，让景区的员工观察旅游者对每一种解说方法的选择情况、驻足观看或者倾听的时长，直接询问游客的感受和反馈意见等。正式的方法有专家评审、问卷调查等方法，可以通过问卷调查的形式获取游客对景区环境解说服务的满意度。

◆ **企业管理实务**

《峨眉山标识系统的设计与方案图册》由重庆笨鸟标识制作有限公司提供。

二维码：CJJ/T 173—2012 风景名胜区游览解说系统标准

课后思考题

1. 分析景区环境解说与环境教育的关系。
2. 景区环境解说相比正式的环境教育有哪些优势？
3. 环境解说服务体系的设计要领是什么？

◇ 任务训练

1. 以小组为单位，选择所在地的一处旅游景区，对景区内环境解说的类型和方法进行调研。

2. 以小组为单位，选择所在地的一个旅游景区，按照景区环境解说服务策划的程序，对该景区的环境解说服务进行调研，并制定景区的环境解说方案。

项目三　景区的绿色餐饮服务

- **学习任务**
1. 认识景区餐饮服务的特点；
2. 掌握游客对景区餐饮业的需求特征；
3. 理解景区餐饮业对景区环境的影响；
4. 掌握景区绿色餐饮服务管理的内容。
- **达成目标**
能够运用景区绿色餐饮服务的标准和要求为景区的绿色餐饮服务提供设计方案。

☞ **案例导入**

集发印象生态餐厅

集发梦想王国的前身是集发生态农业观光园，是全国首家生态农业旅游观光 AAAA 级景区。其划分为特种蔬菜种植示范区、名贵花卉种植区、特种畜禽养殖示范区和休闲餐饮娱乐四个区域。集发印象餐厅是隶属于景区的特色餐厅，作为极具北戴河地方特色和传统工艺的餐厅，餐厅的食材取自自家景区的蔬菜和禽畜，结合北戴河当地的特色饮食，为游客提供健康美味的当地特色美食。不仅如此，餐厅在环境布局方面也采用特色的水培蔬菜作为装饰，使人处处感受到餐厅生机勃勃的绿色餐饮特色。

集发印象餐厅的传统手工艺特色美食"漏粉"

资料来源：集发梦想王国印象餐厅服务部提供的图文资料。

任务一　认识景区的餐饮服务

一、景区餐饮业的重要作用

景区餐饮是旅游景区整体产品的一部分，景区餐饮服务质量直接体现旅游景区服务质量。在旅游的六要素"吃、住、行、游、购、娱"中，"吃"排在第一位，可见，景区餐饮业在整个旅游景区服务中占据重要地位，它是景区向游客提供优质服务的基础和保障，也是弘扬地方饮食文化、宣传地方特色餐饮的绝佳窗口。

由于景区特殊的地理位置和服务对象，使得景区餐饮服务与社会餐饮服务有着很大的差异。只有了解景区餐饮服务的特殊性和游客在景区进行餐饮消费的需求特点，才能更好地为游客提供高质量的餐饮服务。景区餐饮业的研究对于保持景区的可持续发展、保护景区环境、提高旅游景区的服务质量、满足游客在景区内的饮食需求、丰富游客的旅游体验以及提升旅游景区的竞争力具有重要意义。

二、景区餐饮业的特征

1. 类型丰富多样

景区餐饮业的类型主要有特色餐饮、中西快餐、食品零售和饮品店四种。特色餐饮以北京颐和园和北海公园的御膳等为代表；中式快餐以兰州拉面、永和豆浆等为代表，西式快餐以麦当劳、肯德基等为代表；食品零售以食品店（零售亭）、商店、移动售卖车等为主；饮品店以蜜雪冰城、茶馆、星巴克咖啡等为代表。

2. 淡旺季明显

大多数景区因所处地理位置不同，气候条件有很大的差异，存在不同程度的淡旺季。如北京地处中纬度欧亚大陆东岸，具有典型的暖温带大陆性季风气候特征。春旱多风，夏热多雨，秋高气爽，冬寒少雪。春秋短而冬夏长，冬冷夏热，对比悬殊。春夏秋三季自然景观丰富多彩，而冬季略显单调，淡旺季比较明显。景区餐饮业受旅游景区淡旺季的影响显著，通常表现为旅游旺季时供不应求，淡季则供过于求。

3. 经营成本较高

企业经营活动的最终目的是获取利润，企业的经营要受成本控制理论的支配，在这一点上景区餐饮企业也不例外。通过与景区餐饮企业部分经营者的访谈得知，一个在景区经营的餐饮企业，其经营成本是租金、水电费、材料成本费、人工费及其他的总和。由于景区内的租金、水电费都比景区外要高，有些甚至高出很多，所以，景区餐饮企业的经营成本相对较高。高成本导致了产品的高价位，为了能让游客有一个比较能接受的价位，餐饮企业必然会降低其他成本以达到利润最大化。如餐饮企业通过降低原材料成本、劳动力成本、水电成本等来降低总成本以获得利润。结果有时会造成餐饮产品量少、质差、卫生条件差、服务速度慢、服务态度差等问题，利益受到侵害的还是游客。

4. 消费需求多样化

不同经济水平的游客对景区内餐饮服务的需求是不同的。低收入群体的游客往往更注重景区餐饮食品的性价比和适用性，具有较强的求廉动机。中等收入群体的游客在文化素质、经济收入等方面具有一定的共性，占游客总数的比例最高，是景区餐饮业要特别重视的群体，该部分游客对餐饮产品的需求比较活跃，呈现多样化，比较易于接受新产品且自主决策能力强。高收入群体的游客具有追求享受，不吝奢华，求名，求新，关心健康和注重保健的特点。因此，不同收入的消费群体对景区餐饮的需求是不同的。

5. 限制因素较多

景区内的餐饮业受限制的因素较多，如景区环境的特征和景区管理导向。

因景区资源的类型不同，景区餐饮业的类型、数量、规模和餐饮设施的风格也会有所不同。试想，如果一个现代化的西式快餐（麦当劳或肯德基）坐落在世界文化遗产地故宫里面，它对故宫景区的整体文化环境将起到怎样的冲击。它的建筑风格、色彩、建筑材料的使用、经营的西式快餐，与历史悠久的中国文化遗产地故宫的建筑风格、色彩、材质以及它的历史文化是多么不协调。但是，在北京动物园中引进西式快餐"爱昵猫"就使其成为景区资源的一部分，为来北京动物园游览的游客提供了游憩的场所。

景区管理分三个导向，即经济发展导向、社会环境导向、综合效益导向。在经济发展导向作用下，旅游景区以优先获取经济效益为目标来构建景区管理体制和经营机制。在社会环境导向作用下，景区以保护公共资源与生态环境、维护公众利益作为经营管理的首要目的，兼顾经济效益的发挥。例如，故宫、天坛等遗产类景区的管理以社会环境为导向，注重对资源环境和生态的保护，景区内的商业服务设施相对较少，受限制程度较高。在综合效益导向作用下，旅游景区治理以追求经济效益、社会效益、环境效益三者并重为目标，要在确保旅游景区的社会效益与环境效益的前提下，最大限度地发挥旅游景区的经济效益。

任务二 游客对景区餐饮业的需求特征

一、消费者特征分析

景区餐饮业面向的市场主要是来景区旅游的游客，其作为景区餐饮业的目标市场，具有以下特征：

1．异地性

对旅游者而言，其旅游目的地为异地他乡。这既要求旅游者适应旅游地的气候、地形等自然条件和饮食、文化等人文条件，还要求旅游地能够为旅游者提供必要的生存条件。游客的异地性体现在游客求新、求奇的旅游心理，因此，景区餐饮业应抓住游客对美食的猎奇心理，大力经营地方特色美食。

2．短暂性

旅游者前往异地参观访问具有暂时性的特点，对旅游景点的访问大都具有一次性，因此，在某特定景区内的消费也具有一次性。游客消费的一次性，使得部分景区餐饮企业在经营过程中往往只重视短期的经济利益，结果出现餐饮产品品种单一、质价不符等问题。

3．愉悦性

愉悦性是旅游者的最终目的，由其旅游动机所决定。无论是观光旅游、寻幽探奇、博览风采，还是体育运动、度假疗养、文化交流等，其最根本的追求是满足一种心理或生理的需要，使身心得到愉悦的感觉。旅游者的愉悦性要求景区餐饮不仅要满足游客的生理需求——填饱肚子，还要满足游客的精神需求，要让游客在填饱肚子的同时，吃出文化、吃出境界。

4．消费性

旅游是现代社会人们一种特殊的生活方式，旅游者通过消费得到享受，这不仅要求旅游者具备一定的经济负担能力，还要求旅游地能够为旅游者提供相应的旅游服务，以迎合旅游者的消费要求。游客的消费性表明游客是愿意为在自身消费能力之内且有吸引力的餐饮产品付费的，因此景区餐饮业要根据游客不同的消费层次来经营不同层次的餐饮产品。

5．地域性

旅游者由于所处自然环境、经济水平、社会制度、风俗习惯等不同，具有明显的地域差异性。旅游者的地域差异性要求景区餐饮产品呈现多样化经营的特点，以满足不同地域文化的游客的需要。

二、游客对景区餐饮业的需求分析

我国是世界三大烹饪王国之一，有著名的八大菜系，景区餐饮是景区产品不可缺少的一部分，游客自然希望体验景区内与众不同的餐饮服务。游客对景区餐饮业的期望主要表现在以下几点：

1．特色风味

景区内的特色餐饮是景区餐饮业的亮点，体现了经营者独特的经营理念和服务理念。游客来到旅游景区，不仅为了游览、观光，还希望能品尝到色、香、味、形皆佳的风味美食和特色小吃。例如，很多到北京旅游的外国游客，一定会去品尝全聚德的烤鸭；北海、颐和园的御膳，游客在身着满清宫廷服饰的服务人员的服侍下，边品尝宫廷美食，边感受北京作为中国首都特有的政治、文化气息，以及清朝皇宫的饮食文化；中华民族园内的特色饮食，如朝鲜族酒馆、苗家味美食屋、民族美食快餐厅等，则体现了中国作为一个由56个民族组成的多民族国家所具有的丰富多彩的饮食文化。

2．清洁卫生

景区餐饮业的环境、设施、用具和食品等的清洁卫生状况是游客尤为关心的内容。因为这对旅游者身体的健康、情绪的好坏、心情的舒畅极为重要。游客希望供应的食品新鲜、卫生，餐具要经过严格消毒，餐桌台布洁白，餐厅环境洁净，希望在景区内就餐不会引起肠道传染病或食物中毒。如果餐厅内外环境肮脏，蚊蝇滋生、用具不洁，会使游客产生焦虑不安、厌恶、愤怒的情绪，这种情绪势必会影响游客对景区餐饮业的评价。

3．方便快速

游客到旅游景区的主要目的是参观游览，在景区内就餐主要为了满足休息和饮食的需要，他们不希望在餐厅内逗留较长时间，因此，景区餐饮业快速、高效的服务会赢得游客的赞许。

4．期望被尊重

来自不同国家、不同地域、不同民族的旅游者，有着各自的习俗、宗教信仰和文化等，无论游客的社会地位、经济地位如何，旅游消费者的自尊都应该得到特别的尊重。俗话说："宁喝顺心汤、不吃受气饭。"如果游客在餐饮服务中遇到服务人员的怠慢，会感到再好的美食也食之无味。

5．公平合理

景区餐饮产品质价相符也是游客对景区餐饮业的期望。由于目前景区内的餐饮价格普遍偏高，如果游客付出较高的金钱却得到质量很差的餐饮产品或较差的服务时，游客就会感到不满，感到并非物有所值。

任务三 景区餐饮业对环境的影响

一、景区的环境容量

景区环境容量是指在人类和自然环境不致受害的情况下，某一景区所能容纳污染物的最大负荷，或者说在某景区内容纳污染物质的容量的能力是有一定限度的，这个限度称为景区环境容量。如果污染物的排放或人为造成的不良影响，超过了环境本身的自净能力，就会出现旅游环境污染，从而使旅游环境质量下降，通常被称为旅游环境破坏。

旅游环境污染一般有两种含义：其一称为旅游的自然污染或物质污染，指来自旅游和其他方面的有害物质和废弃物等排放到自然环境中去，这些物质的数量骤增到一定程度超过了自然界本身的自净能力，便会造成环境质量下降或环境状况恶化，自然生态系统的平衡及旅游观光游览条件遭到损害；其二称为旅游的社会污染或精神污染，指旅游业特别是国际旅游业对旅游接待地的人文社会环境造成的不良影响。

二、景区餐饮业对景区环境的消极影响

景区餐饮业是旅游景区的配套服务设施，是景区整体产品的一部分，景区餐饮业的经营活动势必会对景区的旅游环境产生一定的消极影响，下面分别从六个方面来阐述景区餐饮业对景区环境的影响：

1. 空气污染

餐饮企业排放的油烟、废气不仅改变了景区原有空气的正常成分，增加了新的成分或者使原有某种成分骤增，还会加速景区内珍贵的历史遗迹的老化、破损甚至毁坏，对景区内的一些动植物产生不同程度的影响。

2. 水质污染

有些餐饮企业排放的"泔水油"由于缺乏科学的管理方法、处理手段及能源转化技术，分离器处理效率较低，严重超标的含油脂污水排放，经常会堵塞下水管道，散发腐臭气味，还会污染水源，使水质遭到严重破坏。这种情况在旅游旺季尤为明显。

3. 噪声污染

餐饮企业的噪声也是景区噪声污染的来源之一。旅游饱和与超载对人类感官的直接影响是旅游者感觉拥挤不堪，到处充斥着游人，噪声增加，游客不能获得应有的旅游气氛，旅游者的体验质量将大打折扣。在自然旅游区，动物会因噪声而受到恐吓，逃离原先的巢穴，动物的这种不得已迁移，有时会造成不良的生态后果。

4. 垃圾污染

景区餐饮的垃圾成分比较复杂，大致可以分为两类，即有机垃圾和无机垃圾。有机垃圾包括剩菜剩饭、瓜果皮核、菜根菜叶、鱼肉骨头、蛋壳等。无机垃圾包括各类塑料制品及包装物（塑料袋、塑料瓶、快餐饭盒、易拉罐、罐头盒、烟盒、冷饮盒、火腿肠外皮等）。景区餐饮的垃圾如果处理不当，会破坏景区环境，影响旅游景区的形象，还会成为蚊蝇和细菌生存、繁殖的温床，危害人体健康。景区内的"白色垃圾"会影响景区植物的生长，这些白色垃圾遗留在土壤里，不分解腐烂，反而会破坏土壤结构，阻碍植物吸收水分及根系生长，有些还可能被动物及水生物误食，导致生病、死亡。北京动物园的羚羊、长颈鹿有的误食塑料袋致病，"国宝"大熊猫因误食塑料袋致死的事件也有发生。

5. 美学价值的破坏

餐饮建筑设施和餐饮服务设施的建设，占用了景区内的生态空间，如果景区内餐饮企业的数量和规模不当，餐饮建筑设施和餐饮服务设施的风格与景区的文化环境不协调，就

会改变甚至破坏景区资源环境的原有氛围，降低景区资源环境的美学价值。试想，如果一个现代化的西式快餐（如麦当劳或肯德基）坐落在世界文化遗产地故宫里面，会对故宫景区的整体文化环境起到怎样的冲击？

6. 安全隐患

景区餐饮企业用火、用电也是景区资源安全的隐患，用火安全尤其对历史遗迹、皇家园林、森林公园等景区资源意义重大，因为这些景区资源一旦被破坏就很难得到恢复。

景区环境容量是一种资源，合理利用这种资源，对于景区的可持续发展至关重要。为了实现景区环境的可持续利用，景区餐饮业的经营要受到景区环境容量的限制，主要表现为景区内的餐饮业禁止使用明火，禁止出售油炸、油煎食品，餐饮设施要与景区环境相协调，各项排污指标达到相关的标准等。

任务四　景区餐饮业绿色服务管理

一、绿色餐饮服务要求

根据《绿色旅游景区》（LB/T 015—2011），对绿色餐饮服务提出如下要求：

（1）餐饮场所数量和布局合理，生活饮用水卫生标准符合 GB 5749 的规定。

（2）节约食品原料和成品，杜绝浪费行为。结合客人消费标准，有针对性地安排餐饮品种和数量，制定符合游客口味和营养需求的菜点，防止原料和成品浪费。

（3）应提供安全、健康的绿色食品，提倡主要餐饮企业建立原料采购识别制度，采购无污染原料、绿色食品原料，防止采购被污染或腐败变质的原料。有条件的旅游饭店，应建立自己的无污染、无公害原料或绿色食品原料种植基地和饲养场所。

（4）不以提供野味来吸引和招揽游客，不做野生动物、珍稀植物为菜名的广告和不出售相关食品。

（5）餐饮服务配备消毒设施，对所有餐具进行消毒。

（6）不使用对环境造成污染的不可降解的一次性餐具。

二、绿色餐饮服务管理

1. 景区内餐饮用地的规划与控制

对景区内餐饮用地的规划管理是景区用以影响景区内餐饮供给的最基本的手段，也是影响力最大的手段。对餐饮用地的规划与控制主要表现在餐饮用地的位置、面积、功能、空间分布等方面。进行这类控制的主要目的就是保护景区的环境景观价值，避免人为地对景区环境进行破坏性建设。同时，也要适当考虑游客的就餐需求。

2．餐饮建筑设施管制

对餐饮建筑物的新建、扩建和改建工作进行管制，其内容主要涉及对建筑物的规模、高度、式样、颜色、材质及设施设备的要求做出原则性规定，并建立相应的制度。建筑外形要求运用与景区传统或历史相协调的建筑风格，使建筑与景区环境相呼应，体现民族性和地方性特色，并尽量使用当地的绿色建筑材料建设，体现景区当地的建筑风格。此规定还要具体景区具体分析，其宗旨就是在不破坏景区环境的前提下，满足游客的餐饮需要。

3．餐饮业的服务质量管理

旅游景区餐饮服务质量是指利用餐饮设施、设备和餐饮产品所提供的服务，在使用价值方面适合和满足客人需要的物质满足程度和心理满意程度。旅游景区餐饮服务质量一方面取决于设施、设备和实物产品的质量，如餐饮服务设施设备的舒适程度、完好程度、档次高低，饮食产品的色、香、味、形等；另一方面取决于服务人员的服务观念、服务态度、服务方式、服务技巧、服务内容、礼节礼貌、语言动作等。

4．餐饮从业人员的管理

加强对餐饮从业人员健康状况的监管。景区管理机构对本景区内的餐饮从业人员进行定期的卫生知识培训和考核工作，宣传食品卫生、营养知识等。加强对餐饮从业人员的职业技能培训，主要体现在厨师的烹饪技能，服务人员的服务技能、语言能力等，经营管理人员的管理能力、创新能力等。景区管理机构应提高各个层次从业人员的素质，才能使景区餐饮业的服务水平取得长足进步。树立生态意识，餐饮从业人员要时刻牢记绿色生产、绿色服务和绿色管理理念，同时还要引导游客进行绿色消费，为旅游景区的可持续发展做出自己的贡献。

5．游客消费行为的管理

游客是旅游景区的"主角"，用现代企业管理者的话说，为旅游景区带来经济效益的游客就是"上帝"。为游客服务好，并期望更多的游客前来游览参观，是旅游管理者的追求。但是，由于一些旅游者素质较低，导致旅游资源遭到破坏，旅游环境遭到污染的现象比较普遍，矿泉水瓶、饮料瓶、食品包装袋、瓜子皮、垃圾袋等各色垃圾遍布景区。尤其是旅游高峰期，许多景区都超负荷运营，如果旅游者素质较低，给景区环境造成的破坏就更大了。为了保护旅游景区的生态和资源环境，实现旅游景区的可持续发展，通过宣传教育、价格调控和配备足量的垃圾桶等措施正确引导游客的旅游行为是非常必要的。

三、绿色餐饮的"5G"原则

景区内的餐饮业在满足游客餐饮需求的同时，也消耗了大量的自然资源，排放了大量的废弃物，制造了大量的餐饮垃圾，严重时会对景区环境造成破坏。随着"环保时代""绿色时代"的到来，人们的环保意识被唤醒，消费者越来越关注资源与环境的保护。景区餐饮业的绿色化经营不仅有利于景区环境的可持续发展，而且对提升景区餐饮业的品位、树立景区餐饮的绿色形象、争取绿色消费者、满足游客的绿色消费心理也具有重要作用。

创建景区绿色餐饮的"5G"原则：

1. 树立绿色意识（green-consciousness）

绿色意识即"保护环境、崇尚自然、促进可持续发展"的环保意识。景区的管理人员、景区餐饮的经营者以及景区餐饮业的全体员工都要具有绿色意识，只有绿色意识深入到每个人心中，才会变成真实的绿色行动。

2. 营造绿色环境（green-environment）

营造绿色环境主要指景区餐饮的建筑环境。这一工作首先从景区餐饮的选址开始，要以不破坏自然景观，避免不可再生资源的衰退、灭绝为原则。其次，建筑装饰材料使用不含有毒化学物质的天然材料，并选用节能、环保的设施、设备和绿色餐具，营造绿色餐饮文化氛围。

3. 提供绿色产品和服务（green-product/service）

开发绿色餐饮、生态餐饮，就是要给客人提供绿色菜品和饮料，关键是把好采购关和生产关。如不购买有化肥、农药、激素的蔬菜、果品以及肉类等，不食用珍稀野生动植物，在餐饮生产过程中，严格遵守环保相关规定，做到清洁生产，并按照环保要求对餐饮器具和废弃物进行分类处理。

绿色服务是指以保护自然资源、生态环境和人类健康为宗旨，并能满足绿色消费者要求的服务。景区餐饮的绿色服务主要表现在主动向游客介绍绿色食品和绿色饮料，点菜时根据游客人数和口味提供合理化建议，做到经济实惠、营养合理、资源不浪费。用餐后为客人提供"打包"服务，为游客提供分餐服务等。

4. 实施绿色管理（green-management）

绿色管理是指着眼于追求经济效益和环境效益最优的新型管理。它的基本内容可以概括为"4R"原则：①研究原则，将生态管理纳入餐饮管理中；②减量化原则，通过采用新技术、新工艺、新设备减少资源浪费和有害废弃物的排放，减少失误操作，科学采购力求做到"零库存"等方式，既减少成本又减少污染；③再循环原则，将废弃物分类回收，通过资源循环，变废为宝，对于不可处理的垃圾，尽可能采用新技术使废物回收无害化、资源化；④替代原则，用无污染或再生物品作为某些物品的替代品，如用布袋、纸袋代替塑料袋，用一次性可降解餐具代替一次性发泡塑料餐具，减少白色污染。

5. 开展绿色营销（green-marketing）

绿色营销是以环保为主题的新型营销观念，它是在绿色消费的驱动下产生的。绿色营销要以消费者的绿色意识转化为消费行为为前提，我国消费者环保意识普遍不强，营造绿色消费时尚，让游客认识到绿色消费是一种高尚的文明行为，同时，营销手段也要引进绿色思维，比如利用环保包装、绿色广告宣传、举办绿色餐饮活动等。

◆ **企业管理实务**

《集发印象生态餐厅简介》由集发印象餐厅提供。

课后思考题

1. 景区绿色餐饮服务的难点是什么？

2. 景区绿色餐饮产品如何创新？

◇ 任务训练

1. 选择一个本地的 AAAA 级景区，实地调研景区里的餐饮产品有哪些。

2. 针对游客对景区餐饮业的需求分析，设计一份调查问卷，并且进行小范围问卷的发放、收集和整理工作，最后得出游客对景区餐饮业的需求分析结果。

项目四　景区的绿色住宿服务

- 学习任务

1．认识景区的住宿服务；

2．了解景区住宿业的主要类型；

3．分析游客对景区住宿业的需求；

4．掌握景区绿色住宿业服务管理的内容。

- 达成目标

能够按照绿色景区住宿业的标准为游客提供绿色服务、设计住宿设施、提供绿色管理。

☞ 案例导入

归巢部落：住在树上的浪漫

归巢部落是唐山市归巢旅游开发有限公司近年来开发的乡村旅游项目，占地 80 亩，项目总投资 1 000 万元，集餐饮、住宿、休闲游乐于一体。位于迁西板栗核心产区——汉儿庄乡杨家峪村，该村被誉为"中国板栗第一村"。归巢部落环境优美，生态良好，森林覆盖率 95%，被评为国家级文明生态村、河北最美田园，也是"国家板栗公园"核心区。

归巢部落就像一颗明珠隐藏在茫茫林海之中。部落沿袭有巢氏"构木为巢"的人文历史，以板栗树屋为特色，以全方位体验栗乡风情为核心，打造了树屋住宿区、餐饮区、户外亲子游戏区、创意工坊、动物乐园、栗精灵乐园等区域，兼具摄影写生、户外拓展、民俗体验等多种功能。

归巢部落有 12 幢树屋，特色土窑美食，栗精灵乐园等产品，开发了 70 多项研学课程和劳动课程。2018 年归巢部落被评为"中国最美森林民宿""全国林草科普基地""河北省中小学生劳动与研学教育基地""唐山市劳动实践教育基地""河北省文化产业赋能乡村振兴实践基地""河北省百佳精品民宿培育单位"等。2017 年归巢部落在河北省农业农村厅组织的"农村创业创新项目创意大赛"上获得三等奖；春雷家庭农场被评为"河北省省级示范农场"。

（资料来源：唐山市迁西县归巢旅游开发有限公司提供）

任务一　认识景区的住宿服务

一、景区住宿业的重要作用

景区住宿是旅游景区整体产品的一部分，景区住宿服务质量是旅游景区服务质量的体现。在旅游的六要素"吃、住、行、游、购、娱"中"住"排在第二位，可见，景区住宿业在整个旅游景区服务中占据重要地位，它是景区向游客提供优质服务的基础和保障，也是弘扬地方和景区特色文化的宣传窗口。在发展全域旅游、全业态旅游的要求下，景区住宿服务也是不容忽视的。旅游景区住宿服务是为旅游者在景区内的旅游活动提供最基本的条件，使他们的基本需求得到满足和保障，并获得心理上的安全感，设施齐全、高质量或者特色化的住宿服务，同样可以为游客带来美好的体验，延长游客在景区的停留时间，提高游客的满意度和重游率。

景区住宿业因为其特殊的地理位置和服务对象，使得景区住宿服务与社会住宿服务有着很大的差异。了解景区住宿业服务的特殊性和游客在景区进行餐饮消费的需求特点，才能更好地为游客提供高质量的住宿服务。景区住宿业的研究对于保持景区的可持续发展，保护景区环境，提高旅游景区的服务质量十分重要，满足游客在景区内的住宿需求，对丰富游客的旅游体验，提升旅游景区的竞争力具有重要意义。

二、景区住宿业的类型

按照住宿设施的档次和运作模式，旅游景区住宿服务可以分为休闲度假类型、经济酒店类型、居民客栈类型、家庭旅馆类型、露营类型等主要类型。

1. 休闲度假类型

按照旅游饭店星级的划分与评定，休闲度假型旅游饭店作为以旅游饭店为特色的类别，要求具备特色休闲度假设备功能，建筑与装修风格独特，管理和服务特色明显。酒店往往会与景区的门票和快速入园等方面相联系，如迪士尼的主题乐园酒店、长隆旅游度假区的酒店，在建筑和装修风格方面与景区相一致，同时还会和景区绑定门票销售，提供快速入园等服务。

2. 经济酒店类型

这类住宿服务的接待设施是指在旅游景区中，其设施、环境质量以及服务标准较星级酒店稍弱的住宿提供单位，旅游者在此可以获得住宿空间、设施以及部分的基本服务，而其他的（如整理房间等）服务需要旅游者自己动手。

3. 民宿客栈类型

这类住宿服务的接待设施是根据旅游景区的自然和人文环境设计出来的具有当地特色的住宿场所，能够反映出地方的风土人情及历史文化特色，能够满足游客休闲游戏体验的需要，如小木屋、吊脚楼、竹楼等。这类住宿设施为旅游者提供住宿的同时也构成了旅游景区极具特色的风景，使旅游者能够感受到旅游景区内特有的自然和文化氛围。

4. 家庭旅馆类型

这类住宿服务的接待设施、环境质量以及服务标准都较弱，价格便宜，旅游者在此获得住宿空间设施以及部分的基本内容，而其他如坐床服务、整理房间等需要旅游者自己动手。此类接待设施在为旅游者提供基本的空间设施和简单服务的同时，可以帮助旅游者节省开支，体验当地的生活，还可以弥补旺季酒店床位不足的缺陷。

5. 露营类型

这类住宿服务的接待设施就是开辟一块专用的营地，作为旅游者夜间露营休息的场所，旅游者可自带露营设施，如露营车、帐篷，也可以租用景区的露营室。这类住宿接待设施往往选址在远离城市、风景秀美、贴近大自然的区域，给旅游者以自由、随意、放松的娱乐休闲体验。根据所处环境的不同，露营地可以分为山地型露营地、海岛型露营地、湖畔型露营地、海滨型露营地、森林型露营地、乡村型露营地。完整的营地通常包含生活区、娱乐区、商务区、运动休闲区等具备日常生活所需的各种设施及场地。这类住宿设施相对简陋，受外界环境的干扰较为严重，一般是在特定的季节开放。

任务二　景区绿色住宿服务建设标准

绿色旅游景区对住宿服务的要求是按照绿色旅游酒店的标准来建设的。什么是绿色旅游酒店，绿色旅游酒店的建设标准有哪些？

一、绿色酒店的含义

国外有人把"绿色饭店"称为"生态效益型饭店"或"环境友好型饭店"。绿色饭店是指运用安全、健康、环保理念，坚持绿色管理，倡导绿色消费，保护生态和合理使用资源的饭店，其核心是在为旅客提供符合安全、健康、环保要求的绿色客房和绿色餐饮的基础上，在生产运营过程中加强对环境的保护和资源的合理利用。在安全方面重视消防安全、治安安全和食品安全；在健康方面突出绿色客房、绿色餐饮和卫生操作；在环保方面关注节能、降耗和垃圾处理。

从可持续发展理论的角度考虑，"绿色酒店"就是指酒店业发展必须建立在生态环境的承受能力之上，符合当地的经济发展状况和道德规范，即：一是通过节能、节电、节水，合理利用自然资源，减缓资源的耗竭；二是减少废料和污染物的生成和排放，促进酒店产品的生产、消费过程与环境相容，降低整个酒店对环境危害的风险。

"绿色酒店"可以简单地翻译为"green hotel"或"ecology-efficient hotel"，意为"生态效益型饭店"，是指那些为旅客提供的产品与服务既符合充分利用资源，又保护生态环境的要求和有益于旅客身体健康的酒店。

作为宾馆饭店业的一个新的经营理念，在更新饭店的运营体系更利于环保的同时，引导公众"减量化""再使用""再循环""可替代"的绿色消费是一个重要内容。如建议同一个客人多次使用一套一次性用品拖鞋、清洁用品等；同一个客人可以减少床单、被套、茶杯、毛巾等洗涤次数；此外减少塑料制品的使用，减少肥皂、口杯等包装、封条；饭店使用无污染的物品或再生物品，节约资源。20 世纪 90 年代中期，国外"绿色饭店"的理念传入我国，在北京、上海、广州等一些大城市的外资、合资饭店和一些由国外管理集团管理的饭店中实施"绿色行动"，也有其他一些酒店自发开展了活动。1999 年，浙江省全省范围内开展创建"绿色饭店"活动。这是国内首次在省级区域内开展创建"绿色饭店"活动。此后，深圳、广西、四川、河北、山东等一些地区开展绿色饭店创建活动。绿色饭店的创建给饭店也带来了经济效益。"绿色"标准由节能、环保、降耗、绿色服务（包括绿色采购）、绿色宣传及绿色营销等环节组成，但客人看到的往往只是一部分，而节能、环保、台账的建立、废气排放、固废处理等都是隐形的，刚开始，很多饭店认为搞形式主义，对实际的成效还比较怀疑，运行后发现带来了良性循环的经济效益，才慢慢接受了"绿色"理念。

二、绿色旅游酒店的等级

《绿色旅游饭店》（LB/T 007—2006）分为金叶级和银叶级两个等级。金叶级应达到该标准附录 B 评定细则 240 分及以上，银叶级应达到该标准附录 B 评定细则 180 分及以上。

1．申报资格

全国范围内，正式开业 1 年以上，并满足该标准附录 A 要求的饭店具有参加评定的资格。

2．评定机构和权限

全国旅游星级饭店评定机构统筹负责绿色旅游饭店的组织、领导、评定工作，制定评定工作的实施办法和评定细则，授权、督导省级以下旅游星级饭店评定机构开展绿色旅游饭店的评定工作，保有对各级旅游星级饭店评定机构所评绿色旅游饭店的否决权，并接受文化和旅游部的指导和监督。

省、自治区、直辖市旅游星级饭店评定机构按照全国旅游星级饭店评定机构的授权和督导，组织本地区绿色旅游饭店的评定与复核工作，保有对本地区下级旅游星级饭店评定机构所评绿色旅游饭店的否决权。同时，负责将本地区所评绿色旅游饭店的批复和评定检查资料上报全国旅游星级饭店评定机构备案。评定机构应吸收相关专业技术部门代表参加，并接受各省、自治区、直辖市文化和旅游局指导和监督。

其他城市或行政区域旅游星级饭店评定机构按照全国旅游星级饭店评定机构的授权和所在地区省（区、市）级旅游星级饭店评定机构的授权，实施本地区绿色旅游饭店的推荐、评定和复核工作。同时，负责将本地区绿色旅游饭店的推荐或评定检查资料上报省（区、市）旅游星级饭店评定机构。评定机构应吸收相关专业技术部门代表参加，并接受各城市或行政区域文化和旅游局指导和监督。

3．评定程序

饭店向所在城市或行政区域旅游星级饭店评定机构提交评定申请报告及数据表单。

饭店所在城市或行政区域旅游星级饭店评定机构向省级旅游星级饭店评定机构推荐申报饭店，或根据授权对申报饭店进行评定，并将有关评定检查情况上报省级旅游星级饭店评定机构备案。

省级旅游星级饭店评定机构对申报饭店进行评定。

评定后，达到标准要求的予以通过并公告，同时，上报全国旅游星级饭店评定机构备案，并由全国旅游星级饭店评定机构颁发绿色旅游饭店证书及标志牌。未达到标准要求的，不予通过。

4．标志管理

绿色旅游饭店标志实行自愿申请，强制管理制度。经评定的绿色旅游饭店授予相应的标志，并颁发证书。绿色旅游饭店标志牌由全国旅游星级饭店评定机构统一制作、核发。

经评定的绿色旅游饭店，由省级旅游星级饭店评定机构每 5 年复核一次。复核结果上报全国旅游星级饭店评定机构备案。标志的有效期为 5 年（自颁发证书之日起计算）。凡标志使用有效期满而不继续申请的，视为放弃标志使用。

任务三　景区绿色住宿服务质量管理

一、深化理念

绿色住宿业是一种注重生态环境，着眼于追求经济效益和环境效益最优化的新型管理模式。唯有在每一位管理者、每一位员工的心目中确立了绿色管理的思想和观念，才有可能使他们主动地采取各种绿色管理的行为。首先要将可持续发展观作为经营管理指导思想；其次，要将循环经济作为管理理念。循环经济是在人、自然资源和科技的大系统内，在资源投入、产品生产、产品消费及其废弃的全过程中，把传统的依赖资源消费的"资源—产品—污染物"的简单流动的线性增长经济转变为依靠生态型资源的"资源—产品—再生资源—再生产品"的反馈式流动来发展的经济。

二、绿色生产

从生产设计、能源与原材料选用、设备维护管理等各个环节，做到自然资源和能源利用的最合理化，经济效益的最大化，对人与环境危害的最小化，要尽可能地节约资源，提高资源的利用率。在整个生产和提供服务的过程中要强调生态建设和环境保护。妥善处理好经济、资源与环境的关系，依托以信息技术为代表的先进科技，为经济发展中降低资源消耗、减少环境污染提供强大的技术支撑，避免走"先污染、后治理"的老路。

例如，三亚山海天 JW 万豪酒店客房安装了智能控制系统，可感应人体不同需求并自动调节到节能环保模式，全力营造"健康、舒适、卫生"的服务空间。曲阜鲁能 JW 万豪酒店全面开展绿色行动，引入创新节能技术，采用热回收等节能减排项目以实现酒店节约能源资源；通过打造绿色供应链，为旅客提供优质的绿色产品及服务。文昌鲁能希尔顿酒店通过设立中水站将废水处理后用于园林灌溉，最大限度地节约了水资源；采用空调预热回收系统、楼宇自控系统、灯光控制系统等节约能源，减少碳排放。上海艾迪逊酒店在施工改造过程中应用多种措施实现绿色文明施工。酒店客房采用智能房控系统，可根据客房有人和无人情况，自动调节灯光、窗帘、空调温度；酒店通过楼宇设备自动化管理系统控制高能效冷热源机组，可以根据末端负荷变化自动加减机；酒店还采用高效循环水系统、能耗分项计量等有效的绿色新技术，进一步实现节能降耗。

三、绿色服务

酒店在提供绿色产品的同时还要大力推进绿色服务，一方面，积极推销绿色产品，如在餐饮服务中，向客人推荐绿色食品和饮料，点菜时做到经济实惠、营养合理、资源不浪费，餐后主动为客人提供打包服务；另一方面，积极开展绿色咨询服务活动，大力倡导有利于节约资源、保护环境的消费方式以及健康文明的生活方式，激励消费者自觉节能、节水和搞好垃圾分类回收等。

例如，九寨鲁能希尔顿度假酒店重点打造绿色客房、绿色餐饮和卫生操作。在各个餐厅推出"绿色节约"光盘活动，呼吁客人适量点餐，节约粮食，拒绝浪费；使用无磷洗涤剂清洁酒店物品，"洁"尽所能，降低对周边环境的影响。

四、绿色文化

绿色文化是伴随着传统酒店文化发展和人们环保意识、健康意识的增强而出现的一种适应饭店可持续发展的酒店文化形态，以其深厚的社会责任内涵和内聚力成为发动广大职工积极参与节约资源、改善环境实践，树立酒店的绿色管理形象，实现生态化目标的重要保证。构建绿色文化，树立生态化价值观是酒店自主积极实施绿色管理的前提，酒店绿色文化不仅要体现在绿色管理的各个方面，而且要以其内在的文化力反作用于绿色管理的各个方面。

要打造酒店绿色文化，就必须使酒店的利益和员工的利益达成平衡，使酒店的利益和顾客的满意达成一致。酒店要不断向员工宣传绿色管理理念、生态价值观，鼓励员工的环保行为，加大绿色管理的投入，从而形成酒店的绿色文化氛围。走生态化发展道路，培养绿色文化意识，要靠持之以恒的宣传、教育等活动进行灌输，从而使绿色文化渗透到酒店的一切活动之中，成为推动酒店可持续发展的强大动力。

例如，济南鲁能希尔顿酒店及公寓开展了一系列倡导绿色生活的实践活动：倡导低碳出行的骑行活动，以自行车代替汽车等交通工具，减少废气排放；在社区开展以"绿色出行，垃圾分类，节约用水，保护地球"为主题的涂鸦宣传活动；积极响应"地球一小时"活动，用实际行动号召更多的人参与节约能源、保护环境的事业。

五、绿色产品

客房是酒店的主体，也是酒店向客人提供的主要产品。这就要求酒店从设计初始到最终提供产品所涉及的环境行为必须符合环保要求。例如，客房地板用料、床上用品、客房内陈放物品等务必选取生态的绿色的无污染的材料。此外，酒店的餐厅还要提供和推广绿色食品，所有餐饮均选取绿色食材，产品必须符合绿色食品质量和卫生标准，产品包装、储运必须符合绿色食品包装储运标准，让旅客用餐更加健康放心。

例如，天津康莱德酒店推出"绿色会议"，引领"低碳会议"新风尚，为小型会议提供绿色健康的创新会议报价，提供低碳环保的会议办公用品及会议服务，创新推出"绿色茶歇"，为会议赋能。千岛湖阳光大酒店发起《创绿倡议书》，推出系列"绿色服务"和"绿色产品"，主动减少提供一次性消耗用品，设置废电池收集箱，减少环境污染和资源浪费；建议旅客适量点餐，提供打包和存酒服务，推荐绿色食品，倡导旅客健康生活。

六、绿色营销

酒店应该将客人视为绿色管理的合作伙伴，向客人宣传酒店的环保计划和创意，营造绿色消费时尚；通过酒店的绿色教育培养消费者的环保意识，通过提高消费质量，减少消费数量，实现既定的经济利益和环境目标。酒店应自觉地采用绿色营销技术开展营销活动，如开设绿色商店，替换绿色包装，让利销售等，进一步实现酒店绿色管理的目标。

例如，大连金石滩鲁能希尔顿度假酒店在自助餐厅组织"寻找光盘大使"等活动；组织"海滩守卫行动"，在酒店紧邻的金石滩黄金海岸东岸清理海滩，采取各种方式引导旅客绿色消费，将绿色环保的思想渗透在日常生活中。

■ **案例思考**

疫情之下，绿色酒店逆袭

2021 年 9 月的香格里拉，不少民宿、酒店都贴着转让、打折的告示，过往游客屈指可数，让原本处于旅游旺季的独宗克古城显得颇为冷清。在过去一年中，当地藏民白玛多吉创建的松赞系列酒店尽管也经历了 5 个月的惨淡期，但其主打绿色的系列酒店在疫情中却展现了超出预期的韧性，"我们只做了 7 个月生意，当年营收却创下了历史新高，我们旗下的松赞来古山居酒店更是出现了连续 118 天无一间空房的超级旺季"。

疫情之下，住宿业遭受重创。但根据中国饭店协会发布的《2020 中国住宿业绿色发展报告》，由于"节约、环保、安全、健康"的理念在疫情中进一步深入人心，绿色酒店在平均房价与平均入住率上均明显好于其他酒店。

事实上，国内酒店行业早在 21 世纪初期就已开展关于节能低碳、可持续发展的探索。2002 年，中国酒店协会制定发布了关于"绿色酒店"的试行标准，在全国范围内推动绿色酒店认证，全力促进节能环保型酒店的发展。

近年来，碳中和成为酒店绿色转型新的方向。2013 年，以保护环境、倡导绿色消费为宗旨的北京稻香湖景酒店被确定为中国第一家"碳中和"酒店。2021 年，中环联合向河北省围场满族蒙古族自治县塞罕坝伯斯特君澜酒店颁发首张碳中和证书。

[资料来源："双碳"风潮下的中国酒店：国内首个"零碳酒店"起步，探索绿色转型新方向（baidu.com）]

✍ 思考题

为什么在疫情的时候，传统酒店业在平均房价和平均入住率方面不如绿色酒店？

二维码：LB/T 007—
2006 绿色旅游饭店

课后思考题

1. 景区提供绿色住宿服务的意义在哪里？
2. "碳中和"背景下住宿业绿色转型的发展路径有哪些？

◇ 任务训练

1. 根据绿色住宿业的分类，结合本地旅游资源，以小组为单位，到景区进行调查研究，对各景区内的住宿业进行分类。

2. 以小组为单位，通过实地调研，设计不同主题和风格的绿色民宿客栈，并完成一个策划方案。

项目五　景区的绿色购物服务

☞ 案例导入

故宫的文创

早在 2008 年，故宫文化创意中心成立，只不过那时的故宫文创非常"中规中矩"。故宫只是将书画、瓷器等进行简单复制，因价格高昂、质量一般，消费者并不买账。2013 年 8 月，北京故宫第一次面向公众征集文化产品创意，举办以"把故宫文化带回家"为主题的文创设计大赛。此后，"奉旨旅行"行李牌、"朕就是这样汉子"折扇等各路萌系路线产品使 600 岁的故宫以一种前所未有的姿态变得年轻。

2014 年，一篇《雍正：感觉自己萌萌哒》的文章，比着剪刀手的雍正、挤眉弄眼的康熙等表情包，一炮而红，萌化众人。如今的故宫已经不再是高高在上的紫禁城，一个贴大众、接地气、亲切的故宫"乖巧"地呈现在人们面前，而故宫也用精益求精的态度、不断创新的精神将传统文化与时代审美结合起来，让文物彻彻底底地"活了起来"。

"不一味迎合大众，而是以严谨而风趣的方式接近消费者，最终实现文化的传播与再生。"原故宫博物院院长单霁翔说，这是故宫应该达到的最好状态。

故宫文创包含的产品种类繁多，陶艺馆、铜器馆、御窑馆、服饰馆、影像馆、丝绸馆、首饰和美妆、宋代瓷器等，完美、富有创意地将传统文化元素融入旅游文创产品中来。

[资料来源：故宫文创这样造品牌（baidu.com）、故宫博物院公众号、故宫博物院文化创意馆公众号]

任务一　认识景区的旅游购物服务

一、旅游购物的重要性

旅游购物是旅游活动"食、行、住、游、购、娱"六大要素中非常重要的一个要素，即"购"的要素。旅游购物不仅是旅游者旅游经历的重要组成部分，也是旅游业收入的重要来源和现代旅游业的重要组成部分。

从旅游者的角度来说，旅游购物是旅游六大要素中不可或缺的重要环节。大多数旅游者在旅游过程中都有购物的愿望，一方面作为自己旅游经历的铭记，另一方面也可馈赠亲友。缺少了购物环节，旅游体验将不完美，旅游目的略显失色。集趣味性、知识性和地方特色于一体的旅游商品非常受游客的欢迎。

从景区运营的角度来看，旅游购物的需求弹性相比其他旅游五大要素较大，是景区收入的重要来源之一，其在旅游总收入中所占比重的大小已成为衡量一个国家（地区）旅游业发展程度的主要标志。据国际旅游统计资料分析，欧美等旅游业发达国家和地区中的旅游购物收入一般均占这些国家旅游业总收入的 40%以上，新加坡和中国香港地区的旅游购物收入则占旅游业总收入的 50%～55%，并且增长很快。从国内主要旅游城市来看，旅游购物发展水平较高的北京、上海两地，旅游购物消费已占游客旅游总支出的40%左右。

二、旅游商品的概念

按世界旅游组织的定义，旅游购物是指为旅游做准备或者在旅途中购买商品（不包括服务和餐饮）的花费，其中包括购买衣服、工具、纪念品、珠宝、报刊书籍、音像资料、美容及个人物品、药品等，不包括任何一种出于商业目的所做的购买，即为了转卖而购买的物品。这些旅游者在旅游活动中购买的、以物质形态存在的实物即是旅游商品，也被称为旅游购物品。

旅游商品有广义和狭义之说。广义的旅游商品指旅游者在整个旅游活动过程中购买的一切物品，主要包括旅游纪念品、旅游日用品、各种土特产、各种工艺美术品、文物古玩及复制品以及各种旅游零星用品等。狭义的旅游商品是指旅游者喜爱的、具有地方特色的、便于携带的、有保留价值或使用价值的旅游纪念品或旅游实用品，主要包括旅游工艺品、纪念品和土特产等。

旅游商品是体现旅游地历史文化、民俗风情、自然景观及经济社会发展状况的重要载体，它不随旅游活动的结束而消失，因此，旅游商品可以看作是游客游览活动的延伸和旅游印象的物化，是对旅游地及其旅游产品的有力宣传，有利于提高旅游地及其旅游商品的知名度。

三、旅游商品的特征

与一般商品相比，旅游商品有以下几方面不同：

1．服务对象不同

一般的百货商品的服务对象主要是当地的居民，而旅游商品的服务对象是旅游者，即由外地来的旅游者。

2．商品的特性和要求不同

一般的百货商品是为了满足当地居民日常生活的需要，更注重使用性和经济性。而旅游商品的服务对象是由外地来的旅游者，他们的需求是想购买一些反映游览地风土人情、民族特色和地方特色的工艺品、土特产、装饰品或日常用品，以便回去后赠送亲朋好友，或自己留作纪念，作为美好的回忆。因此，旅游商品首先应具有纪念性、民族性、地方性和艺术性特点。其次，旅游者出门在外，行李较多，随身携带或临时购买的旅游商品必须具有便携性特点。再次，旅游商品在其产品的消费层次、品种特色、档次、包装、造型上比一般商品有着更高的要求。旅游商品的经营者应根据不同的销售对象生产不同花色、品种、价位的旅游商品，以满足不同的旅游消费者的购买需求。同时，还应当在做好充分的市场调查和预测的基础上，根据游客的风俗、习惯、宗教、国籍等的不同，有针对性地进行生产，以保证旅游商品的适销对路。

3. 经营方式不同

旅游商品的经营受游客数量的影响较大。旅游市场具有明显的季节性和波动性，也导致旅游商品的生产和销售具有波动性大的特点。而由于当地居民具有长期性和稳定性的特点，所以一般商品的生产和销售也具有相对稳定性的特点。

4. 销售网点布局不同

一般的商品为了方便当地居民的购买，多布局在城乡居民居住地附近。旅游商品的销售网点则是根据旅游者的活动特点而布局的，具有较大的灵活性。旅游商店、商场可设置在旅游城镇、旅游景区（点）、宾馆饭店以及一般城市的商业繁华地带或商业中心，也可设置在机场、车站、码头、餐厅、公园等场所，甚至还可设置在汽车、火车、飞机、轮船上。

四、旅游商品的分类

旅游商品种类繁多，各有特点。根据不同的分类标准可将旅游商品划分出不同的类型，不同国家和地区也往往根据自己的情况对旅游商品做出不同的分类。目前，在我国广泛采用的是根据旅游者购买旅游商品的实际用途进行的分类。通常可分为以下几种：

1. 旅游工艺品

旅游工艺品主要是指用本地特色材料制作、体现当地传统工艺和风格、设计新颖、工艺独特、制作精美的艺术品。它是各地传统文化艺术宝藏的组成部分，多历史悠久，技艺精湛，久负盛名。这类商品一般具有较高的艺术观赏价值、收藏价值和礼品价值，而且有的并不昂贵，利于馈赠。具体包括雕塑工艺品、金属工艺品、刺绣工艺品、花画工艺品、蜡染、民间工艺品等，如水晶和玉石器件、景泰蓝器皿、高级陶器、瓷器等。

2. 文物古玩及其仿制品

这主要指不属于国家禁止出口的古玩、文房四宝、仿制古字画、出土文物复制品、仿古模型等。如西安的仿秦兵马俑模型，洛阳的仿唐三彩，端砚、宣纸、湖笔等文房四宝，碑帖、拓片等。这类商品一般价格比较昂贵，适宜于豪华型游客购买，但也有一些价格适宜的仿制品受到广大游客的欢迎。

3. 旅游食品、保健品

各地土特产品中有不少是具有地方特色的名吃、名酒名茶、山珍、野味、果蔬、杂粮、中草药、水产品等优质食品、绿色食品、保健品，是旅游者购买享用或赠送亲朋好友的上好物品。

4. 旅游用品

旅游用品指旅游过程中所必需的一些日用品和在旅游时购买的一些实用性物品，包括旅游箱包、旅游服装鞋帽、旅游电子产品、宗教用品、旅游医疗保健用品（如急救品）、旅游生活用品（如洗漱用具、化妆品等）、旅游饭店用品、旅游通信用品、旅游娱乐用品、旅游安全用品、旅游运动器材、旅游交通工具等。日用品除销售一些外地名优日用品外，还要注意本地产日用品的开发和推销。一些日用品如服装、鞋帽、游泳衣、游泳帽、雨伞、阳伞、手绢、书包、旅游袋、睡袋等，应注意质量、色彩，同时要印有旅游区的标志。其他一些日用品，如打火机、牙具、水杯、饭盒等商品也应体现出旅游区的特征，或者加上一个可二次利用的外包装，里面的用品用完后，外面的包装物可作为纪念品带回家再利用。

5. 旅游出版物

旅游者旅游过程中购买的有关旅游地的图书、画册、导游图、挂历、明信片、电子音像制品等出版物。旅游出版物要求美观实用，具有保存价值。

根据《旅游资源分类、调查与评价》（GB/T 18972—2003），旅游商品是按照表 5-1 所示分类方法进行的：

表 5-1　国家标准《旅游资源分类、调查与评价》中的旅游商品分类

主类	亚类	代码	基本类型	简要说明
G 旅游商品	GA 地方旅游商品	GAA	菜品饮食	具有跨地区声望的地方菜系、饮食
		GAB	农林畜产品及制品	具有跨地区声望的当地生产的农林畜产品及制品
		GAC	水产品及制品	具有跨地区声望的当地生产的水产品及制品
		GAD	中草药材及制品	具有跨地区声望的当地生产的中草药材及制品
		GAE	传统手工产品与工艺品	具有跨地区声望的当地生产的传统手工产品与工艺品
		GAF	日用工业品	具有跨地区声望的当地生产的日用工业品
		GAG	其他物品	具有跨地区声望的当地生产的其他物品

任务二　旅游商品的研发

旅游商品作为旅游资源的一个组成部分，对旅游者也具有吸引力，这种吸引是旅游客体对旅游主体的吸引。以购物旅游为特色的城市，如香港、上海等，对旅游者具有特殊的吸引力，许多旅游者就是带着购物的目的去旅游的。因此，要使旅游商品对客源市场保持经久不衰的吸引力，就应当重视旅游商品的研发。同时，旅游商品也是旅游景区传播形象，走向市场、拓展市场的重要媒介。

一、旅游商品开发原则

1. 特色性原则

我国有很多旅游商品享有很高的国际声誉，是驰名国际的商品。我国被誉为"东方丝绸之国"，丝绸、缕罗、织锦、刺绣以历史悠久、图案秀丽、色彩典雅、做工精细、富有民族风味而闻名于世，而且各地还具有自己的地方特色。苏州、杭州、湖州以丝绸闻名；苏绣、粤绣、蜀绣、湘绣为四大名绣，在做工和技艺上各具特色。景泰蓝是我国生产的最为闻名的特种工艺品。在明代就已发扬光大，瓷铜结合，绚丽多彩，是我国旅游商品的极品。我国有"瓷器之国"的美誉，江西景德镇的瓷器，唐山瓷器，河南汝瓷、钧瓷，山东淄博瓷器，宜兴紫砂陶瓷，陕西礼泉、洛阳唐三彩等，真是百花齐放，绚丽多姿。

笔、墨、纸、砚"文房四宝"更是我国的国宝，在国外拥有大量的市场。各种书法、国画作品也是我国传统文化的代表，深受外国游客喜爱，另外，各种漆器、竹编艺术品等，也带有浓郁的民族风味，吸引着广大游客。

另外，我国还有许多旅游商品极富开发潜力，特别是许多地方工艺、民族工艺和产品，如苗族的蜡染，新疆的地毯，各种木雕、根雕、石雕、玉雕，造型精美的青铜器等，都有开发为国际一流品牌的潜力。所以，对于旅游商品，不能盲目开发，应充分利用当地的资源，开发出特色的旅游商品。

2. 民族性和地方性原则

开发旅游商品应把握民族性、地方性原则，应反映出一个地域文化的风格，民族性、地方性是旅游商品的生命力之所在。旅游商品一旦失去民族性和地方性这个特征，就立即会沦为一般的商品；对旅游者来说，它的纪念意义和艺术品位就黯然失色。旅游商品的民族性和地方性，表明了这一商品的唯一性和无可替代的地方特色，这就是旅游商品的价值。

3. 市场导向原则

旅游商品生产企业应通过市场调查，分析、研究海外旅游者和国内旅游者对旅游商品的不同需求情况，及时调整商品结构，并对原有商品进行改进、完善和提高，积极开发适宜海外旅游者和国内旅游者需求的旅游商品。

4. 多样性原则

针对不同的旅游人群、不同的景区景点，可以开发不同层次、不同价位、不同风格、不同用途的丰富多彩的旅游纪念品、旅游用品，并尽可能地体现地方特色，以满足不同层次与不同消费水平的旅游者的需求。由此，使旅游商品在品种、花色、质地、用途和价格等方面具有较大的选择性。例如，在德国，游客会发现各个旅游景点的商品种类多、有特色、不雷同、品位高。在参观拜仁慕尼黑足球队的球场、博物馆后，游客最后来到旅游商品店，架子上全是用拜仁慕尼黑球队标志开发的各类旅游商品，达上百种。有球衣、钟、表、纪念章、足球、鞋子等。参观者到此大多会买几样作为纪念。在德国的公园、博物馆销售的旅游商品多为自己设计、自己生产、自己销售，在其他地方买不着。

5. 创新性原则

游客在游览中，充满着对美好和新鲜事物追求的愿望，购买商品也有同样的心理。因此，旅游商品生产企业应该抓住游客的这种心理，在区域历史文化积淀、民族风貌及旅游景区特色等方面挖掘，不断开发新产品，刺激游客产生新的购物需求。

6. 绿色性原则

根据绿色旅游景区的建设标准，景区内的购物服务有如下要求：景区内的购物场所与娱乐设施布局合理，建筑与周围环境相协调；不销售以濒危物种或受保护物种为原料的旅游商品；不销售有害于重要文化与遗产保护价值的旅游商品；旅游商品原料应采用可再生原料，且多来自本地区及本旅游区，特色鲜明；实行旅游商品简易包装原则，减少一次性的纸制品或塑料制品的使用；不销售国家禁止销售的旅游商品。购物场所和娱乐场所应环境整洁，秩序良好。

7. 时代性原则

旅游商品具有时代性的特点，不同时代，旅游商品的种类、内容、材质和风格都不同，景区旅游商品的开发要与时俱进，紧跟时代脉搏，结合当下流行的消费风尚，与自身资源相结合，开发属于自己景区 IP 的文创产品。

二、旅游商品开发中存在的问题

1. 轻研发，重模仿

我国旅游景点建设得到了快速发展，许多旅游景点在国内外游客心目中树立了良好的品牌形象。但在旅游商品的研发上，投入很少，缺乏专业的研发设计人才，缺乏品牌意识，还停留在千篇一律的模仿阶段。

2. 商品雷同，缺少特色

在景区购物时碰到的最烦恼的一个问题就是无论在哪个景区，旅游商品的种类都大同小异，缺少地方特色、民族特色和景区特色，大多数游客看到这样的旅游商品早已毫无购买欲望。

3. 知识产权的保护意识弱

景区旅游商品的研发，需要引进研发设计人才，投入大量的研发成本，优质新产品研发成本相对较高，但是缺乏知识产权的保护意识，很多出圈的文创产品，极易被稍加改动后仿制，这也极大地打击了旅游企业研发的积极性和创造性，旅游商品知识产权保护问题还有待加强。

三、旅游商品开发的流程

旅游商品开发规划是在对当地旅游商品及其资源充分调查与评价的基础上，根据旅游市场需求、旅游商品特性及其开发原则，对景区未来的旅游商品开发所做出的安排和构想，以谋求最佳的经济、社会和生态效益。其内容主要包括：

（1）分析评价当地旅游商品资源的品质、特色、种类、数量、规模、分布状况，现有商品的生产与销售状况等。

（2）调查、分析和预测旅游商品的市场需求状况。

（3）在资源与市场分析基础上提出旅游商品开发的主要原则和思路，思路包括主要开发的旅游商品的类型，重点开发旅游商品名称，旅游商品生产及其销售应实现的目标等。

（4）旅游商品生产基地规划，主要指农、林、畜、水等产品生产基地，旅游商品加工基地的发展建设与布局思路。

（5）旅游购物市场规划，即提出旅游商品销售网点的合理布局及开发方案，如旅游购物中心，旅游商品一条街，旅游商店与摊点的布局、规模及其特色等。

（6）提出促进旅游商品研发、生产、销售的一些保障措施，政策建议和重要举措。如建立有效的开发激励机制，即在税收、信贷、技术等方面给予扶持和优惠政策；加大旅游商品研发、策划、促销等方面的投入；定期或不定期地组织旅游商品展示和竞赛；规范旅游商品生产、销售市场；大力培养旅游商品开发、经营人才，提高生产、经营和管理水平等。

■ **案例思考**

"考古盲盒"：让文物"活起来"

新华社郑州 12 月 11 日电 近日，有人先后在几个大社交平台发帖，图文直播"考古盲盒"开盒全过程，吸引了大量网友围观转发、留言咨询。

"5 天线上销售额超 50 万，紧急补货的 600 个盲盒在 35 秒内被一抢而空。"河南博物院文创办主任宋华说，"没想到这么火！"

由河南博物院出品的"考古盲盒"，名为"失传的宝物"，设有"传承""史诗""传说"等级别。玩家打开盲盒，取出包裹有"宝物"的土块，小心翼翼地"挖掘""出土"的瞬间如开奖般惊喜，成就感油然而生。

据介绍，不同级别的盲盒"挖出"的"宝物"等级也不同，十二生肖兽首印章、大将军虎符、武则天金简或杜岭方鼎等都可能被挖到。"手套一戴，是考古学家的感觉了""这就是考古工作者的工作体验吧，一铲子下去可能有宝，有可能啥都没有"……网友如是留言。

"当然，'宝物'只是做工精美的文物仿制品，是具有历史文化内涵的文创产品。"宋华介绍，为真实还原考古发掘过程，盲盒的土块掺有洛阳北邙山的土质，自带古代陵墓"神秘"感，盲盒内还附赠有"洛阳铲"等迷你版考古钻探工具。

郑州大学文化产业研究中心主任汪振军认为，"考古盲盒"通过传统文化的创造性转化，让文化知识由被动灌输转变为主动探寻，进而实现文化传承和消费升级。

河南博物院院长马萧林表示，"考古盲盒"大火彰显了传统文化的魅力。希望通过这种形式让文物"活起来"，带动博物馆走进千家万户，吸引更多年轻人了解博大精深的中华文化。

"这是一次动态的文创过程，我们会根据玩家的反馈不断完善内涵。"宋华说，截至目前，盲盒版本已迭代 6 次，宝物翻模、提升 20 多款。下一步，还将联合河南省内其他博物馆推出"定制款"，比如设置各馆镇馆之宝的"隐藏款"等，带给玩家更多惊喜。

[资料来源：河南政府网 www.henan.gov.cn 时间：2020-12-12 09:03 来源：新华社 央媒看河南 | 当文物考古遇上潮流盲盒——中国博物馆文创新观察_央媒看河南_河南省人民政府门户网站（henan.gov.cn）]

✍ 思考题

河南博物院的文创产品考古盲盒为何火爆出圈？

任务三 旅游商品的销售

景区旅游商品的销售是景区管理非常重要的一部分。旅游商品的销售能增加景区的收入，为当地社区居民提供就业增收的机会，同时景区旅游商品的经营还能促进景区旅游形象的传播，有助于塑造景区独特的旅游资源特色，提高其旅游影响力，有利于游客对景区形成良好完整的旅游形象。

相较于国人出境游购物的热情高涨，国内游方面，旅游购物却是短板。因此，近年来，国家及地方政府加大了对旅游购物的重视程度，也出台了一系列扶持政策，希望能推出一批让游客喜爱的旅游商品，将更多的游客购买力留在国内。近日，国家旅游商品研发中心（江苏）联合研发基地落户南京，成为该中心在全国打造的首个省级基地。然而，统计数据却似乎"背道而驰"。据统计，目前，出境游购物占了出境旅游支出的50%以上，而国外游客在我国境内旅游的购物支出则不足10%。

一、我国旅游商品销售中存在的问题

1．旅游商品质价不符

目前旅游商品市场上，产品质量良莠不齐，价格等级悬殊，缺乏价格控制机制的有效约束，很多游客花高价钱买了假冒伪劣商品，影响了旅游者的旅游体验，也严重损害了旅游景区及旅游目的地的形象。

2．销售途径单一

景区内旅游商品的销售渠道比较单一，主要通过在景区内设置销售网点，致使很多没有去过景区或者去景区当时没有购买，离开后又想买的游客不能买到心仪的旅游商品，这大大限制了旅游商品的销售。

3．销售人员服务水平参差不齐

旅游商品的销售人员缺乏必要的岗前培训，对当地特色旅游商品不能详细地介绍来历、特征、功能、制作工艺等，不能满足游客的购物需求，使游客对特色旅游商品缺少购买欲望。同时，有些销售人员服务态度恶劣，强买强卖，肆意抬高价格，令消费者反感。还有些销售人员过分的热情也使游客产生恐惧感和逆反心理，致使游客不能仔细观赏旅游商品而匆匆离去。

二、提高旅游商品经营效益的措施

1．改变"小旅游购物"观，树立"大旅游购物"观

中国旅游商品产学研联盟秘书长陈斌介绍，现行统计部门的旅游购物统计是依据《中华人民共和国统计法》《国务院关于促进旅游业改革发展的若干意见》，以《国民经济行业分类》为基础，制定的《国家旅游及相关产业统计分类》，按其中的旅游购物类进行统计。具体是：①旅游出行工具及燃料购物，其中仅包括为游客购买用于旅游活动的自驾车、摩托车、自驾游使用燃料、零配件等提供的零售服务；②旅游商品购物仅包括为游客购买旅游纪念品、老字号纪念品、免税店商品、旅游用品（不含出行工具、燃料等）、旅游食品等提供的零售服务。"这种分类建立了与《国民经济行业分类》的对应关系，虽然从国民经济行业统计角度来讲似乎没有问题，但与游客实际发生的旅游购物却相去甚远。"

陈斌强调，这实际上是"小旅游购物"的概念。而"大旅游购物"指的是：为旅游做准备或者在旅途中购买商品（不包括服务和餐饮）的花费，其中包括购买衣服、工具、纪念品、珠宝、报刊书籍、音像资料、美容及个人物品、药品等，不包括任何一类游客出于商业目的而做的购买，即为了转卖而买。这也是国际上常见的旅游购物支出的定义。"游客在旅游购物中是按照自己的喜好在大旅游购物中徜徉。"陈斌撰文指出，按照现有的旅游购物统计口径，一方面容易造成企业误以为旅游纪念品等是旅游购物的主流；另一方面，容易造成有关部门误以为大力扶持旅游纪念品等的发展，才是发展旅游购物的重点。据此，陈斌指出，发展旅游购物就必须打破狭隘的旅游购物、旅游商品的统计方法。一方面要保留现有的统计方法，保证这部分旅游购物统计的延续性。另一方面要制定真实旅游购物大数据的统计方法。对真实的旅游购物数量、购物游客的结构、所购旅游商品、购物的地点等进行全方位的统计。

2. 改善旅游商品供给侧

2015 年春节，中国游客在日本抢购，"捧红"了马桶盖。当年中国游客在日本共消费近 800 亿元人民币，其中除了马桶盖，还有电饭煲、保温杯、吹风机、纸尿裤、洗发露、感冒药、电动牙刷等日用品。由此我们不难发现，这些似乎都不属于我国传统意义上旅游购物的范畴。这些原本应该在建材市场、电器商店、超市、药店出售的商品竟成了我国游客出境游购物的"重头戏"。

中国旅游研究院院长戴斌早前即表示，在出境游发展迅猛的当下，走出国门旅游，更像是"串门儿"，去其他城市住上几天，是另一种生活方式。正因如此，旅游购物也已进入购买生活日用品的阶段。

目前我国旅游购物在旅游收入中的占比较低，归根结底，是供给侧出现了问题。"小旅游购物"概念下的旅游纪念品、旅游工艺品存在着严重同质化倾向，制作粗糙、特色模糊；"大旅游购物"所涉及的诸多商品，又存在质量不佳、性价比不高等问题，即优质商品的供给落后于实际需求。中国游客海外"爆买"的现象，实际上已经释放了消费需求升级的信号。需求侧相对是固定的，供给侧要去靠近需求侧，而不是需求侧靠拢供给侧。目前，市场上狭义的旅游商品开发，存在着"自娱自乐"的问题，不清楚市场的实际需求，千篇一律的旅游商品已然不能满足消费者的需求。

3. 重视市场需求，经营质优价廉的特色旅游商品

旅游市场发展迅速，游客的需求巨大，哪里的旅游供给符合市场需求，游客才会到哪里消费。游客对旅游购物的需求已在境外购物中展示出来，找准改革的关键点，才能使旅游供给侧结构精准改革。

而现实情况是，供给侧经常找不到真正的市场和真正的顾客，经常把直接的服务对象当成市场和顾客。目前，各地都在积极推动旅游商品创新，多地发起了设计大赛，每年也会举办全国旅游商品大赛。然而，一些旅游商品的设计者对于谁是最终的购买者、使用者，

并不清楚。设计的企业不是消费者，销售企业也不是消费者。只有真正为游客所接受、喜爱，才是成功的旅游商品。

具体而言，就是从游客的实际需求出发，针对消费者的消费习惯、购买能力和携带要求等细节做出改变。无论是研发设计环节还是制作环节，都应当注重品质。狭义的旅游商品，应当凸显民族特色、地方文化，能够代表一地风情和文化底蕴；广义的旅游商品，则可以创新营销途径，让更多本地公众信赖的特色名优产品进入购买者的视野。

4. 加强对销售人员的培训和管理

加强景区内旅游商品销售人员的培训和管理。对从业人员首先要进行岗前培训，对其服务技能、服务规范、服务态度和服务礼仪等方面进行培训，考核合格后再上岗。同时加强销售人员工作中的监督和指导，及时纠正销售人员工作中出现的问题，加强对从业人员的管理。

5. 开拓新的销售渠道

景区旅游商品的销售要选择新的销售方式，比如开设专卖店、开辟特产专柜、采用前店后厂的参与式销售方式，互动式销售方式，组合式、捆绑式销售方式，综合销售方式开发网络等多渠道销售模式；与正规生产厂商签订合同，保证工艺、纪念类商品的稳定进货渠道。选择合适的广告宣传媒介、推广平面广告、户外广告、专业网站等广告宣传渠道。开设旅游商品免税店，免税购物。

■ 案例思考

中国游客赴日疯狂抢购马桶盖，日本厂家生产已经跟不上节奏

受日元持续贬值和外国人免税商品范围扩大等措施影响，大量中国游客赴日购物，这次成为焦点商品的是马桶盖。文章《去日本买只马桶盖》在网上热传。文章引发了对中国制造和日本产品的思考，其中提到中国游客到日本抢购生活用品，从电饭锅到马桶盖，品种五花八门。

央视消息显示，东京著名的电器街秋叶原，吸引了大量海外游客来此购物。一家免税店一上午有十几辆大巴，满载着中国旅行团专程到这里来采购。携带起来并不是很方便的电饭煲大受欢迎，售价1万多元人民币的电饭煲每天能卖出十几台，买主80%来自中国。

受访的中国游客表示，中国的技术和日本技术可能还是有点差别，因此，"哪怕提着重一点也愿意（带回去）"。有中国游客表示，日本电饭锅内胆质量好，压力也比较好，做出来的米饭比较香。

除了几年前开始走俏的电饭煲，最近日本的温水洗净马桶盖突然人气大增，成为不少人赴日购物清单上的首选。有人甚至一次买两三只带回去，这种带杀菌、除臭、加热、冲洗等功能的马桶盖价格不菲，即使享受8%的消费税减免，售价也在2 000元左右。面对中国客人的购买热情，日本商家已然疲于应对。

日本爱客旺免税店职员李玮介绍，该店销售的马桶盖已经没有现货，"不是说哪个牌

子的问题，是哪家有货你就赶紧（买）吧，接下来就没了，现在上午有了，下午就没了，都是这种状态。" 据李玮介绍，今年中国客人特别认可马桶盖，大量客人赴日都买这种产品，厂家根本来不及生产。

　　一名中国游客受访时说，日本马桶盖质量好一些，价格合适，"国内也有卖的，但感觉还是在日本当地买质量会好一些。实际上，除了化妆品、手表等传统热门商品以外，最近一些看似技术含量并非很高的小电器和家居用品也备受追捧，如剃须刀、保温杯、美容棒、陶瓷刀等，贴心的设计或特殊工艺，成了赴日购物游客的新选择。（央视 2015-02-08 10:40 来源：澎湃新闻·全球速报）

　　✍ 思考题

　　分析国人出国购物"火爆"背后折射出我国旅游购物环节存在的主要问题是什么？给我们旅游购物业什么启发？

课后思考题

1. 旅游商品研发的依据是什么？
2. 旅游商品的支出在旅游者旅游总支出的比例如何？根据调研结果分析原因。

✧ 任务训练

1. 结合某一景区的资源特色和定位，为景区研发属于自己 IP 的文创旅游商品。
2. 以小组为单位，选择一个 4A 级旅游景区，对本景区的旅游商品种类进行调研，并写出调查报告。
3. 在本地找一个景区，实地考察一下景区旅游购物的运营过程中存在哪些问题，有哪些好的做法可以推广？

绿色管理篇

项目六　景区的组织管理

☞ **案例导入**

乔家大院被撤 5A

乔家大院始建于 1755 年，因 2006 年播出的同名电视剧而声名大噪，1986 年，乔家大院作为景点对外开放。该景区格局为"四堂一园"，由在中堂、德兴堂、宁守堂、保元堂和花园组成，其中德兴堂、宁守堂、保元堂以及花园为 2010 年恢复建设。2014 年 11 月被评为全国 5A 级旅游景区。近年来，乔家大院曾因变更为民营资本控股而备受质疑，不少游客吐槽其门票年年涨，商业气息太浓厚，是同类旅游产品中性价比最低的一个。文化和旅游部 2019 年 7 月 31 日通过官方网站公告，撤销其 5A 级景区的资格。有网友表示：大快人心，早就该这样了。"乔家大院被撤 5A"折射出的问题：

（1）地方政府在开发本地旅游资源时存在过度"资本化"，从而导致过度"商业化"问题，忽视服务质量的提升。一味引进资本，没有抓住旅游产业服务的本质，从而给游客带来较差的体验。

（2）旅游部门存在监管不到位的问题。景点的开发和运营虽然大部分是相对独立的，但不能成为当地旅游部门疏于管理的推脱之词，遇到游客反映的问题不能及时解决，因而导致景区形象受损，威胁当地旅游产业的发展。

（3）部分景区在市场化的改制过程中，存在产权不够清晰、权责不够明确、管理不够科学的现象。通过改制使得景区的经营市场化本是件好事，但在其过程中应注重产权、权责和管理问题。

文化和旅游部发布公告，对山西省晋中市乔家大院景区予以取消质量等级处理。这一举措，为所有景区敲响了警钟，在景区运行过程中不但要考虑市场主体的投资收益，还要考虑景区的品牌塑造，更要切切实实地提升游客的满意度。

[资料来源：景区改制，是政府一项重大的改革举措_公务员考试网_华图教育（huatu.com）]

任务一　认识景区管理制度

景区管理制度是指景区在生产和经营过程中所必须遵守的规定和准则。旅游景区由多个部门共同实现旅游产品的生产，内部需要有协调的分工和合作。制定这些系统性、专业性相统一的规定和准则，就是要求景区工作人员按照景区经营、管理相关的规范与规则来统一行动。可见，景区管理制度实际上是对景区内工作人员行动的总体规范和约束。

一、景区管理制度的构成

从我国景区管理的实践来看，景区管理制度可以分为景区的外部行政管理制度和景区的内部经营管理制度两大部分。

1．景区外部行政管理制度

一般来说，景区资源的所有权属于国家或全民所有，因此，国家和地方政府对景区要行使一定的管辖权。与此同时，景区又是旅游市场中的重要组成部分，其经营管理行为会对市场竞争形成一定的影响，因此，旅游行政主管部门也要对景区进行管理。这些诸多的管理关系综合形成了景区的外部行政管理制度。可见，景区外部行政管理制度是政府从景区管理的角度对景区的经营行为进行约束与规范的系统。

2．景区内部经营管理制度

与景区外部行政管理制度相对应的是景区内部的经营管理制度。景区内部的经营管理制度是与景区的业务和市场竞争力水平直接相关的管理系统。该管理制度以景区的利益为出发点，目标在于通过提升景区的经营管理效率来增加景区的竞争力，为其实现战略发展目标提供保障。从这个层面来看，景区内部经营管理制度实际上是一种效益导向的管理要素组合。景区内部的经营管理制度通常可以分为三个层次，即景区的产权安排、景区的组织结构和景区的激励机制。

1）产权安排

产权是人们由于财产的存在和使用而引起的相互认可的行为规范，以及相应的权利、义务和责任，一般可分为财产的所有权和财产的经营使用权。景区产权的安排是景区内部经营管理制度形成的基础，通过对景区产权的分配，各经营管理主体的责、权、利的相互关系能进一步明确，从而能减少管理过程中的权利纠纷，提升景区管理效率。因此，景区的产权安排可以视为对景区经营管理制度的总体安排，产权的分配形式决定了景区管理制度的类型。

2）组织结构

组织结构是指景区全体员工为实现景区发展目标而进行的分工协作，在职务范围、责任和权力方面所形成的结构体系。组织结构是针对景区全局管理的概念，可以通过组织结构图来对其进行分解和设计。从本质上来看，景区管理制度中组织结构的设计就是将各部门整合起来，实现有序营运。

3）激励机制

激励机制是景区内部经营管理制度的第三个层次，主要的管理对象是景区内的员工。激励机制的设计目标是提升员工士气，增强景区活力，一般采取的形式是将景区员工的利益与责任和绩效挂钩，如员工的奖金与景区经营的利润挂钩，负责人的晋升与部门的经营管理业绩挂钩等。对于现代企业而言，激励机制早已经成为企业发展的重要推动力量，只有充分调动员工的积极性才能使企业创造更多的价值和财富，从而获得更具优势的市场竞争能力。因此，旅游景区经营和管理目标的实现也需要以各种形式的激励机制作为依托。

除了上述三个较为抽象的层次外，景区管理制度还可具体表现为组织机构设计、职能部门划分及职能分工、岗位工作说明、专业管理制度、工作或流程、管理表单等管理制度。

二、我国景区管理体制的发展

随着我国经济体制改革的深入，我国景区管理制度也同样经历了一个由公益性管理向经营性管理的转变过程。通过这种管理制度的转变过程，可以对目前我国旅游景区的管理制度有更加深入的了解。

1. 公益性景区管理制度

公益性景区管理制度主要形成并广泛应用于改革开放之前的景区，当时旅游业在我国只是扮演着纯粹的接待部门的角色，而不是作为独立核算的经济主体存在。因此，公益性景区与目前的自负盈亏的经营性景区在管理制度方面存在较大的差异。

在公益性景区管理制度的约束下，景区的目的主要是保护景区内的资源，并为政府的接待任务服务，同时也满足民众的旅游需求。在这种情形下，人们更多的是关注景区的所有权而不是经营管理权，而景区资源的所有权是归全民所有。因此，在公益性景区管理制度框架下，景区的行政管理权是全民所有并委托中央和地方政府代为管理。政府出于切实保护景区内部资源的考虑，又将景区内部资源划拨给不同的职能部门进行管理，如树木划拨林业部门管理、文物古迹划拨文物部门管理等。按照资源的类型对景区实施行政管理的方式使得景区行政管理制度十分混乱，多头管理情况非常严重。

公益性景区管理阶段，景区功能较为单一，不承担经营风险和生存发展的压力。景区日常营运维护费用均从政府或各主管职能部门经费中划拨。景区中的工作人员属于政府或事业编制。此时，景区管理尚未形成产权意识，所有的权利都归政府所有，这也决定了景区内部激励机制的缺失，景区管理人员没有任何财产权利也不承担相应的经济责任。景区管理和经营上的"无为而治"对于景区资源的保全的确起到了较为明显的效果。由于景区没有实施企业化运营，旅游产品的开发没有提上议事日程，相应的对于景区资源的破坏性开发也较少。此外，由于主要景区内的游客以政府部门的接待对象为主，普通游客规模不大，因此，景区内资源承担的压力较小。

2．经营性景区管理制度

改革开放以后，随着我国经济的不断发展，民众和国外旅游者对于景区产品的需求日益增大，原有的单纯的资源保护型景区管理方式已经受到挑战，主要表现在三个方面：第一，公益性景区管理无法满足旅游者多元化的旅游产品需求；第二，政府提供的景区运行费用已经无力支持景区接待压力并扩大生产服务规模；第三，市场竞争的压力使得各景区不得不采取措施面对。正是在这些因素的共同影响下，景区开始了由公益性功能向经营性管理的转变。

由于我国大部分景区均是从传统的公益性景区发展而来，不可避免地受到传统行政管理体制的影响，较为突出的特点就是多头管理。这种情形在目前的旅游景区中依然大量存在：一个景区会有三四个甚至更多行政主管部门，当景区需要开发某个项目时则需要逐个请示。而经营性管理制度下的景区需要的是以市场为导向，以高效率的运作来满足市场需要。毫无疑问，这种多头的管理方式将会大大降低景区的营运效率，使景区产品供给无法快速与市场需求同步。可见，我国现行的旅游景区外部行政管理制度与公益性管理阶段差别不大，仍然属于景区的功能管理，即将景区内具有不同功能的资源划归不同的部门管理，而不是将景区作为一个经济主体实施管理。

在经营型旅游景区管理制度下，景区内部的经营管理已经初步呈现出现代企业的特征，但基于原有的管理基础，景区的内部经营管理难免有些缺陷。首先，传统的宏观管理模式导致了旅游景区内的产权关系较为混乱。长期以来，我国旅游景区与上级主管部门之间形成了牢固的行政隶属关系，同时产权意识的薄弱和缺乏导致了景区在产权分配上十分混乱。在我国景区中较为常见的情况是，经营权、管理权以及所有权被景区的行政管理权所取代。由于景区的资源归全民所有，而国家又委托相关的主管部门来对这些资源实施管理，因此，景区的所有权转化为相关部门的行政管辖权。而政府相关部门在对景区实施企业化改造时，又借助获得的管理权占有了景区的经营权。这样景区的产权都归属于管理机构，他们既是景区的经营者又是景区的管理者，使得景区的经营管理缺乏相应的约束力。其次，景区在管理的组织构架上已经初步体现了现代企业的特征。从景区内部经营管理的组织构架上来看，随着企业化改造的不断完善，目前景区的组织结构已经初步具有了现代企业的雏形，垂直型管理、职能型管理、参谋型管理等组织模式较为常见。虽然不少企业已经建立了现代化的管理组织，但由于很多景区政企不分，政府的社会利益导向和企业的经济利益导向两者无法完全融合，导致景区在资源开发和产品建设过程中监管不力，从而给景区内资源的安全性埋下了隐患。

最后，激励机制过度集中于资源开发而对于资源保护方面重视不够。当景区实现企业化改造后，景区营运资金逐步由主管部门提供为主向自筹经费转变，为了满足景区经营和发展对于资金的需求，景区不得不努力开发现有资源，通过旅游产品的开发来吸引旅游者。过度偏重经济效益而忽略生态效益的激励机制，对景区的可持续发展构成了严重威胁。2005 年由圆明园遗址公园湖底防渗工程引出的湖心岛出租、万春园别墅群以及园中文物生态被破坏事件，正是经济利益驱使的产物。

三、我国景区管理制度中存在的问题

1. 景区管理的产权不清，多头管理现象严重

景区产权不清是影响我国景区管理的核心问题，现代企业中产权的分配决定了企业所拥有的权利和义务，只有将产权问题彻底解决才能激发出旅游景区的活力，推动我国旅游景区的发展。虽然目前已经有不少景区走出了产权明晰的第一步并且取得了可喜的成绩，但是我国大部分旅游景区的经营权、管理权和所有权尚未分离，并且由诸多相关部门所共有，这样的产权分配模式就导致了相关管理机构都能对景区的经营管理发表"高论"，反而使景区的经营管理者无法对景区的发展方向进行决策。如武陵源风景区所在地的武陵源区人民政府，对天子山、索溪拥有管理权，但对景区内的张家界国家森林公园却无法行使有效管理。张家界国家森林公园管理处是由张家界市人民政府和湖南省林业厅双重领导的事业单位，与武陵源区人民政府级别相同，于是出现了一个景区内存在两个同等级别管理机构的多头管理问题。从职能分工看，张家界国家森林公园没有规划建设行政管理职能，而武陵源区人民政府虽有行政管理职能，但无法对张家界森林公园区域实施监督管理，于是导致张家界国家森林公园区域的规划、建设与总体要求脱节。在景区的实际开发过程中，由于景区内资源的所有权和管理权分属于不同的管理部门，在开发景区内的不同区域和不同资源时，需要向不同的管理部门提出申请，这往往会使景区项目的投资开发商们无所适从，大大降低了景区开发的效率。

2. 景区管理中政企不分，市场导向行为扭曲

一般而言，政府和相关管理机构是景区的宏观管理者，应对景区发展的大方向加以引导，并从政策上予以扶持。而景区的经营管理人员是景区日常经营管理的执行者，主要通过各种手段提升景区在市场中的竞争力，使景区的经济效益最大化。可见，政府机构与景区企业是分工明确的两个主体，两者的价值取向和行为方式具有本质的差异。然而，我国目前的许多景区在管理上还存在着政企不分的情况，即景区的经营管理活动由政府派出管理机构执行，甚至有的景区成为政府部门的下属企业。政府与企业身份的重叠大大降低了景区的盈利水平和能力，例如目前在不少政企不分的景区中，政府消费、景区买单的情况时有出现。因此，景区管理中的政企不分已经成为我国景区发展中的软肋。

3. 景区管理中缺乏理性，激励约束机制缺位

由于我国景区管理长期处于产权不清、责任不明确的状态，从而导致景区经营者在管理决策中无须为其决策的后果承担责任，也无法从其管理产生的绩效中获得回报。此时，景区管理者可能从自身的利益，而非从景区利益出发来进行决策，各种"拍脑袋"的决策方式也应运而生，如在悬崖峭壁上修建现代化的电梯、在古城墙上修建跨越式人行天桥等。此外，由于景区管理上的政企不分，导致了政府管理机构对景区经营管理过程监管不力，景区管理者的约束手段十分缺乏，不少景区因盲目开发资源而造成对资源的永久性破坏。因此，为了保障我国旅游景区资源的可持续开发，应加紧建立景区经营管理的激励和约束机制，通过制度安排来引导景区的经营管理行为。

任务二　景区管理制度创新

一、适度集中景区行政管理权

景区是集中了各种产业要素的空间单元，其内部要素的多元性决定了景区管理的边缘性与复杂性。目前我国景区存在的管理条块分割、多头管理等问题，其根本原因也是景区内部要素的多元化。为了优化景区管理制度，提升景区管理效率，首要的工作是打破管理权限分散、管理机构多头的现状。而景区管理的经验也表明，强化跨部门、跨行业、跨地区的协调管理力度，是实现景区管理健康发展的基本保证。因此，集中景区行政管理权就是要改变目前大多数景区面临的多头管理的弊病，将原先分散在各个部门的景区宏观管理权限集中起来，对景区实施统一管理。而从这个意义来看，集中景区行政管理权实际上是对景区外部管理机构的整合。集中景区行政管理权的途径有：

1. 区域内部的管理权集中

对于处于一个行政区域内的景区而言，其面对的主要问题就是景区管理机构过多，在景区决策过程中无所适从。对于该情况，景区管理机构应采取"就低不就高"的原则，将各种管理的权限集中下放到基层的政府部门，并由政府部门指定或成立景区管理机构对景区实施统一的行政管理。实际上，早在 1985 年国务院就颁布了《风景名胜区管理暂行条例》，其中第五条明确规定："风景名胜区依法设立人民政府，全面负责风景名胜区的保护、利用、规划、建设。风景名胜区没有设立人民政府的，应当设立管理机构，在所属人民政府领导下，主持风景名胜区的管理工作。设在风景名胜区内的所有单位，除各自业务由上级主管部门领导外，都必须服从管理机构对风景名胜区内的统一规划和管理。"根据这项规定，各地相继制定了一些地方性法规，并根据具体情况设立了景区管理机构。然而，由于缺乏法规的实施细则，在实际执行过程中，景区的管理权限并没有真正集中到景区管理

机构，而是分散在各个政府职能部门内部。这些部门之间协调机制的缺乏，导致了其对于景区权利的争夺行为。因此，对于属于同一行政区划内部的景区，应严格按照相关法律法规的要求，建立综合性的景区管理机构，如景区管理委员会，并赋予其相应职权。成立景区综合执法部门，将公安、工商、物价、税务、交通、路政、林业、环保、质检等职能由景区综合执法部门统一行使。这样一来，各种管理职能可以得到有效的协调，景区的管理效率也能得以有效提升。

2. 跨区域的管理权集中

对于那些跨越不同行政区的景区而言，由于行政区间的管理主体上的差异和利益冲突，造成景区人为分割、重复建设、恶性竞争等现象较为常见。如位于湖北、湖南和江西三省交界处的黄龙山景区，在湖北被称为黄龙山景区，在湖南则被称为幕阜山景区，两个景区之间具有良好的通联性。但是，正是由于上述两个景区分属于不同的管辖区域，在景区资源开发和市场营销上，两个景区互相竞争，对资金和客源市场形成了强烈的分流效应，大大影响了两个景区的发展。如果两个景区能够携手共同开发资源，共同拓展市场，必定能实现资源的优化配置，取得较为理想的经营业绩。可见，景区跨区域的管理对其发展十分重要。这类景区的行政管理往往受制于不同管理主体间的利益冲突，因此，对跨越行政区域的景区只有通过第三方来进行管理才能避免"本位主义"的弊端。国外较常采取的方式是由政府出面组织成立相关的管理部门，专门负责对这类景区进行管理。如美国国家公园均由内政部的国家公园管理局统一管理。国家公园管理局下设 10 个地区局，分别管理各地的国家公园。各国家公园设有公园管理局具体负责本公园的管理事务。国家管理局、地区管理局、基层管理局三级管理机构实施垂直领导，与公园所在地的政府部门没有业务关系。这种管理体制职责分明，工作效率高，避免了与地方政府产生矛盾，也没有产生相互争夺利益的事情。因此，我国也可以由文化和旅游部出面成立相应的管理机构，并设立独立体系的下级机构对跨区域的景区实施管理。

二、构造现代企业型经营主体

景区作为一个旅游企业须有独立的经营主体，为此，景区需要将传统的政企不分的经营主体转变为以现代企业制度为基础的独立法人，实现景区的市场化经营。所谓企业制度是指以产权制度为基础和核心的企业组织与管理制度。现代企业制度则是指在世界范围内为人们所共识的，适应市场经济体制需要，体现企业成为独立法人实体和市场竞争主体的要求而确立的制度规范。构建一个真正意义上的现代企业型经营主体，旅游景区应进行下列调整：

1. 建立景区的企业法人制度

法人制度是现代企业的主要特征，该制度是指景区具有依法享有法人财产的权利。法人财产的界定又是以建立明晰的企业产权制度为基础，即在产权明晰的前提下，景区拥有对自有财产的处置权。只有明确了景区所拥有和能处置的财产，才能真正明确景区经营盈亏的主体身份，才能让景区形成自主经营和科学合理配置资源的管理机制。建立景区企业法人制度是构造现代企业型经营主体的首要条件。

2. 完善景区责任制度

景区在经营管理中主要扮演三种角色：一是景区内资源的经营者，二是景区开发建设投资者的投资对象，三是市场所需求旅游产品的提供者。作为景区资源的经营者，要对旅游景区资源的完好程度和可持续利用负责；作为景区开发投资的对象，景区要为投资者资产的保值增值负责；作为旅游产品的提供者，景区还要最大可能地为旅游者以及景区所在的社区负责。为了保证景区能够尽到上述责任，应将上述责任进行细化分解，最终形成完善的景区责任制度。

3. 科学选择并实施组织重构

科学完善的组织领导制度是现代企业制度的重要组成部分。现代企业组织制度的基本形式是公司制，其基本的领导体制是公司董事会领导下的总经理负责制，然而具体到管理组织形式则有多种模式可供选择。

4. 完善并优化景区内部管理制度

内部管理制度也是现代企业制度的重要内容之一，现代企业的内部管理制度包括劳动制度、人事制度、分配制度、财会制度等一系列的内容。只有在景区内部形成了完善的规则和制度，工作人员才能按照制度行事，景区的经营管理才会有序进行。因此，在构建景区经营主体时，还应建立起完善的内部管理制度。

三、明晰景区产权的分配关系

一般而言，旅游景区内的产权关系可以按照资产的类型分为两个层面。所有权归国家所有的旅游资源是景区内的国有资产，一般只能出让其经营权，而所有权和管理权则归政府所有。而那些景区内的其他与经营管理相关的经济资源则属于经营性资产，其产权可以实现完全转移，即将其产权完全转让给景区的经营管理者，实行企业化经营。旅游景区经营权和所有权的分离，可以解决旅游开发及保护过程中的政企不分问题及资金不足问题，从而促进旅游资源开发与保护的良性互动。但是，在体制、法规不健全的情况下，产权分离后可能会出现违反可持续开发原则的经营管理行为，经营管理者借助其拥有的景区资源的经营权而对景区进行掠夺式经营。为此，在实施景区产权关系重新分配时，应借助公正、科学的方法和程序，如景区经营权拍卖等形式对旅游景区经营者进行遴选，以确保信誉良好的企业取得景区的经营权。而景区在经营过程中，景区产权的主体还应依法对经营者的投资与经营行为予以有效的监控和帮助，以保证资源被合理使用。近年来，旅游景区的产权分离工作已经在四川、湖北、湖南、山东、山西、福建等省（区、市）的部分景区相继展开。如 2001 年，四川省出让包括世界自然遗产九寨沟在内的十大著名旅游景区及

100 多个旅游景点的经营权；四川省雅安市把碧峰峡省级风景区 50 年经营权转让给民营企业成都万贯集团；湖南省张家界市将黄龙洞景区 50 年经营权转让给北京通达集团。这些景区经营权的转让为景区产权关系的明晰提供了借鉴。

总体来看，目前的景区经营权转让的方式主要有以下几种：

1. 整体租赁模式

整体租赁模式是目前国内景区经营权转让过程中最为常见的模式，是指将景区一段时期内（一般为 30～50 年）的经营权按照一定的价格租赁给某个或几个非国有独资企业共同经营的形式。在整体租赁模式中，景区的经营权、所有权完全分离。经营权归租赁的企业所有，主要负责景区内资源的开发；所有权则归当地政府所有，由当地政府负责对景区资源的保护。按照租赁企业的类型又可以分为民营企业租赁（如四川碧峰峡景区、重庆芙蓉洞景区、桂林阳朔世外桃源景区等）和上市公司租赁（如黄山风景区）。

2. 整合开发模式

整合开发模式是指景区的经营权出让给国有独资旅游企业集团，由该企业对景区实施企业化经营管理以及资源开发和保护，同时景区的所有权归政府所有。在该模式下，企业集团能够根据市场的需求全面整合所能运用的资源，通过整合开发实现景区的快速发展和带动景区所在区域的经济发展。实施整合开发模式的景区，如陕西华清池由陕西旅游集团公司开发经营，海南天涯海角由三亚市旅游投资有限公司经营等。

3. 自主开发模式

自主开发是指景区由拥有所有权的主体进行开发和经营管理的模式，在该模式下，景区实行的是非企业化管理，经营的主体为景区主管部门或主管部门的派出机构。此时，景区的所有权与经营权、开发权与保护权对外统一，对内则实行一定的分离。如景区管理职能、经营职能、开发职能、保护职能等分别由不同的部门和机构来承担。

■ **案例思考**

<h3 align="center">碧峰峡模式</h3>

20 世纪 90 年代后期，随着国内旅游业的迅速发展，许多省市都把旅游业作为促进当地经济发展的重点产业或支柱产业。然而，由于受地方财力的影响，旅游开发面临着严重的资金问题。为了促进地方旅游业的发展，各地先后出台了相关政策鼓励招商引资，其中普遍包括可以将景区经营权转让的政策。

1998 年 1 月四川省雅安市与万贯公司签订了碧峰峡景区经营权的转让协议。根据协议，碧峰峡的资源属国家所有，管理权归政府，万贯公司享有 50 年的开发、保护、经营权，并承担相应的责任。该协议引发强烈争议，1998 年在峨眉山召开的"四川省风景名胜资源保护会"上成为众矢之的，人们认为这一模式会对生态环境造成破坏。但经营权转让第一年，旅游收入由原来的几十万元跃至 8 000 万元，开创了旅游景区经营的"碧峰峡模式"。从此以后，四川乃至全国掀起了景区经营权转让的高潮。2001 年 2 月 2 日，四川省率先提出向国内外资本出让包括世界自然遗产九寨沟在内的十大景区的经营权，角逐景区经营权的多为国内上市公司和民间资本。同年 10 月，德国阿贝尔勒公司持有宜宾卡斯特旅游开发公司 49%的股权，取得了兴文石海景区 50 年的经营权。这是在国内景区出让经营权方面闪现出来的第一个外资身影。阿贝尔勒公司投入资金 1.5 亿元开发和包装石海景区旅游项目。四川允许外商在中国投资景区，景区景点可实行转让经营、出租经营、委托经营或出让经营。

很多业界的学者认为文化与自然遗产是经济资源，因而必须遵照市场方式，让市场推动遗产的开发与经营。于是，"所有权与经营权分离""所有权、管理权、经营权、监督权分离与制衡""一区两制""一套班子、两块牌子""遗产资源包装上市"，等等，被誉为"具有中国特色"的体制改革。

（资料来源：邹统钎. 中国旅游景区管理模式研究[M]. 天津：南开大学出版社，2006.）

思考题：

景区的经营权转让之后，在后续的开发和运营过程中可能会出现哪些问题？

任务三　景区各部门管理职责

旅游景区管理部门的设置因各自实际情况不同而略有差别，本任务主要介绍大多数风景区所设置的部门管理。

一、人事部门管理职责

人事部门管理主要是根据国家人事劳动政策对景区的人事和劳动工作进行领导、组织、计划、控制和协调。它是景区经营管理的重要组成部分。

景区人事部门主要职责有两个：一是人事管理。主要负责干部的录用、考核、任免、奖惩、调动、人事档案、干部培训、离职退休等。二是劳动管理。主要负责员工的招工录用、奖惩、调配、劳动计划、劳动组织、定额、定员、工资、考勤、劳动保护、劳动保险、生活福利等。其具体内容包括编制劳动计划，包括员工人数计划、劳动工资计划等，制定劳动定额和定员，要求根据工作量大小，以工作岗位为基础，结合各部门、各环节的具体情况，分别编制，然后汇总，形成总的定员及各部门的定员；制定和贯彻执行人事劳动管理制度，包括干部管理制度、招工考核及录用制度、人事考核制度、劳动分配制度及奖罚制度等；做好日常招工录用、人事安排、劳动保护及各项管理工作；开展长期分阶段员工培训，包括干部管理知识培训、员工业务技术和外语培训等，不断提高劳动力素质。

二、销售部门管理职责

销售部门应该根据景区销售业务的特点，做好市场调查、项目开发、客源预测、计划确定、票务组织、票券销售及票款管理、销售统计等各方面的管理工作。

销售计划是对计划期内服务项目及娱乐设施的销售收入的管理工作所做的全面安排。销售计划要根据服务项目、业务范围、接待能力、接待对象、客源市场等具体情况，在预测分析的基础上进行。如娱乐设施应以预测接待人次和票券平均价格为基础，饮食服务应以餐厅座位、预测接待人次、人均消费、餐位利用率为基础等。

旅游景区制定销售计划时，要充分考虑营销活动的波动性和服务项目的连带性，如饮食、商品、茶座、照相服务等项目，其销售额是受整体接待人次制约的。周末、节假日、旅游旺季客人较多，这些部门的收入将会连带提高；反之，则收入下降。因此，在进行指标分解时，必须充分考虑这些因素，以历史统计资料为基础，反映销售收入的波动性和连带性，只有使各月、各季计划指标合理，才能收到实际效果，保证销售计划的顺利完成。销售计划确定后，销售措施是计划完成的保证，应针对不同的服务项目拟定不同的销售措施，特别要充分发挥销售部人员的外出推销作用。销售方式可以针对不同的人群设置不同的票价和销售方式。如针对不同人群，可以推出成人票、半价的学生票或者儿童票、团体票、免票等，针对节假日，比如元旦、春节、青年节、儿童节、教师节等可推出节日优惠票。针对淡旺季的需求，推出淡季票和旺季票。这些销售策略都可以扩大销售，增加客源，增加景区收入。

三、宣传部门管理职责

1. 宣传原则

宣传是市场营销中必不可少的一项业务。对于我国的旅游景区来说，对外宣传一般要遵循以下原则：

弘扬特色的旅游产品。应当注意利用灿烂的中国文化，丰富的自然景观，多姿多彩的民族风情，对外宣传推销具有中国特色的旅游产品，使旅游活动向着健康、积极的方向发展。

突出民族特点。特别要突出本风景区旅游产品和服务的特点，突出景区形象，对客人产生广泛的吸引力，以招来更多的客源。

营利与维护消费者利益相结合。旅游宣传推销活动要有针对性，集中财力、物力，重点对目标市场展开宣传攻势，强化宣传效果。

2. 宣传内容及方法

凡是旅游者在旅游活动中的"食、住、行、游、购、娱"等普遍关心的问题，都是宣传的内容。宣传内容要随着旅游市场形势的变化，不断追求和开拓新的领域。具体包括：

本景区独特而优质的服务。包括有关的历史及影响，规模及接待能力，旅游景区的各项设施及可提供的服务项目，游客特别是各界知名人士对本旅游景区的赞誉。

景区旅游资源的优势和影响。要对景区内诸多旅游点进行全面介绍，同时，对主要的旅游点或新开辟的旅游点加以重点介绍，使旅游者产生"百闻不如一见"的强烈欲望。

风土人情。既要包括各少数民族的奇风异俗，也要大量涉及南北各地、城乡之间普通人的日常生活习俗。

富有吸引力的旅游商品。做工考究、技艺精湛的传统手工艺品，如刺绣、牙雕、漆器、玉雕等，对旅游者很具吸引力。旅游者往往想知道将去或已到达的景区有什么纪念品可买，及有关的用料和制作工艺等。因此，有关这方面的信息也应包括在宣传内容之中。

独特的旅游活动。如哈尔滨的冰雕旅游、曲阜的祭孔旅游、大理三月街旅游、迪庆香格里拉旅游等。旅游景区的宣传方法主要是通过网络、自媒体、报刊、广播、影视等大众传播媒介和其他的一些专门手段，如推销员的宣传、导游的宣传及公共关系宣传等。此外，还可通过举办旅游博览会，利用宣传手册及重要活动等渠道进行宣传。

四、康乐部门管理职责

康乐部门管理主要是以旅游景区的康乐设施、设备为凭借，对各种康乐服务项目经营和运转所进行的协调、控制、组织和调度工作。

1. 康乐部门管理的重要地位

根据旅游景区规模和接待对象的不同，配备各种康体娱乐设施，供客人前来游玩。它的特点是服务项目多，占地面积大，只有加强管理，才能提供优质服务。

康乐项目管理，不仅能满足客人游览娱乐的需要，而且还可同时设立饮食部，带动饮食、商品、照相、茶座及其他服务行业。

2. 管理流程

准备工作。根据服务任务，重点做好人员准备，设施设备检查与试运行，着装、仪表、票券、用具用品准备等，以保证客人到来时能按照接待程序、操作规程接待，保证各项服务工作和设备的正常运转。

调度指挥。以各种服务项目负责人为首，重点是做好票券销售、调度与组织、人员安排、任务分派等方面的工作。

服务过程的组织。重点是做好客人到达时的迎接、票券销售和票券检验、客人游乐服务和机械设备操作，同时做好现场指挥、场内巡视、质量检查等工作，使客人得到良好的精神享受，增加客人兴致。

接待管理制度。主要以接待程序、操作规程、质量标准等形式出现。此外，规定着装仪表、礼节礼貌、上岗服务、交接班、劳动考勤和考核等要求。

五、园务部门管理职责

园务部门主要负责对景区内的园林景观进行规划、建设、改造、美化绿化和清洁卫生等的管理。园务管理的主要内容有：

1. 造园管理

景区常常要用造园手法来改造、添置景观，增加景点，美化环境。其管理工作重点：重视总体规划，讲求园林布局。体现民族特点，突出园林风格。运用造园手法，讲求艺术效果。

2. 造景管理

造园通过造景来实现。新添景点、花坛、草坪、观赏植物、假山、水渠等都是造景。其管理工作重点：搞好景点设计，形成不同风格。做好造景预算，降低成本消耗。合理组织施工，保证造景质量。

3. 叠山理水管理

其管理工作重点：以总体规划和园林布局为依据，合理选择地点，做好设计工作。尽量利用自然地形和多余土石方。山水结合，小树映衬。理水应聚分结合，与临水景观或水上娱乐设施相协调。

4. 观赏植物美化管理

其管理工作重点：大面积绿化；景点观赏植物处理；花坛草坪美化处理。

5. 园林保护管理

其管理工作重点：制定园林保护规则；分区建立责任制度；做好日常保养。

6. 园林卫生制度

其管理工作重点：分区负责，落实责任；建立卫生制度，搞好日常清扫；加强游客爱园教育，处理卫生责任事故。

六、财务部门管理职责

旅游景区的财务部门主要负责按照国家有关的方针、政策，根据资金运转的客观规律，对风景区经营活动中的资金进行组织、供应和回收，并监督和调节财务关系。

1. 保证景区经营资金需求，提高资金利用效果

旅游景区经营管理过程就是资金的使用回收过程，财务管理要根据市场及旅游景区的实际情况，正确及时组织各种资金来源，加强资金管理，努力以最少的消耗完成各项任务，取得最好的经济效益。

2. 降低成本，增加盈利

财务部门应通过与其他部门相互配合，节约费用支出，挖掘各方面的潜力，节约资金使用，降低成本，以提高企业盈利。

3. 组织销售收入，正确分配盈利

财务管理要加强市场预测，及时收回各种应收账款，加强资金周转，并按照国家规定按时足额地缴纳各种税款，正确分配企业盈利。

4. 实行财务监督，维护财经纪律

及时分析检查财务计划的执行情况，及时纠正各种偏差，以保证经营活动的正常开展。

5. 实施景区具体的财务管理

资金管理。包括固定资金、流动资金、专项资金。固定资金管理主要是根据旅游景区生产经营需要确定固定资金需要量，编制固定资产折旧计划，考核分析固定资产利用情况。流动资金管理主要是正确计算流动资金总额，编制流动资金计划，合理组织资金供应，考核分析流动资金利用效果。专项资金管理主要是编制专项资金计划，贯彻专款专用原则，提高其利用效果。

成本管理。主要是编制成本计划，控制成本开支，考核分析成本计划完成情况，努力使经营不断降低成本，扩大盈利。

销售收入管理。主要是积极组织各项营业收入回收，及时纠正经营过程中出现的偏差，按照有关规定，按时、足额上缴各种税金。

收支管理。编制财务收支计划，通过对资金运动的分析，做好财务收支平衡调度工作，保证经营活动的顺利开展。

七、安全部门管理职责

安全管理工作是维护旅游景区的声誉，提高服务质量，保证风景区的接待服务活动正常开展的重要条件。景区安全管理的工作包括：景区自然灾害的防治、景区出入口的设计、游览线路、景区布置及安全要求、重点部位设计、报警点设置、机动力量的配置。一个重要的理念需要提出：那就是安全是一种需要、安全是产品、安全是效益、安全是产业，安全管理工作就是在为企业创造经济效益，安全已成为旅游企业战略品牌的重要内容。

（1）定期或不定期地检查火灾隐患，制定整改办法，监督各部门落实防火措施。要会同工程技术部门定期检查各种消防设施、器材，进行维护、保养及必要的调配、更换，确保防火设施灭火器材正常有效及适用。

（2）制订应急灭火方案，印刷紧急疏散图和防火标志，协助各部门制订各项防火制度，并监督其落实；培训义务消防队，组织实施员工的消防演练，协助负责人对全体职工做好防火意识和技能的宣传教育。对火灾事故及时报警，迅速疏散旅客，组织扑救，保护现场，协助公安机关查明原因，提出处理意见。

（3）对不适合从事安全保卫工作的人员及时提出调换工作岗位意见。

（4）对旅游景区的各场地、部位、角落巡逻检查，保护要害部位，注意发现事故苗头及隐患。随同财务人员保障取送公款的安全。

（5）对重要旅客、各种大型集会及接待任务做好内部保卫工作，配合警务部门执行任务。

（6）参与新建、改建、扩建工程安全项目的审查和竣工后安全设施验收，对工地防火实行监督。

（7）重视对景区游客安全的管理。

《景区（点）质量等级的划分与评定》（GB/T 17775—2003）中关于旅游安全的内容如下：

认真执行公安、交通、劳动、质量监督、旅游等有关部门安全法规。建立完善的安全保卫制度，工作全面落实。

消防、防盗、救护等设备齐全、完好、有效。交通、机电、游览、娱乐等设备完好，运行正常，无安全隐患。游乐园达到 GB/T 16767—1997 规定的安全和服务标准。危险地段标志明显，防护设施齐备、有效，高峰期有专人看守。

建立紧急救援机制，设立医务室，并配备医务人员。设有突发事件处理预案，应急处理能力强，事故处理及时、妥当，档案记录准确、齐全。

课后思考题

1. 景区的管理体制对景区运营有哪些影响？
2. 如何做好景区大型活动中游客的安全问题？

✧ 任务训练

了解一下本地的旅游景区，通过调研，对一个景区的管理制度进行分析。

项目七　景区的游客管理

☞ **案例导入**

旅游大军挺进京城　环境文物保护堪忧

眼下京城秋高气爽，又正值"十一"假日旅游黄金季节，各路旅游大军正浩浩荡荡挺进京城，观光览胜。面对日益火爆的假日旅游大潮，不少业内人士对风景名胜区及文物古迹的生态环境和文物保护状况流露出深深的忧虑。

这种忧虑并非杞人忧天。据悉，位于中华世纪坛东侧的中华世纪钟上，两个圆形敲击点和钟体下端已被利器刻满了留言，连钟的内侧也没能例外，红、白两色粉笔在里面写下了斗大的人名。据工作人员说，近几天随着游客越来越多，世纪钟上开始有"污点""伤痕"。游客有的还拿钥匙、木棍等工具敲击，听声响，管理部门不得不派专人轮流守护。

天坛公园，从"十一"开始，每天都有4万人次以上的游客涌入。据介绍，管理人员每天都在劝说游客不要跨入景区又踩又摸。同时，公园还在回音壁、祈年殿、宰牲亭等易被刻画的建筑前增设了围栏，加派了专人巡逻。而故宫为了防止曾出现过的乱涂乱画的情况，不得不下大力度，在游客最可能乱涂乱画的地方都立了警示牌。

据了解，2000年"五一"期间，国内曾有4 600万人次出游，令不少风景名胜区爆满，突破承载能力。时间短、节奏快、人数多、消费大的假日旅游，令景区景点超负荷承载，导致景区管理、服务协调失控，出现了生态环境遭受破坏的种种现象。一位业内人士指出，旅游业赖以生存的生态环境，如草原、湖泊、海岛、森林、沙漠、峡谷等生态资源，和历史文物一样，极易受到破坏，一旦遭破坏就不可再生。一些生物种群的濒临灭绝，正如一些历史文物古迹的悄然消逝一样，为人们敲响了警钟。

"十一"前夕，针对假日旅游高峰游客骤增时曾出现过的经验教训，国家文物局发出

《关于加强在假日旅游中做好文物保护宣传工作的意见》，要求各单位在积极做好准备接待广大群众参观文物古迹的同时，要制定安全保护和防范措施，必要情况下可采取限定游客数量等举措。

有关人士呼吁，各景区在向游客提供优质服务的同时，也应向游客郑重提示：呵护生态环境、保护文物古迹是我们每个人义不容辞的责任。据 2000 年 10 月 3 日的最新统计，北京的 20 个大型景点当日共接待了 53.36 万人次，比前一天增长 1.27%。其中故宫接待 7.75 万人次，比前一天减少 6 500 人次，但仍超过最大接待量 29%，呈饱和状态。八达岭、颐和园、北海公园、动物园、天坛、定陵、天安门城楼都达到或超过最佳接待容量。面对这种"滚滚人潮不尽来"的局面，许多相关人士的忧虑应该不无道理。

（资料来源：《生活时报》2000 年 10 月 5 日）

任务一　认识景区游客管理

一、游客管理的意义

游客是旅游景区提供服务的对象，构成旅游景区需求的一方。游客在旅游景区的活动，会对旅游景区产生正面和负面的影响。为了维持旅游景区的正常秩序，保护景区的资源和设施，减少游客与景点景区居民的冲突，树立和保持旅游景区良好的社会形象，对游客的管理，就成为旅游景区管理的一项重要内容。

二、游客管理的内容

景区的游客管理包括提倡健康有益的旅游活动、保护旅游资源和保证游客的旅游安全等。

1. 倡导健康有益的旅游行为

游客在旅游过程中，绝大多数人求知求异、充实人生、陶冶情操，但是有些旅游者在旅游过程中会出现一些不道德的行为，表现为污染环境、毁坏旅游资源、损坏旅游公共设施、在公共场合举止不文明、对当地社会不尊重而形成与居民的冲突等。

游客的不道德行为会对旅游景区产生不良影响。首先，降低环境质量。旅游者人为造成的废物污染，破坏了环境的优美，破坏了旅游景区的美感意境，降低了环境质量。其次，缩短旅游景区的生命周期。游客的不道德行为加重了旅游资源的破坏及旅游基础设施的损耗，使旅游景区的形象受到一定的损害，吸引力下降，游客数量减少，致使旅游景区较早进入生命周期的衰退阶段。优良的环境是旅游景区生存和发展的基础，旅游景区环境恶化之日，就是其走向衰退之时。最后，降低了旅游景区的档次。

旅游景区游客管理的重要任务之一，就是要通过适当的组织管理，引导游客在景点景区内进行健康有益的活动，体现社会主义的物质文明和精神文明。通过游览优美的自然景观，陶冶自己的情操，通过自然和文化遗产的游览，增加科学文化知识；通过新颖、有趣、惊险的娱乐和体育活动，使自己的身心得到放松。旅游景区要坚决抵制和反对有害健康的活动，例如赌博、嫖娼卖淫、抢劫偷盗等伤风败俗和犯罪活动。

2. 保护旅游资源，爱护公共设施

个别游客在旅游景区会做出一些破坏环境和损害公物的行为，如损坏名贵花木，袭击和捕猎珍稀动物，在文物古迹上乱刻乱画，乱扔废物，污染水源，破坏娱乐设施等。通过有效的管理，能防止游客在旅游景区损害环境和设施，减少游客对环境的污染。

3. 安全管理

安全管理是指旅游景区的治安、防火和人身安全管理。建立健全各种安全制度，坚决打击旅游景区内各种扰乱治安和刑事犯罪活动，如聚众滋事、偷盗抢劫活动，给游客创造一个安定的旅游环境。防火管理对于森林公园和古建筑类的旅游景区尤为重要，通过对游客可能引起火灾的行为进行有效的管理，可防止山火发生，杜绝火灾隐患。旅游有时会经过一些危险区域景点，如陡坡密林、悬崖幽径、急流深洞等，对于有危险性项目的景点景区，例如山地型旅游景区、漂流、野生动物园等，要加强安全活动管理，一定要有安全措施和急救系统，应有清楚的警示牌，提醒游客注意人身安全。

任务二　游客的行为管理

部分游客在旅游过程中的不良行为与旅游者的自身修养有关，是游客素质偏低的表现，但也与旅游景区管理不善有关，例如，旅游景区的垃圾箱数量与位置设置不科学，对旅游者文明行为有管理条文无落实措施，或有的条文简单生硬，容易使人产生逆反心理等，没有一套严密、完善的管理体系，客观上助长了部分旅游者的不良行为。游客管理方法可以分为直接和间接两类。直接管理方法是指改变游客的意愿和行为，使游客意识到自己的行动受到一定的限制。间接管理方法是指改变影响游客意愿和行为的因素，游客并不感到是对自己行动的限制。

一、直接管理方法

直接管理方法往往通过制定规则来管理游客，主要的技术措施有：

1. 实施监督

指通过人员或设备对游客的不良行为进行监督，并对其不良行为采取一定的惩罚。例如，加强巡视，雇用看护员，使用闭路电视或摄影机监视，罚款等。这些方法常在有珍贵文物陈列的地方使用。

2. 限制活动区域及限制活动内容

指禁止在某些区域从事活动，禁止在一定时间从事某些类型的活动，关闭某些旅游区，禁止游客在一段时间内进入，如黄山莲花峰定期封山，养护生态。

3. 限制利用量

指限制游客的数量、团体的规模和停留时间等。

4. 限制活动

旅游景区一般禁止某些造成灾害、破坏苍生、污染环境和违背社会道德的行为。主要有禁止烟火、触摸、捕猎、超出游径行走，禁止损害旅游资源和旅游设施、禁止乱丢废物，禁止各种反动、黄色和有伤风化的活动等。

二、间接管理方法

间接管理方法不让人感觉是一种强制性的命令，管理人员不担负监督和对抗性使命，主要是提供帮助游客寻找所需事物的信息，游客有选择的自由，符合旅游时人们无拘无束的心理特征，游客易于接受，对游客行为管理的效果较好，因此，应优先采用间接管理办法。间接管理的技术措施主要有：

1. 改善硬件设施

是指通过改变或提供某些设备设施控制游客的行为和走向，以便达到限制游客活动行为和区域的目的。如改善或维护通入道路，有选择地封闭道路，新建道路，改进停车设施，改变生物种群数量，改变水域面积等。改变硬件设施是双向的，如果想限制游客，则可以通过不改善、封闭、提高难度等办法达到，但如果想引流游客，则可以通过改善、新建、降低难度、增加种类、扩大面积等办法达到。对于游客的乱涂乱刻行为，应加以引导或转化，例如，设置一些参与性的项目，专门供游客刻画留名，以示纪念。

2. 宣传教育

旅游者在旅游过程中的行为是一种流动性消费，自律意识松散，容易发生不良行为。应加强社会宣传教育的力度，否则，难以营造应有的旅游行为道德互律的氛围。可以通过适当的环境解说服务和广告，令其了解在旅游中应遵守的社会公德，形成旅游者在旅游景区的行动约束。例如，可以在旅游景区设置方向标志，指导游客在规定的区域内活动，限制游客不该去某些区域。利用广告宣传工具，提供旅游机会信息，增加流量，若不想使游客过多，则不做广告宣传，向游客介绍活动的类型，特别是开放的场所和时间。

在门票、景点宣传品、路牌等醒目处，均可安排适当的旅游宣传内容，形成一种遵守旅游道德的氛围。宣传教育的语言可使用富于情感性、有文化底蕴的倡导性口号，以理服人，以情动人，尽量不用警告性口吻的语言，尽量不用或少用生硬的禁止性条文，如"严禁摘花""严禁攀登""严禁乱弃果皮、纸屑、杂物，违者罚款"等生硬、冷漠、训诫式的言辞。要重视旅游者的心理感受，这样才能达到与游客心理的沟通，能使游客心理上易于接受，减少逆反心理。总之，宣传教育主要是在旅游景区游客管理中，从游客心理出发，引导旅游者的行为。

3. 制定相应的规则

将游客在旅游景区应有的行为规定成详细、明确的注意事项，让游客明白这些遵守的注意事项和基本要求，是适当的而不过分，这样游客才愿意自觉遵守。制订的规则由于是对游客的一种约束，如果游客有抵触情绪，就会影响规则的执行。因此，对于旅游景区制订的规则应不断进行反馈评估，看其是否符合游客管理的目标？解决问题的效果如何？游客接受程度如何？对游客旅游体验有何影响？能否通过其他规则取代这些规则？通过评估，找出规则与游客管理目标的差距，对规则进行重新修正。

■ **案例思考**

在英旅游告诫 20 条

英国为维护旅游地环境和居民的生活专门制订了针对游客的规则，例如，英国发布《在英旅游告诫 20 条》，成为保护旅游者、东道主及其环境的行为准则，其中有许多是涉及旅游者在景点景区的行为的。

（1）切记：你是在做客，要体谅当地的居民和保护他们的环境。遵守当地的法律，尊重当地的风俗。

（2）离开海滩、公园和公共场所时，要清理现场，保持清洁。

（3）废物要扔进废物箱，或带回去，不要期望随即就有人来打扫。

（4）要压低嗓门，特别是在夜间和那些幽静的地方，如教堂和乡村。

（5）要尊重大自然，步行走专门的人行道，不要给野生动物喂食，不要摘取花卉和树枝。

（6）切记：许多人讨厌抽烟，不经心抽烟者可能在乡村造成火灾。

（7）不要在树上和历史遗迹上刻自己的姓名，或污损涂画。

（8）只要自己有理，可以申辩和申诉，但要注意礼貌。

（9）不要和照章办事的人员和执法人员争辩，因为他们只是在执行公务。

（10）不要受到诱惑而去触摸贵重物品，诸如画作、毯饰和石瓶。

（11）要照看好自己的孩子，以免孩子做出破坏性的或易惹人生气的举止。

（12）如果要把别人摄入自己的镜头，须先征得对方的同意。

（13）己所不欲，勿施于人，不要推搡，不要加塞。

（14）礼多人不怪，切记：谈话带上"请"和"谢谢"。

（15）去教堂穿戴要端庄，切记：这种地方不是游乐场所。

（16）参观历史性建筑时，穿鞋要合适，高跟鞋会使之受到损坏。

（17）访问地方时，可以大胆地"离队"进行。

（18）如果你是久住英国，那些热点地方，尽可以在淡季时去参观游览，获得的乐趣会多得多。

（19）如果时间允许，出门可利用公共交通；如果自己驾车代步，车要停靠在指定的地点，不要随意停放。

（20）可对当地的经济出点力，尽量多买些当地的物品，或尽力做些好事。

✍ 思考题

分析《在英旅游告诫20条》对游客管理的作用。

三、对游客破坏和扰乱行为的处理

游客在旅游景区的活动多数是健康文明的，但也存在着破坏和扰乱行为，如乱扔废物、乱刻乱写乱画等，不仅不利于旅游景区的环境，而且也有损于旅游景区的形象。为维护正常的旅游秩序，保护旅游景区的环境，应对游客破坏和扰乱的行为进行严格的处理。常用的方法有宣传教育、治安或刑事处罚、经济处罚等。

1. 宣传教育

宣传教育是使游客认识到破坏及其他扰乱行为的后果，意识到自己具有协助解决这类问题的使命。

2. 治安或刑事处罚

对于严重违法乱纪和破坏社会秩序的犯罪分子，应依法严厉打击，进行治安或刑事处罚。

3. 经济处罚

对于游客的破坏和扰乱行为，除及时进行批评教育，还应按管理条例规定让其承担相应的责任，对其进行罚款处理。

4. 肇事者介入

采用让肇事者参与管理的办法，认识自己的错误，并加以改正。如让肇事者在一定时间内参加巡逻，监督各种破坏和扰乱行为，吸取教训；对于乱丢废物者，让其介入清扫工作，加深对自己错误行为的认识。

任务三　景区的容量控制

一、景区容量的概念

在旅游景区的规划和管理中常常用到容量或承载能力这个概念。戴维德·W. 莱姆（David W. Lime）和乔治·H. 斯坦奇（George H. Stankey）对容量下了一个定义，即"一定的游憩区，在某种开发程度下及一段时间内，仍能维持一定水准，且不致对环境或游客的体验造成过度的伤害。"可见，容量的概念与环境和游客的体验有着直接的关系，是与游憩管理的目标相一致的。旅游容量是一个概念体系，在这个概念体系中，有基本容量和非基本容量之分。基本容量包括旅游心理容量、旅游资源容量、旅游生态容量、旅游经济发展容量和旅游地域社会容量。非基本容量是基本容量在时间和空间方面的具体化与外延，是规划和管理中可以使用的工具，包括合理容量、极限容量、既有容量和期望容量，以及与旅游活动空间尺度相联系的容量概念。旅游景区容量是旅游容量的一种，旅游景区容量是非基本容量与旅游活动空间尺度相联系的容量概念，这个容量是指"游人活动的基本单元（景点）的容纳能力，如一个海滩、一处景观建筑、一条滑雪道，是旅游资源容量的具体化。景区容量是区内各景点的容量与景点间道路容量之和。"旅游景区性质不同、旅游活动特性不同，容量也不同。那些旅游活动人均占地面积大，每次使用时间也长的旅游景区，比之于人均占地少、使用时间短的活动，同样规模的空间容量就小。

旅游景区容量在旅游景区管理中的重要作用有两个，一是保护旅游景区的旅游资源和环境免遭退化和破坏，旅游景区的饱和与超载会使生态遭到损伤，对旅游业的发展造成致命的影响；二是保证旅游者在旅游景区的体验质量。过分拥挤会使旅游者感到压抑、混乱，导致情绪烦躁，从而影响旅游质量。

二、不合理容量产生的消极影响

旅游地域和设施承受的旅游流量或活动量达到其极限容量，称为旅游饱和，一旦超出极限容量，即是旅游超载。当然，在实际管理工作中，旅游景区接待的旅游流量达到其合理容量为饱和，超过合理容量为超载。

旅游景区超载可分为长期的和短期的。长期的超载是指连续性的饱和与超载。短期的又分为周期性的和偶发性的。周期性的超载是季节性的，它源于人类活动的周期性规律和自然气候的周期性变化。例如，海滨旅游胜地总是在夏季人如潮涌，而滑雪胜地则在冬季人满为患。偶发性超载是一定时间发生了偶然事件而引起的，通常是旅游景区在举行大型活动期间或其他事件发生之日。例如，1999 年 4 月 13 日海南建省 11 周年纪念日那天，免费向市民开放公园、景区等游憩场所，海南南山佛教文化苑一天涌来了 1 万人，是平常的

8倍多，过量的游客使景区难以承受，原有的法事无法进行，众多的香客没有足够的空间和清净的心情烧香拜佛，匆匆了事；过多的车辆造成园门口交通堵塞，部分游客缺乏文明意识，园内种植的300棵芒果树和人心果树上的所有果实全部被游客摘走，景区出动100名员工打扫游客乱扔的垃圾，当日运送几十车垃圾出园。旅游景区的资源和设施在利用时切勿超过其容量，否则会对环境和设施产生消极影响。

景区超载对环境和设施的不利影响表现在以下几个方面：

1. 破坏生态平衡

游人的脚踏对于土壤和植物产生一定的影响，例如，野营地在一定的利用量下仍能保持一定的水平，但超过某一使用量后土壤就会受到破坏。在以自然为基础的旅游景区，超载轻则损伤旅游资源，严重的则会造成生态系统失调。游人脚踏对土壤的破坏视土壤种类、岩石风化程度以及气候情况而定。例如，石灰岩土层就容易受到破坏。同样的旅游活动量所产生的对林地的践踏后果比对草地要严重得多。草地上的植物在经受了1 000次践踏之后损坏量约达50%，而同样的践踏量对于林地植物的损害却接近100%。

2. 造成环境污染

在以自然为基础的旅游景区，旅游饱和与超载绝大多数情况下会导致对水体的污染。我国著名的旅游风景区黄山、桂林等地，在旅游旺季因超载导致的水体污染日趋严重。此外，超载使得交通量增大，汽车排出的尾气会造成大气污染。

3. 对文物古迹的损害

超载会加速文物古迹的自然损蚀过程。如超载会影响古代木构建筑的牢固度，壁画雕塑会由于过多的人体呼吸而影响其色彩。游客蜂拥而至常常使他们千里迢迢来观看的奇观遭到破坏。

4. 对设施的影响

超载会给设施增加很大的压力，若不注意使维护设施处于经常戒备状态，会影响游客的生命安全。如登山护栏、缆车、游船和其他游乐设施等，因超载或受到破坏后，也会危及游客的生命。

5. 影响旅游气氛

超载使游客感到拥挤不堪，满耳嘈杂，破坏了旅游地的气氛，不能获得应有的体验质量，造成游客心理上的不适。

6. 严重超量的游客给当地社会带来压力

游客涌满街头给当地居民的日常生活造成了很大的不便，导致反感游客的情绪出现。著名旅游城市法国是世界上深受游客喜爱的旅游目的地，但许多景点出现了游客过剩的情况，拥挤的交通和环境问题使一些地方将游客拒之千里，更加严格地要求限制旅游，存在旅游界人士称为"憎恨游客"的反感情绪。

三、景区容量的测定

1. 旅游景区容量指标

1）单位容量指标

指单位旅游空间或设施容纳旅游活动的能力。这个指标的基点在于有一个同旅游景区承受的旅游活动相对应的适当的基本空间标准，基本空间标准用单位利用者所需占用的空间规模或设施量来表示，即旅游景区某一场所或设施在同一时间中每个游客所必须具备的最小面积或线路长度，例如，海水浴场容量单位为 10 m³/人 或 8 m³/人，登山路长度 3 m/人或 6 m/人。因此，单位容量是基本空间标准的倒数。

旅游景区的基本容量或合理容量，是指旅游景区某一场所或设施允许容纳的游客数量，这种容量要保证旅游活动的"快适性"低于资源保存的"忍耐度"。

旅游景区的合理容量=旅游景区可利用面积/基本空间标准=旅游景区可利用面积×单位容量

这个容量为时点容量，考虑旅游者在旅游景区的周转率，可计算旅游景区的日容量。

旅游景区的日容量=时点容量×周转率

周转率是指旅游景区每日平均接待的游客批数。

周转率=每日可供游览的时间/游客平均逗留时间

基本空间标准的获得，是长期经验积累或专项研究的结果，需要通过对资源承受能力和对旅游者所在场所的拥挤与否和满意程度的多次调查获得。旅游景区的类型和性质不同，基本空间的标准是不同的。由于不同地区的游客对于旅游景区的体验不同，不同地区测得的基本空间标准也不同。

2）生态容量指标

生态容量主要涉及以自然为基础的旅游景区，在生态容量限定范围内的客流量，不会导致生态环境的退化，或在很短的时间内自然生态环境能从已退化的状态恢复原状。

生态容量指在一定时间内旅游地域的自然生态环境不致退化的前提下，旅游场所能容纳的旅游活动量。在自然环境本身的再生能力能很快消除旅游活动对生态的消极影响，或者自然环境对旅游者所产生的污染能完全吸收与净化的情况下，不需要人工处理部分旅游污染物的生态容量的测定公式是：

$$F_0 = \frac{\sum\limits_{i=1}^{n} S_i T_i}{\sum\limits_{i=1}^{n} P_i}$$

式中，F_0——生态容量；

P_i——每位游客一天内产生的第 i 种污染物量；

S_i——自然生态环境净化吸收第 i 种污染物的数量；

T_i——各种污染物的自然净化时间；

n——旅游污染物种类数。

绝大多数旅游地，旅游污染物的产出量都超出了旅游地生态系统的净化与吸收能力，一般都需要对污染物进行人工处理，扩大原有生态环境限制下的旅游接待能力，扩展性的旅游生态测定公式是：

$$F = \frac{\sum_{i=1}^{n} S_i T_i + \sum_{i=1}^{n} Q_i}{\sum_{i=1}^{n} P_i}$$

式中，F——扩展性生态容量；

Q——每天人工处理掉的污染物。

其他符号意义同无须人工处理部分旅游污染物的生态容量测定公式。

总之，容量指标是控制旅游景区客流量的指标，旅游景区的容量指标确定后，可以根据这些指标衡量实际的接待人数，若接待人数超过了管理人员确定的容量指标，就应采取一定的措施控制旅游人数。

2. 影响容量测定的因素

由于旅游景点不同，容量作为一种量化限制因素，受许多因素影响，不易严格科学测定，很难确定统一的标准，合理容量主要取决于旅游景区的类型、地方的环境、社会特征和客源市场等。容量测定可以从以下几个方面考虑：

1）环境因素

主要是能维持生态平衡，防止旅游资源遭到破坏，保持空气、水无污染，环境安静无噪声。

2）游客心理因素

游客对旅游景区的利用形式、体验、习惯等都影响着容量。合理的容量要做到旅游景区视觉效果好，人流适中，不过分拥挤。

3）社会和文化因素

防止文物古迹遭到破坏，不会引起当地社会结构和文化意识急剧改变而产生社会文化冲突。不扰乱当地居民的正常生活。

4）设施因素

指景点景区的游乐、交通、停车场、食宿条件、医疗及其他基础设施等，合理容量不会对基础设施造成过大的压力，交通能维持游客出入平衡，基础设施能满足旅游的需求。

3．不同类型旅游景区容量控制

旅游景区类型不同，容量也不完全相同。容量的控制应根据合理容量标准，将实际接待的游客流量与合理容量进行比较，超过合理容量，就应该采取一定的措施控制游客人数。

合理容量是旅游景区在不损害生态环境和维持良好的旅游气氛的前提下允许容纳的旅游者人数，是接待量控制的限制标准，表征着旅游景区的环境和设施对旅游活动量的限制程度，以及所要保证的旅游者体验的性质和质量。

4．管理旅游景区容量的措施

旅游景点景区必须认识到超载的危害性，应随时掌握旅游景区的客流量，关注可能引起超载的情况发生，设法采取一定的措施将游客流量控制在合理的范围内，避免超载情况的发生。

解决超载的关键在于时间和空间上的分流和疏通。主要措施有：

1）调节价格。根据需求规律，价格与需求的关系成反比，可以利用价格调节时间上和空间上的超载。利用价格调节季节性和偶发性超载，通过制定高峰期较高的价格，达到避免高峰期过量的客流量，把高峰期的客流量控制在饱和点允许的范围内。利用价格进行内部分流，旅游景区的客流量在空间上分布得不平衡，会造成局部的超载，例如，旅游景区的部分地区超载，而其他地方未达到饱和，剩余容量可以满足超载地区超载部分的游客流量，可利用价格进行内部分流，即在超载地区入口地段调高门票价格，限制流量。利用价格进行外部分流，解决整体性超载，具体做法是允许或以立法的形式提高超载的旅游景区的价格，如门票、食宿和交通等费用，直到不再出现整体性超载。还可以降低超载旅游景区周边景点的各种消费价格，将潜在的以超载旅游景区为目的地的游客吸引到未饱和的旅游景区去。

2）限制性措施。在超载的入口地段设置限流措施，游客一旦达到饱和，则应停止进入。当然这个方法容易引起游客的抵触。例如为疏通拥挤旅游景区的交通，可采取限制车辆进入的办法。日本的国家公园一般允许自备车进入，但在高峰期，游客一律换乘公园内部交通车入内，防止拥挤。北京郊区风景游览区，春游旺季和节假日以及观赏香山红叶季节，都由公交点发旅游车证，无车证的不准进入。四川九寨沟风景区在 2000 年国庆节期间，把每天游客数量控制在 1.8 万人以内，其中团队票限制在 1.3 万张。

3）安排旅游线路和时间。旅游者在旅游目的地的活动集中在几个景点景区内，通过合理地安排旅游线路和时间，将游客在旅游目的地内部分流，减轻超载的景点景区的游客压力。对于旅游景区内部的局部性超载，要充分利用旅游景区空间，拉开服务半径，统一调整，合理导向，避免游客过于集中在一个景点上，解决局部的人满为患现象。例如，甘肃敦煌莫高窟是旅游热点，游客要先进入复制的洞窟里听解说，再到实地观赏。这样游客停留在洞窟里的时间会相应缩短。北京故宫博物院在 2000 年国庆期间，将开放的时间从原来的早上 9 点提早到 7 点半。

4）扩大旅游景区的规模。如果旅游景区通过内部分流后仍然超载，而旅游景区仍有扩大的潜力，则可以通过扩建的办法，通过扩大面积，从而扩大容量。例如，上海著名的旅游景区城隍庙终年游客拥挤，不断扩建，面积增加，有效地缓和了游客拥挤的矛盾。

5）向旅游者宣传旅游超载的环境后果，从而影响旅游者选择旅游目的地的决策行为，减轻旅游热点地区的压力。

6）提供信息和设施对环境进行解说，这样既可以增加旅游者对自然和文化的兴趣，也可以增强旅游者对环境保护的意识。

任务四　游客的安全管理

一、景区安全管理的重要性

安全是旅游者在旅游过程中最担心的问题之一，加强游客在旅游景区的安全管理工作，保障旅游者的人身和财产安全，对于维护旅游景区良好的声誉，增强吸引力，有着十分重要的作用。

旅游景点景区的有些项目是带有一定危险性的。如骑马、泛舟、游泳、攀岩、水上降落伞、滑冰、滑雪、滑沙等，一些景点还开发了各种惊险刺激的游乐活动项目，如各种机械游乐项目、索道、漂流、参观野生动物园、蹦极等。若疏于管理，便会使游客的生命受到危害，一旦出现伤害，不仅给游客带来无尽的痛苦，而且也使旅游景区的形象受到影响。大多数受害者的行为都有违背游览规定的地方，如上海野生动物园的老虎伤人事件，一位司机在老虎放养区因故走下车来，被老虎咬断颈动脉。浙江某动物园一位游客将脚伸入斑马笼舍里，被斑马咬断脚趾。河南某动物园一位游客为照相擅自走进动物笼舍，被野驴踢伤。尽管受害者本身有责任，但也反映了景区安全管理方面存在的问题，如果旅游景区加强对游客的安全管理，教育和警示游客安全游览，安全措施得力，就会大大防止这类事件的发生。

加强安全管理有利于提高我国旅游景区的服务质量。旅游景区是否认真替游客着想，制订的各种游客安全旅游的规则和管理人员的安全操作制度，是否为游客提供了安全舒适的旅游环境，反映旅游景区是否为游客提供了优质服务。建立健全各类安全规则和制度，对游客的不良行为进行约束，防范特殊危险的地区或活动项目对游客造成危险，可以防止游客在旅游过程中生命和财产受到伤害和损失，是提高旅游景区服务质量的重要措施。

二、景区安全管理的措施

旅游者在旅游景区的安全隐患存在于两个方面。一方面是游客在参与一些危险性项目时疏忽大意，没有遵守安全规则。例如，旅游者在海滨浴场游泳时游出警戒线以外，或在规定的时间以外游泳，而得不到救护人员的帮助。另一方面是由于旅游景区的道路和设备等维护不当，而给游客带来的伤害。例如，登山护栏松脱、机械游乐设施故障等。因此，针对前一种情况，旅游景区应设立一些标牌和界限，旅游活动不准超越规定的地区。针对后一种情况，应加强设备设施的管理和维护，保证它们处于完好的工作状态。

1. 游客安全游览和活动警示

对于游客不遵守安全规则而引起的安全问题，可以借助于环境解说体系给予警示。注意游客安全管理的旅游景区，常常将游客安全注意事项通过警示牌或其他手段向游客说明。旅游景区的道路设立交通安全标志，危险处设立明显的标志。例如，江阴鹅鼻嘴公园可经过一条又窄又矮的通道去江边看长江风光和江阴长江大桥，在通道的入口和拐弯处均有提醒游人小心慢行的标志。在旅游景区的简介上注明安全注意事项，也不失为一种明智的做法。

2. 减少危险性的活动和项目

一些旅游景区为增加对游客的吸引力，会提供一些刺激性的活动或项目，如与凶猛的野生动物拍照。有的游客对供拍照的动物摆出一副"武松打虎"的姿势，这种让野生老虎明显感到敌意的行为很容易惹怒它们。老虎毕竟是老虎，为防止意外，应严格限制这类活动项目。

3. 保证各类设施处于完好状态

要做好旅游景区内道路的养护工作和设备设施的维修保养工作，对于那些危险景点、危险路段必须设置牢固的护栏或护墙等防护设施，发现问题应及时解决。

4. 严格执行安全管理有关法规

为保证旅游者安全，对于一些危险性的旅游活动，我国颁布了安全管理办法和标准，如《漂流旅游安全管理暂行办法》《游乐园（场）安全和服务质量》等。这些办法与标准，为有危险性项目的旅游景区的安全管理提供了依据。

5. 加强景区的治安管理

景点景区的治安问题比较突出，加强治安管理的目的是防止偷盗、抢劫、凶杀、敲诈、勒索和围堵等不法行为的发生。

三、安全危机事件的处理

旅游景区一旦出现安全事故，应尽快做出合理的处理，将安全事故造成的不利影响减少到最低程度。出现安全事件时，应迅速采取可行性措施，控制事态进一步恶化。如出现受伤事件时，首先应采取紧急救援措施和救护措施，景区应建立安全事故紧急救援组织，配备必要的安全防护救护设施、设备和医疗用品，一旦出现安全事故，可迅速组织救援。对安全事故进行调查，调查是为弄清安全事故发生的时间、地点，发生了什么事件，发生原因是什么等，为妥善处理安全事件提供依据。

做好善后工作，以免安全事件所造成的不利影响扩大化，使旅游景区的形象受到更大的损害。处理安全危机事件的对策是：

（1）对受伤害的游客和家属表示歉意和同情，及时回答和处理提出的问题和合理要求，不要当场追究责任和推卸责任。

（2）对新闻媒体准确、全面公开事实真相，尽量缩小危机影响面。

（3）按规定做好安全事故的上报，如实向上级主管部门汇报事件的全貌、处理对策、方法和进展情况，事件处理后，系统地汇报处理经过、方法和今后预防措施。

（4）热情接待公众的来访和询问，及时解决群众提出的有关问题，而不是有意回避。

（5）对不合格的设备或管理引起的安全问题，要及时采取补救和改善措施，并将改进措施通过媒体让公众知晓，以挽回不利影响。

■ **案例思考**

"步步惊心"项目游客坠落事件

2022年7月23日晚，天津蓟州文旅局通报游客坠亡事故，以下为通报全文：

7月22日14时许，一名游客在游玩九山顶景区"步步惊心"项目时突发身体不适导致昏迷，在工作人员救助过程中坠落，后经抢救无效死亡。事故发生后，我们深感痛心，立即责令九山顶景区妥善处理后续事宜，配合做好事故原因调查。目前，该景区已全面停业整顿，对各类娱乐项目进行全面的安全隐患排查，严防类似情况发生。

天津市蓟州区文化和旅游局

（资料来源：天津通报游客坠亡：游客玩"步步惊心"项目昏迷，景区停业整顿！）

10岁游客腰椎胸椎骨折

同样是2022年7月23日，湖北恩施地心谷景区"步步惊心"项目也发生游客坠落事件。现场视频画面显示，事发时这名游客已经脱离了身上的保护措施，吊桥上有两人尝试营救，但该游客还是从高处坠落。7月23日上午，恩施地心谷景区工作人员回应称确有此事，受伤游客并无大碍，当天已经送医。出事的高空类项目叫"步步惊心"，目前已关停不对游客开放。

23日中午，景区发文通报高空坠桥事件：坠落游客系上海籍10岁儿童，经初步诊断，其腰椎、胸椎骨折，头皮裂伤，暂无生命危险。目前该游乐项目已被责令关停，相关部门正在对事故原因进行调查。

保证游客在旅游过程中的生命和财产安全是旅游景区的重要职责。游客安全管理的任务是建立健全安全管理制度，维护旅游设施，保证功能完好，完善各项安全措施，妥善处理安全事故等。

（资料来源：上海 10 岁男孩玩高空项目坠落，景区通报：腰椎胸椎骨折，无生命危险）

✎ 思考题

1. 分析造成以上两起游客安全事故的原因是什么？
2. 应该如何处理才能将事故带来的负面影响降至最低？

课后思考题

1. 游客行为对旅游景区的负面影响有哪些？
2. 景区超载给景区带来哪些不良影响？如何避免游客超载问题？

✧ 任务训练

旅游景区中，游客常见的不文明行为有哪些？以小组为单位制作完成一个关于倡导游客文明行为的宣传视频。

☑ 数字教材
☑ 政策解读
☑ 企业案例
☑ 视野拓展
扫码查看

项目八　景区的环境管理

- **学习任务**
1. 了解景区环境管理的主要内容；
2. 掌握景区环境保护的措施和方法；
3. 掌握景区绿化养护的内容和方法；
4. 掌握景区环境卫生管理的内容。
- **达成目标**

能够运用景区容量的理论知识指导景区的运营和环境的保护。

☞ **案例导入**

周庄在发展过程中的教训

20世纪80年代陈逸飞的油画《故乡的回忆》让周庄走向世界。其实最先发现周庄的是苏州画家杨明义，20世纪70年代末杨明义在苏博办公桌的玻璃板底下，看到一张很小的照片，照片中正是周庄，于是他从苏州坐着班船来到了周庄，周庄就这样被发现了。周庄60%民居保持着明清时期的建筑风貌，周庄四面环水、陆路交通闭塞，幸运地躲过了大拆大建，留下了一个原汁原味的周庄。1988年周庄成立了江苏第一个乡镇旅游公司，1989年周庄卖出了第一张门票，正式走上了旅游开发之路。

周庄在开发的过程中，走过弯路也付出过代价，为周庄留下遗憾：

（1）水泥桥破坏了天然环境，恢复摆渡难以实现；

（2）古镇兴建商业街，难以吸引城里人；

（3）新建寺庙加古董，破坏湖面好风光；

（4）公路入侵古镇，环保面临危机。

（资料来源：邹统钎，等. 旅游景区开发与经营经典案例[M]. 北京：旅游教育出版社，2010.）

任务一　认识景区环境管理

旅游与环境有着密切的关系，过去人们只看到发展旅游业所带来的经济效益，却忽视发展旅游业给环境带来的消极影响，结果发展旅游业的同时也破坏了旅游赖以生存和发展的环境。

一、影响景区环境的因素

旅游景区常常受到有意或无意的破坏而失去原有的风貌。旅游对环境的消极影响主要表现在对大气、水流、动植物的破坏和干扰，以及对景观视觉环境的破坏等。旅游供给一方对环境的污染和破坏是在旅游景区开发建设和经营过程中发生的，主要是旅游服务设施排放的废气、废水、废渣和布局不当造成的环境污染和视觉影响。旅游需求一方的破坏是在旅游者的流动和暂时逗留过程中发生的，主要表现为拥挤、混乱、践踏、大气污染、噪声污染和视觉污染等。

1. 自然因素破坏

自然因素破坏是指由于风化侵蚀和自然灾害等使旅游景区受到的破坏。自然界的因素有些可以预防，但有些则是人们无法克服的灾难。如火山爆发、地震、台风、龙卷风、干旱、水灾、大面积的沙漠化等无法预防。例如，2017 年 8 月 10 日 15 时许，九寨沟著名的诺日朗瀑布发生垮塌，受地震影响，诺日朗瀑布遭到了破坏，水面宽度减少，上游的植被也被破坏，变得狼狈不堪，昔日壮美的诺日朗瀑布，泥土垮塌，之前的无数涓涓细流变成了一股急流。还有九寨沟的五花海，本来的五花海清澈纯净，像是一面明镜，照出九寨沟的所有色彩。但是受地震的影响，海子里的水变得浑浊。（资料来源：https://new.qq.com/omn/20211012/20211012A006GR00.html）

这些自然因素不仅使旅游景区内的自然景观遭到破坏，而且也会使人为设施受到破坏。只有加强预防以及事后的谨慎处理，才能降低自然因素的破坏程度。

2．人为活动破坏

人为活动破坏是指对旅游景区内的资源不合理利用、疏于管理和旅游者的不文明旅游行为等造成的资源破坏和环境污染。人为活动破坏又可以分为以下几种：

（1）对地理环境不合理利用，主要指滥伐森林、滥垦坡地及不重视水土保持造成水土流失、山崩地滑、森林退化、植被改变、滥捕野生动物、破坏自然生态平衡。在旅游景区的建设中，许多森林被砍伐，例如，无计划地在山上砍伐树木筑路、建造宾馆、修停车场、修娱乐设施等，严重地破坏了森林植被。黄山在修建云谷寺—鹅岭索道中，仅建白鹅岭站房就毁山 7 750 m²，砍伐成材林 48 450 m³，破坏了生态平衡和旅游景观。泰山修索道，把著名景观月观峰的峰面炸掉 1/3，破坏地形及植被面积 1.9 万 m²，大大影响了闻名世界的泰山景观。一些自然保护区和野生动物的栖息地被辟为旅游景区，改变了野生动物赖以生存的环境，使它们失去安身立命之地。对地理环境不合理的利用已引起一系列生态后果。

（2）缺乏对环境保护管理的意识与措施。旅游景区的建设应通过规划，规划时必须首先做好环境评价，坚持旅游景区内各种建筑物与原有环境相配合的原则，对建筑物的质量、造型、色彩等作整体设计，以免施工后造成景物破坏而无法挽回的情况发生。著名的北京八达岭长城由于修建缆车钢架以及在长城脚下建造一些人造景观园，破坏了文化景观的整体和谐。一些旅游部门打着发展当地经济的旗号，受经济利益所驱动，置保护环境的责任于不顾，不经规划，不经文物保护和生态环境部门的同意，盲目地、不加节制地在旅游景区内大搞开发建设，甚至在保护区范围内乱搭乱建，在遗址旁挖井开采地下水，在靠近重点保护区建小煤厂、小灰厂，排出大量烟雾和有害气体，形成酸雨，腐蚀遗址表面。例如，建于北魏时期的大同云冈石窟大佛，109 国道于 1999 年 8 月改道后减少了煤灰对佛像的影响。然而，仅过两个月，众多的运煤车放弃国道不走，却又在旅游专线公路边的河床上开出一条土路行驶，扬起的灰尘比以前更多，使大佛再度蒙灰，这些灰尘对佛像表面有侵蚀作用。

（3）疏于游客管理造成的破坏。旅游者对旅游景区的破坏有两种情况，一是旅游者人数增加，一些旅游景区人满为患，对旅游景区的建筑和自然资源造成有形和无形的破坏。例如，敦煌壁画因进入石窟的人多了，窟内温度升高，二氧化碳升高，使壁画以过去数百倍的速度褪色，声光的作用也使壁画纷纷脱落。山西宁武县的万年冰洞，是我国迄今为止发现的最大冰洞，形成于第四纪冰期，常年保持 –4℃气温，但随着游客的不断增加，洞内温度升高，冰洞内一些造型奇特的自然冰体景观部分开始消融，冰洞顶部出现周长数米的大裂口，有的冰体甚至受到人为破坏，冰洞面临"毁灭"的危险。英国伦敦的坎特伯雷大教堂，由于旅游者络绎不绝，原来五英寸①厚的台阶被磨损得不到一英寸。另一种情况是旅游者不文明行为造成的破坏。例如，不注意森林防火，随意捕捉动物和采集标本等，游客可能干扰动物栖息地，造成生态环境破坏。

（4）环境污染，是指旅游活动不当而造成的湖泊、河川、海洋的水体污染，车辆、游艇等造成的空气和噪声污染，以及各种固体废物，如旅游者环境卫生观念差，乱丢杂物、果皮纸屑、玻璃塑料容器、生活垃圾等造成的地面污染。一些旅游景区原来清净的土地和水源，由于游人进入，到处乱扔纸屑、塑料包装、空瓶等，以及在净水中游泳浴身，造成土壤和水体的污染。江苏周庄古镇由于游客的增多，满载游客的花船络绎不绝，小河的水不再清澈，汽艇穿梭游飞在小河的河道中，排出的废油污染了河水。旅游景区的宾馆、饭店等生活设施经营中排出的废气，机动车驶入旅游区，污染了旅游景区的大气。

二、旅游景区环境管理的内容

旅游景区环境管理的目的是保证为游客提供良好的环境质量。影响环境质量的主要因素包括：空气的质量、水质（饮用和娱乐用水）、环境清洁度、噪声、排水、拥挤度、建筑和景观的美学价值以及环境气氛的舒适度等。旅游景区对于这些问题的管理可以从两个方面着手，一是规划阶段的管理，二是日常的环境维护。规划阶段的管理是在开发一个新的旅游景区或原有景点景区在进行新的项目建设时，要进行认真全面地可行性研究，避免只顾眼前利益，盲目开发的行为，要从长远出发，考虑今后几十年甚至几百年的环境状况。旅游景区环境日常管理的内容涉及环境绿化、建立保护区、环境卫生、游客管理及经营秩序管理等。

1．土地分区使用

将整个旅游景区分成各种功能区区别管理是认识和保护旅游景区环境的基本步骤，是旅游景区旅游资源经营上的重要措施。分区使用，可以将环境整体分成几个部分，分别制定保护方案。例如，可在旅游景区内划分一定的保护区、预留区、禁止开发和粗放使用的地区。在粗放使用地区为便于旅游者观赏景观，允许在旅游景区适当建设道路、步道、风景眺望点和食宿等设施。自然保护区的旅游开发首先要划分出核心部位，对核心部位采取封禁式的保护方法，核心区不开展旅游活动，杜绝人为干扰。有些景点景区的水域划分出"禁游区"，以确保水质不被污染。例如，西班牙为保护海岸线，使海岸线免遭旅游者破坏，自高潮线起向内陆延伸 100 m 地段内建立保护带，在保护带内，禁止建造住宅、非法筑路、

---

① 1 英寸=2.54 cm

滥采沙石、砍伐树木、乱倒赃物及安置广告牌等。在这一带获得建筑许可的只有咖啡馆、饭店和其他有"特殊意义"的建筑。

2．加强旅游景区的绿化工作

环境绿化工作是旅游景区环境管理的重要内容。绿色植物通过光合作用吸收二氧化碳，释放氧气，这对人类社会是极其重要的。绿化工作可以净化空气，美化环境和景观，增进水土保持，保持生态平衡，同时有防风防灾的作用。

3．制定安全防火措施

一些易受破坏的旅游景区必须制定有效的防火措施，包括景点防火设施、防火制度及游客防火注意事项等，尽可能杜绝火灾隐患，将火灾发生的可能性降到最低限度，并在火灾突然出现时，及时采取有效的应变措施。

4．环境污染控制

环境污染控制，是指将噪声污染、水污染、空气污染、辐射、恶臭等各种污染控制在环境标准范围以内的措施，为游客营造一个良好的卫生环境，使游客在愉悦的心情下从事各种旅游活动。例如，设立完善的污水、废弃物的处理设施等，由于植物在解决环境污染问题净化空气中的作用尤为突出，故可运用植物进行控制。

5．维持旅游景区良好的市场秩序

市场秩序是旅游景区环境的重要组成部分。市场秩序混乱有损于旅游景区的形象，也给游客带来很大的不安。市场秩序管理主要包括规范旅游景区各项服务，例如旅游纪念品出售、景点摄影、景点导游等的管理。

6．严格执行各项保护法律和法规

旅游景区环境管理可以依法进行。为使旅游景区内的资源免遭破坏，目前已制定了一些与旅游景区环境保护有关的法律法规，使旅游景区内的资源在相关法规的保护下，得以合理开发和利用，例如《中华人民共和国环境保护法》《中华人民共和国森林法》《中华人民共和国文物保护法》《中华人民共和国野生动物保护法》等。旅游景区应严格执行与其相关的各项环境法律法规，以法律武器打击破坏环境的行为。

三、旅游景区环境管理的重要性和意义

旅游景区往往是观察一个地区风貌的重要窗口。这是因为旅游景区是一个地方自然景观最典型、历史文化最突出之处，游客就是借此了解旅游地自然、历史、文化以及社会经济发展水平的，对旅游者来说旅游景区代表着旅游目的地的形象。旅游景区是人们在紧张忙碌之余放松自己、消除疲劳，从事观光游览与休息的场所。清新的空气，恬静优美的自然生态环境，才能使旅游者精神愉快，达到高层次的精神享受。因此，环境是旅游景区管理中的一个重要的问题，它是衬托和突出景观的重要因素，是旅游景区管理中不容忽视的问题。质量差的环境必然导致景观效果降低，甚至使人失去观赏的兴致。旅游业的发展给

环境带来的问题正引起游客的担忧。如我国著名度假胜地海南大东海、亚龙湾自然环境遭人为破坏,大东海被源源不断流入的污水污染,沿亚龙湾海滩的建筑物与环境不协调,破坏了美丽景色,三亚景区环境的脏、乱、差令游客感到不满,所有这些引发了游客对环境保护的要求。

旅游景区环境质量应高于一般生活与生产环境质量。旅游环境水平首先应以符合一般环境质量标准为最低限度,保证人体健康对环境质量的基本要求。除此之外,还应满足旅游者更高的心理和审美要求。因此,旅游景区不仅要保证空气清新,水体清净,卫生良好等,还应保证风光优美、景观协调和气氛融洽等。一个优美、原始、自然的环境才能有持久的吸引力。

旅游景区的环境、卫生、交通和安全等情况的好坏,直接关系到旅游目的地的旅游服务质量。对旅游景区环境的重视程度和管理水平的高低,体现了管理人员的素质和能力。那些注意环境保护的旅游景区,使景区的美得到了很好的展示,同时也表现了管理人员所具有的良好的职业素质。

良好的环境质量也是旅游景区具有吸引力的重要保证。素以丹山碧水著称的武夷山,被人们称作"未受污染的世界环境保护的典范",是和武夷山坚持把保护风景资源和环境作为首要工作抓紧、抓好、抓实分不开的。

旅游发展是在资源和环境允许的条件下的发展,特别是资源和环境的可持续发展,不能因为追求经济利益而忽视环境效益和社会效益。因此,旅游景区要加强对景观和环境的保护,制定法规和规划,科学开发,依法管理,禁止无规划、无计划、无设计地开发和乱选址、乱建造的建设,保证旅游景区的可持续发展。

任务二　景区环境保护

市场经济在发展过程中,盲目追求经济利益的行为使旅游景区在处理保护与发展的关系中遇到较大的阻力。旅游资源一方面要严格保护,稍一放松,就可能无法收拾;另一方面要适合旅游发展的需要,适应人们生活娱乐形式的转变,保护和发展的矛盾越来越突出。能否保护好环境是关系到旅游景区前途和命运的大事,旅游景区的管理应慎重处理保护和开发利用之间的矛盾,尤其是自然风景和文化古迹为主的旅游景区,应把环境保护当作头等大事,从观念上、认识上、管理手段上、管理人员素质上以及法制上全方位着手,处理好保护与开发的矛盾,使旅游景区自身得以永续发展。

一、强化规划建设中的环境保护意识

旅游景区的规划建设是一个动态的过程。旅游景区建设完成之后并非一劳永逸,经过

一段时间后，需根据市场变化进行新的规划建设。在新的开发建设中，应在保护的前提下，尽最大努力防止对资源的破坏。例如，青岛崂山风景区在索道的规划建设中，慎重选线，避开主要景点，防止破坏沿线的景物、景点和植被。

在旅游景区开发建设中，建立环境影响评估制度，可以使旅游对环境的消极影响控制建立在科学的预测和评价基础上。尽管旅游对环境影响的因素比较复杂，而且因旅游景区的类型不同、范围不同、性质不同而不同，所有这些都增加了环境质量评估的难度。但是，这项工作是必需的，否则，控制旅游对环境的影响便缺乏科学的依据。

旅游景区各个项目的建设要严格按照规划进行，遵循建筑风格与周围景物相协调的原则，严格控制建筑物的规模、体量、高度、造型和色彩。建立以环境保护为根本的旅游设施建设标准，以保证环境质量。例如美国国家公园内不建别墅区，不建游乐场，不建人造景点，不建高层、大体量、豪华的大型宾馆、餐馆，不设高大门楼，在入口处只设简单标记，售票亭也是小亭，园林绿化设计采用自然式，不用整形水池和喷泉，不用花坛绿篱，建筑自然粗犷，与自然协调。为保证旅游景区的自然环境，设施建设的标准应周密设计。设施建设要考虑的标准有：建筑面积和密度，为维护景观的美感，建筑物与自然和人文景观应保持距离、建筑高度和风格等。严禁破坏景观、污染环境、妨碍游览的建设，对已经建成的设施，如果破坏了环境，则毫不留情地予以拆除。例如，武夷山为申报"世界遗产名录"，拆除了坐落在武夷山风景区核心地带的三星级酒店九曲大酒店。申报要求，申报范围内不允许存在有碍观瞻、影响景观、有城市化倾向的建筑物和构建物。九曲大酒店坐落于九曲溪五曲溪畔，地处旅游景区的核心地带，影响景区的原始自然风貌和环保，武夷山市委、市政府决定予以拆除。

减少使用污染的能源。为了减少污染，旅游景区可以使用没有污染的能源。例如，黄山风景区用电能代替了煤炭、柴油、石油液化气，杜绝了空气污染源。北京长河的游艇，使用无污染的电瓶，使河流保持清洁。

二、加强环境保护工作的组织建设和制度建设

搞好旅游景区环境保护工作，旅游景区必须有一个良好的管理体制和一套完备有效的管理手段，必须建立健全保护工作的组织和制度。新西兰堪称旅游与环境协调发展的典范，针对自然资源的保护，设有自然资源保护部、区域保护办公室和景区保护中心三级保护体系。各区域保护办公室和各保护中心都设有完善的通信、资料和电教设施。旅游者到风景区，必须先看录像、图片和沙盘等，增强风景区环境保护意识。青岛崂山风景区为加强旅游景区环境的保护管理，在景区管委会下设风景保护处，统一负责风景名胜资源的保护工作。在有关游览区设置检查站，配备专职的检查人员，同时崂山林场设有林政科和森保科及林业公安派出所，负责崂山森林资源的保护管理。为保护景点景区的古树名木，成立古树名木保护联岗小组，划分了管护区域范围，并与保护单位签订协议书，聘请园林专

家对景点景区的古树名木进行调查、登记、建档，设置专门的防护石围栏。对于处在游人集中区地域的树木围捆树干，防止人为地损伤。在防火组织的建设上，崂山建立了防火专业队、突击队、预备队，组成了以管理处牵头，公安、联防以及驻景区各单位参与的护林防火联防网络，完善了防火责任制。

三、采用适当的经济措施加强对环境的保护

采用经济措施加强对环境的保护，需要对旅游景区的资源价值有正确的认识。传统的经济学理论中认为未经人类劳动的资源是无价的或低价的，旅游开发基本上是无偿提供开发。那种产品高价、资源低价的经济价值体系，导致了旅游资源的掠夺性开发，损害了资源的长远利益。从环境保护的角度出发，旅游资源不再被看作是无价的和低价的，旅游景区资源的开发必须付出一定的代价。经济的措施对经营者来说，一是在旅游开发时必须进行环境投资；二是征收旅游排污费和资源税。这样做，一方面可以为环境保护提供资金来源，另一方面也使旅游经营者合理利用旅游资源，重视旅游景区的环境保护。例如，青岛崂山为控制滥采砂石现象，对景区内在建工程实行了收取自然风貌维护抵押金的办法，收到良好的效果。

四、防火管理

火灾是保护旅游景区森林植被和文物古迹的大敌。要保护好风景区的植被，必须把防止发生森林火灾放在管理工作的首位。我国的旅游景区内古建筑极其丰富，且大多数为木结构，防火工作绝不可掉以轻心。在旅游区内，往往会因游人乱丢一个烟头而引起火灾，造成植物景观的严重破坏。北京的香山、八大处等公园，曾几次因游人乱丢烟头而起火，由于及时发现而未酿成重大灾难。

防火管理的措施主要有：

建立健全消防设施。大的旅游景区应设置消防中心或救护中心，配备消防车，防止意外火灾。规模小的旅游景区，应有足够的消防器材，并保证这些器材处于良好的状态，随时能够使用。

对旅游景区工作人员加强消防培训。旅游景区的工作人员应接受救护和消防的专门训练，最好能在一定的间隔时间内进行演习，以免救护时不知所措。

加强对游客的警示。特别需要注意防火的旅游景区，应采取各种方法给游客以醒目的防火警示。例如，湖南武陵源风景名胜区在发售门票的同时给游客一张副票，正中用大号红字提醒人们注意这里是"特级防火区"，并说明火源的危害性。

五、对环境易受破坏的区域进行专项保护

旅游景区必须采取切实有力的技术对环境进行保护，大力推广和普及节约能源、节约

资源的先进技术，提高能源、资源利用率，减少污染和破坏。如山西宁武县万年冰洞是我国迄今为止发现的最大冰洞，随着游客的增加和气温的升高，洞内一些自然造型的冰体景观开始部分消融。为防止冰洞面临毁灭的危险，山西省有关部门建议在洞口安装大型制冷设备，向洞内输送冷气，来抵消游人散发的热量；入洞游览者要求穿棉衣，在洞内不准照相，不准吸烟，不准破坏冰体，对入洞者实行实时定量控制，避免造成洞内温度骤增。

六、加强环境保护宣传

在我国，一些著名的风景区历来十分重视环境保护工作。广东历史文化名城肇庆的星湖风景名胜区江峡平湖、山岩峭壁、摩崖石刻、古刹古塔保护完好，与其对环境保护的宣传是分不开的。在众多的摩崖石刻中，有一则古代的石刻"泽梁无禁，岩石勿伐"，就对星湖环境的保护起了重要作用。环境保护宣传是利用一定的媒介向公众传播环境保护的重要性，时下在旅游景区流行的话语："除了脚印，什么也别留下。除了摄影，什么也别索取。"就是针对环境保护、减少污染和资源破坏而提出的。可以利用旅游景区的环境解说系统，增加环境保护方面的内容。

七、增加与环境保护有关的活动项目

旅游景区为增加吸引力常常会开展一些有游客参与的活动，为加强环境保护，可以增加与环境保护有关的内容。如植树活动，开展与旅游景区有关的知识竞赛等，提高游客在旅游活动过程中的环境保护意识。

八、建立健全环境保护管理的条例、法规和办法

旅游景区的环境保护问题可通过立法来明确。旅游景区应结合自己的实际发布有关本景区的环境保护条例，为环境保护提供管理方面的依据。旅游景区环境保护管理的条例和办法，可以以具体的景点景区为单位，针对具体的环境保护问题制定，例如，青岛崂山风景区制定发布了《关于严禁在崂山风景区违章开采砂石的通告》《崂山古树名木保护管理实施办法》《加强森林防火工作实施意见》等，从而保证了环境保护工作的顺利开展。也可以从宏观上针对某一地区的景点景区制定，如历史文化名城绍兴下发《关于加强风景旅游区环境保护工作的意见》。

■ 案例思考

"天空之境"变成垃圾场，景区污染亟待解决

盐湖常年有很浅的积水，水面平整，湖的面积也足够大，使得光线充足的情况下可以很轻易地出现反射效果。由于盐滩上所呈现的天空与地面融为一体的画面太过梦幻，所以称为"天空之镜"。中国的茶卡盐湖便是这样的一个人间仙境。

暑假期间，青海乌兰县的"天空之镜"茶卡盐湖正值旅游旺季，但是迎来大批游客后，该地却变成了"巨大的垃圾场"。湖面走廊上的游客无视垃圾桶，将穿过的鞋套遍地乱扔。据景区环卫工人介绍，为收捡这些垃圾，他们每天要工作 13 个小时。工作人员也表示，现在的工作时间都是从早上 7 点半到晚上 8 点半，即便如此，还是不能及时地处理每一处垃圾。

因为暑假的到来，全国各景点客流量暴增，在抖音上爆红的"天空之镜"也成为诸多游客的打卡地点。数以万计的游客踩在盐湖上，湖面上原有晶体已经不见，湖底的淤泥被带出，再加上天气的缘故，湖水干旱，"天空之镜"几乎遭到了毁灭性的破坏。

随着茶卡盐湖的名气越来越大，环境被破坏的问题越来越严重。景区于 2017 年 11 月 1 日开始不得不闭园改造，直到 2018 年 4 月 26 日才正式重新开园。

（资料来源：新浪网（2018080）[2020-3-20] http://ksina.comcn/article_3363163410_c875cd1202000cpg0.html）

✍ 思考题

茶卡盐湖的环境遭到破坏的主要原因是什么？可以采取哪些措施对其环境进行保护？

任务三　景区绿化养护

一、绿化养护管理的目的

绿化养护管理是自然环境保护的重要措施，其目的在于保障绿色植物的生存能力，使各种生物资源的开发利用永续不断。

植物在旅游景区的功能是多方面的，除用来装饰供观赏以外，还有许多功能性用途，例如，遮阴、挡光、缓和太阳辐射；提高相对湿度，减低风速，调节地域气候；减弱噪声，吸收有害气体；防止空气污染，防止水土流失等。植被保护得好，树木花草郁郁葱葱，使人倍感生机勃勃。

旅游景区，尤其是风景区绿化，不仅要满足观赏的需要，而且要从生态学的观点出发，立足于对环境方面的长期影响，表现为功能上全面、经济上合理和生态上稳定，讲究长期的环境效益、经济效益和社会效益。因此，要加强绿化工作，提高业务技术水平，建立健全各种规章制度和责任制，提高旅游景区的绿化养护和管理水平。

二、绿化养护的内容

中耕除草。中耕除草是指疏松土壤，除去与树木争肥争水且有碍观瞻的杂草，目的是保墒、通气、调节土温，促进土壤养分分解，便于树木根系生长。中耕时不可损伤树木根系、树皮和枝条，树下的草皮也不宜除去，以覆盖裸露地面。

灌溉。树木生长需要足够的水分，自然水分不足的地方要进行灌溉，干旱季节对树干和树冠进行喷雾，以维持树木的生命。

施肥。肥料是植物的粮食。为了使树木生长茂盛，开花则花团锦簇，结果则果实累累，必须根据树木的特性选择合适的肥料施肥。化肥与有机肥交替使用，名贵树木可适当采用微量元素。

修剪与整形。修剪与整形能使树木生长健壮，花艳叶茂，树冠整齐美观，提高观赏的艺术效果，还能改善通风透光条件，减少病虫害。修剪有自然形树冠修剪和规则形树冠修剪，前者保留树冠的原有自然形态，后者则按人们的立意剪成各种立体几何形状。旅游景区树木的整形尤为重要，应根据树木习性和观赏需要修剪成特定的形状，强化旅游景区的美学效果。

疏伐。当林木的郁闭度超过一定的标准时就要进行疏伐。疏伐前要先标号，保留观赏价值高、材质好、姿态好、生长好的树木，伐除生长不良、病虫株、腐木及无观赏意义的树木，以保证林木健康茁壮成长。

防寒与防风。对那些耐寒能力低、易倒伏的树木，防寒防风十分重要。防寒的措施有培土、铺草、卷干、扫除枝叶积雪等。防风措施有立支柱、扶正吹斜的树木、修剪删枝等。

防止病虫害。防止病虫害要贯彻"防重于治"的方针和"综合防治"的原则，控制病虫害的发生，以免树木花草衰败，有碍观瞻。绿化养护工作要掌握病虫害的发生规律，及时施药，减少病虫源。一旦遭到病虫危害，应迅速组织防治或救灾。

三、绿化养护管理

旅游景区内的植物应妥善保护。植物可以维持生态平衡、改善环境、美化景点景区，所有树木都要加以保护。任何个人和单位都不能毁损花木，都应该制止不利于植物正常生长的行为，如倾倒污物，堆置物品，挖沙采石，割草取土，放牧开垦。对于那些稀有的、名贵的、具有历史价值和纪念意义的古树名木，要建立档案和标志，进行重点保护，严禁砍伐和破坏。此外，还可采取必要的技术性措施保护树木，如黄山为保护树木，用竹条给路旁的树干围成护裙。

任务四　景区环境卫生管理

一、景区环境卫生管理的必要性

环境卫生管理是旅游景区管理中的重要问题，但在旅游景区管理中往往被轻视。我国有的旅游景区，由于游客的卫生观念差，乱丢垃圾废物，而景区又不严加管理，破坏了环境的美观效果。一些文物展览类的旅游景区，房梁上满是尘土，珍贵文物身上蒙上厚厚的灰尘，玻璃罩上有明显的手印和油渍，作衬垫用的布也已掉了颜色，影响欣赏效果。旅游景区是天天让人看，专门供人欣赏的，环境卫生就好比景点景区的"脸面"，必须保持清洁和美观，否则，再美丽的景区也是丑陋的。

我国一些旅游景区存在着严重的环境卫生问题。景点景区的公共厕所"脏、乱、差、少"的问题也十分严重，并在很长一段时间是中外游客投诉的焦点。旅游景区的垃圾、污水等不适当存放、排放和处理，污染环境，损害人体健康。无机固体废物会因化学反应而产生二氧化硫等有害气体，有机固体废物也会因发酵而释放有毒有害气体，固体废物还会寄生或滋生各种有害生物，如鼠、蚊和苍蝇等，导致病菌传播，引起疾病，直接对人体健康造成危害。因此，为了保证游客的健康安全，旅游景区必须妥善处理垃圾废物，保证旅游景区参观游览区及生活设施清洁卫生，防止因卫生问题给旅游者带来伤害。

二、旅游景区环境卫生管理的措施

1. 严格遵守执行卫生方面的法律法规

许多法律法规涉及环境卫生，例如，《风景名胜区管理暂行条例实施办法》中明确规定，风景名胜区要妥善处理生活污水、垃圾，不断改善环境卫生，加强监督和检查，严禁随意排泄或倾倒。

2. 制定有力的适合本景点景区的环境卫生管理制度

许多管理好的旅游景区都有自己独特的环境卫生管理制度。例如，苏州虎丘风景区实行了全日跟踪保洁的动态管理，制订了清洁班提前一小时上岗制度、三全保洁制度和分片包干负责制度等，使虎丘的环境卫生走上了有效管理、长效管理的轨道。青岛崂山风景区在环境卫生管理中，推出了"全日制保洁"和"半小时保洁"法，做到层层有人管，处处有人抓，推动了景区环境卫生管理工作的逐步提高。陕西华山风景区全面推行5分钟保洁制度，即每个保洁员管理的卫生地段内，游客遗弃在地上的废物不得超过5分钟。卫生人员每人一套洁具，以捡拾为主，清扫为辅，优化旅游环境。深圳锦绣中华主题公园甚至推行跟踪保洁法，游人在前丢下一个烟头，服务人员就跟在后面捡起，游人在前面吐一口痰，服务人员就跟上来将其擦干净，坚决消除不卫生现象。广东河源市万绿湖风景区，导游小姐身背"环保袋"，一边督促游客注意保护环境，一边将游客手中的纸盒、塑料瓶等垃圾收集起来，将环境卫生的责任推广到清洁卫生队以外，保证了对不卫生现象的及时处理。

3. 加强环境卫生硬件设施的建设

旅游景区应有足够的与游客容量及场地规模相适应的环境卫生设施，包括厕所和废物箱的建设。没有废物箱、垃圾箱或果壳箱之类的设施，游客的果皮纸屑只好随处乱扔，游人找不到厕所，只好在不方便的地方"方便"，那些没有这类设施的旅游景区往往塑料袋、易拉罐随处都是，散发着腐烂发臭的气味。而那些设置了垃圾设施的旅游景区，反映了环境卫生方面的良好管理。安徽黄山风景名胜区沿途设置了用石头围成的垃圾池，取得了良好的环境效果。陕西华山营业摊点每户一个卫生桶，杜绝乱倒垃圾、污水和废渣的现象，旅游线路每 50 m 设一个垃圾池，方便游客丢杂物。旅游景区的垃圾箱和厕所的设计也很重要，设计得好则可以成为环境的一种点缀。湖南张家界国家森林公园的垃圾箱设计巧妙，以山石设计，宛如树桩，与环境景观十分协调，颇得游客的赞赏。

4. 开展环境卫生达标活动，推动旅游景区的环境卫生管理

通过开展环境卫生整治活动，使我国一批旅游景区获得"全国环境卫生管理达标风景区"，从而赋予这些旅游景区良好的环境形象，赢得人们的赞赏。

5. 提倡游客参与保护环境卫生活动

浙江江郎山旅游风景区开展丰富多彩的生态环境旅游活动，游客在山上捡垃圾装塑料袋里，可以领取一份纪念品。无独有偶，贵州某风景区推出带回垃圾换奖品的活动，游客从山上带下 1 kg 垃圾，可换回一盒牙膏、一条毛巾或一块香皂之类的生活用品，多带多奖，许多游客自觉地把喝空的易拉罐、果皮、食品包装袋等带下山。这种做法的意义在于唤醒游人自觉自律意识和环保意识。

课后思考题

1. 如何认识景区的环境保护和景区的开发运营之间的关系？
2. 如何对旅游景区进行保护性地开发？

二维码：《旅游厕所质量
等级的划分与评定》
（GB/T 18973—2016）

◇ 任务训练

以小组为单位，到本地的旅游景区调研，针对景区内的绿化以照片或者视频的形式展示交流。

项目九　景区的营销管理

- **学习任务**
1．认识景区的营销管理；
2．掌握旅游景区的 STP 营销；
3．掌握旅游景区营销组合的运用。
- **达成目标**
能够针对具体景区进行市场分析，确定目标市场，并且针对目标市场制定营销方案。

☞ **案例导入**

峨眉山的营销推广

旅游景区的营销和推广是景区进入经营阶段后非常重要的工作内容和环节。大部分经营管理者对这个环节都比较重视，毕竟它的成败直接关系到景区的经济效益和社会效益。为此，许多景区管理者不惜血本构建营销机构和拓展推广渠道，加大宣传力度。峨眉山的推广在全国都是比较优秀的。

——利用一切机会争创全国第一，如评级、评优、创优，不管是集体还是个人在国家旅游局的各类评优中几乎都少不了峨眉山的份，形成长期的、全国性的行业良好口碑。口碑传播是产品推广方式中最经济、最有效、最高境界的传播方式。

——始终保持景区的变化性、高品质性。这点和景区的决策层性格有关系。虽然是政府管理体制下的景区，峨眉山在专业运作上一点不逊色企业性经营景区。由于产品在优化，给营销推广机构的内容就丰富，对外形象也是越来越好。

——营销渠道、媒介关系的丰富性、稳定性。峨眉山在国内的办事处有好几个，有专门的营销推广机构、人员，同时和国内外媒体保持着良好的沟通关系。有许多信息是媒介机构主动来推广的。在渠道上既重视传统媒体，又重视新型媒体，非常重视网络营销推广，可以花 100 万元做一个景区网站，这是需要魄力的，而且在近年开始网络直播的形式推广景区。对于会议、论坛方式的推广也重视，每一次会议就是一次对峨眉山最有说服力的推广。这和"九寨天堂"一样，重视重大会议、论坛的承办、承接。

［资料来源：搜狐网 景区营销的几个经典案例_推广（sohu.com）］

任务一　认识景区营销管理

一、旅游市场

市场最早是指买主和卖主聚集在一起进行交换的场所，它体现商品买卖双方和中间商之间的关系。经济学家用市场一词泛指特定产品或某类产品进行交易的卖主和买主的集合。著名市场学家菲利普·科特勒从买方角度定义市场，认为"一个市场是由那些具有特定的需要和欲望，而且愿意并能够通过交换来满足这种需要或欲望的全部潜在顾客所构成"。

旅游市场有广义和狭义之分。广义的旅游市场是指旅游经营者和旅游者围绕旅游产品的交换所产生的各种经济现象和经济关系的总和。广义旅游市场的构成要素包括旅游消费者、旅游经营者、旅游产品。广义旅游市场的功能包括：旅游产品的交换功能（衔接旅游需求与旅游供给）、旅游资源的配置功能（促进食、住、行、游、购、娱六大要素按比例发展）、旅游信息的传递功能和旅游经济的调节功能（通过价格、竞争、供求等市场机制调节旅游供给和需求）。狭义的旅游市场是指一定时期某一地区的旅游产品的现实购买者和潜在购买者，由不同地域、国家、阶层、年龄、职业的游客构成。

二、市场营销

市场营销是指与市场有关的人类活动，也就是以满足人类各种需要和欲望为目的，通过市场变潜在交换为现实交换的活动。"市场营销"的概念具体归纳为下列几点，第一，市场营销的最终目标是"满足组织或个人的需求"。第二，"交换"是核心。没有交换过程，就无法满足组织或个人的需求。交换是主动、积极地寻找机会。

三、景区市场营销的特点

在旅游业中，旅游景区作为游览场所经营部门，它的经营管理与其他旅游部门（如住宿接待部门、交通运输部门以及旅行业务组织部门等）存在很大差异，因而旅游景区营销带有自身的独特性，主要表现在：

1. 功能的综合性

旅游景区的空间范围往往较大，产品和服务内容繁多，具体表现在以下几个方面：导游服务、食宿服务、购物服务、其他服务（娱乐休闲服务、停车服务、安全服务及区内交通服务等）。

2. 外向性

旅游景区完全靠客源生存，在旅游景点数目不断增加、经营旅游景区难度日益加大的情况下，营销工作相当重要，旅游景区的经营者在竞争加剧的环境中，必须随时关注外部市场竞争状况的发展，始终瞄准市场，熟悉并了解旅游者口味，在旅游景区营销的方式、手段、观念乃至组织形式上必须灵活科学，旅游景区营销负责人应具备全面的知识。

3. 超前性

经营者要充分了解市场需求的动向，及时更新旅游景区的服务项目，紧跟市场，快速调整经营方向。旅游者需求层次的不断提高，要求更高质量的旅游景区，景区营销应具有超前意识，能有效满足旅游者观赏品位上升的需求。

四、景区市场营销管理的任务

旅游景区所面临的客源市场的需求状况不一，可能存在表 9-1 所列的 8 种情况，营销管理就是针对这些不同的需求提出不同的任务。营销管理实质上就是需求管理；营销管理的任务是以帮助企业达到自己目标的方式来影响需求的水平、时机和构成。根据八种不同的需求状态，制定不同的营销管理任务。

表 9-1　不同需求状态下的营销管理任务

需求状态	营销管理任务	专业名词
1 负需求	开导需求	扭转型营销
2 无需求	创造需求	刺激性营销
3 潜在需求	开发需求	开发性营销
4 下降需求	再创造需求	再营销
5 不规则需求	平衡需求	同步营销
6 充分需求	维持需求	维持性营销
7 超饱和需求	降低需求	低营销
8 不健康需求	破坏需求	反营销

1. 开导需求

旅游者可能对旅游景区提供的服务项目或活动丝毫不感兴趣甚至回避，针对这种负需求，旅游景区的营销工作就是开导需求。营销者的任务是分析旅游者对景点景区不感兴趣的原因，考虑能否通过景点景区重新设计、降低门票价格和加强推销等营销方案来改变旅游者的信念和态度。

2. 创造需求

当市场处于无需求状态，旅游景区营销的主要工作是进行刺激性营销，以创造需求。旅游景区新推出几项娱乐项目、增设服务功能或联票优惠措施，许多游客因不了解这些而处于无需求状态。产生无需求的原因很多，还可能由于旅游景区游玩内容陈旧或与其他旅游景区内容雷同、交通不便，或是辅助设施缺乏等。分析这些原因，制订适当的营销策略，设法使旅游者产生需求是十分重要的。

3. 开发需求

市场潜在游客对旅游景区所提供的内容，虽然具有心理上的需求，但并不真正购买，这种情况便是潜在需求。游客对门票价格适中、交通便利、经营项目灵活多样，内容富有特色、新鲜又奇特的旅游景区有强烈的潜在需求。营销人员应努力开发潜在游客的需求，并开发潜在游客的游览兴趣，以满足潜在游客的需要。

4. 再创造需求

当游客对旅游景区不像过去那样抱有强烈的兴趣时，若不及时采取一定措施，需求便会持续下降，这种需求状态便是下降性需求。需求下降的原因可能是：景点景区产品内容处于生命周期的衰退阶段、旅游者需求发生变化、经营同类景点景区的竞争者增多、某些不可控因素引起（如地震、洪灾、政治动乱和经济危机等）。面对需求下降状态，营销人员应采取再营销策略来扭转此趋势。如我国许多人造景点景区内容雷同，这类景点的需求下降，主要是因重复建设致使竞争加剧而引起的。针对这种情况，可以通过降价、开拓新市场、景点景区内容更新等措施应对竞争，从而创造良好的需求水平。

5. 平衡需求

旅游者对旅游景区的需求会随时间、季节的不同而发生变化，这种时间和季节性造成了旅游市场的不规则需求。不规则需求会引发一系列经营管理及经济、社会问题，不利于旅游企业开展正常经营活动。对此，营销人员的工作是平衡需求，即通过灵活定价、淡季促销等措施来平稳需求，使旅游景区的供求达到相对平衡，避免经济损失。

6. 维持需求

当旅游景区经营者对其业务量感到满意时，即达到了充分需求。这时旅游景区的客流量与景点景区的供给能力持平，经营处于最佳状态，这种需求状态又称饱和性需求。营销人员应采取维持性营销来维持这一最佳需求状态。

7. 降低需求

市场需求过于强烈，超过供给能力，则处于超饱和需求状态。在这种状态下，旅游景区如果超量接待游客，一方面人满为患会带来旅游景区的环境污染、空气污染和噪声污染，另一方面也会使旅游资源遭受一定程度的破坏。结果使旅游者游兴大减。旅游者的需求因此往往不能很好地满足，同样会影响旅游景区未来的经营。因此这种状况下的旅游景区经营者应采取低营销策略，可以通过提高价格、减少广告宣传投入、削减销售渠道等措施来减少顾客的需求。

8. 破坏需求

有些产品的市场需求，从消费者、供应者的立场来看，对于社会有不良影响，这种需求称作有害需求或不健康需求。对这种需求，必须采取反营销措施，来降低甚至去消除这种需求。如旅游景区内不准提供宣传迷信的旅游项目，以免毒害旅游者。这种措施可以称作反营销，目的在于破坏此类不健康需求。

五、旅游景区营销程序

旅游景区营销是一项长期而又复杂的工作。营销管理程序具有连贯性、整体性和程序性。旅游业经营管理的实践中，营销有一系列的策略和方法，这些策略和方法在营销管理程序之中得到具体体现。一般来说，旅游景区营销管理程序主要为三个环节：市场分析，目标市场的选择，营销方案的制定。

任务二　旅游者行为分析

一、旅游者活动行为的层次

旅游者活动行为层次从低到高可依次分为基本层次、提高层次、专门层次和最高层次四个层次。每个层次均有不同的行为特点，了解不同层次的行为特点，对于制定旅游景区营销策略十分重要。

基本层次：这一层次的行为特点为观光游览或景观游览。这类行为层次内容包括自然旅游景点和人造（或人文）旅游景点，能使人增长见识、丰富阅历、陶冶情操，旅游者可以获得美的享受。

提高层次：其行为特点为娱乐、休闲和购物。旅游者出于调整精神、放松心情或转移注意力等目的而参加户外旅游活动（如划船、游泳、爬山、滑冰、垂钓等）和室内活动（如舞会、音乐会、影剧院、棋牌室、茶室、咖啡厅、酒吧、保龄球馆等活动场所），这一行为层次的活动内容能丰富、提高旅游者的精神生活。同样旅游者在景点景区购买、欣赏有浓郁地方特色和民族风格的旅游纪念品、工艺品和日用品，也能满足精神需求。

专门层次：其行为特点体现在满足个人兴趣，完成团体或组织任务，主要有差旅型旅游者和家庭及个人事务型旅游者两类，活动内容包括度假旅游、疗养旅游、会议旅游、考古旅游、宗教朝拜、商务旅游、教育旅游等特殊旅游活动。专门层次行为具有对旅游目的地较强的选择性、需要特殊服务、旅游花费大等特征。

最高层次：当旅游者通过丰富多彩的旅游活动，使其从悦目、悦身、悦心达到悦志的高境界，这也就是超脱意识境界的旅游。

二、旅游者活动行为的动力

旅游者活动行为的动力由内动力、外动力和中间条件三部分构成。内动力即旅游动机，是指促使一个人有意于旅游以及到何处去、作何种旅游的内在驱动力。一个人的行为动机总是为满足自己的某种需要而产生的。那么旅游动机的产生是为了满足哪些需要呢？实际上，根据大众旅游的发展实践，人们出游的动机主要有探新求异的需要和逃避紧张现实的需要这两类，而从本质上讲这两类需要都属于人的精神需要。满足精神上的需要是指旅游者活动行为的内动力。外动力即旅游景区与客源地的空间相互作用。自然旅游景区和人文旅游景区都具有明显的地域差异，于是在旅游景区与旅游者之间形成地域间的一种梯度力，那些具有"内动力"的旅游者，就会从客源地去往他们需要去的旅游景区，同时伴随着物质和货币的空间转移，从而构成客源市场与旅游目的地之间空间的相互作用。中间条件即决定个人旅游需求的一些客观因素，如足够的可随意支配收入、足够的闲暇时间以及其他社会经济因素和个人因素等。中间条件也是促进旅游者旅游行为必不可少的条件。

三、旅游者决策行为的类型

将旅游者视为决策者有利于我们理解旅游者消费行为。旅游者决策行为是一种复杂的行为，它不仅涉及一系列心理活动过程，还与众多的社会因素相关。了解旅游者决策行为类型和过程对旅游景点景区经营者研究如何吸引和招来旅游者有重要帮助。

旅游者决策行为类型：个体旅游者往往按三种方式做出旅游决定，即规范性决策、重大性决策和瞬时性决策。一般来说，人们的旅游决定常出现在规范性决策和重大性决策之间（表9-2）。

表 9-2 规范性决策与重大性决策的连续统一关系

项目	规范性决策	重大性决策
对供选决策方案的认知程度	深	浅
对决策信息的需求	低	高
决策所需时间	短	长

规范性决策指旅游者常依据自己已有的知识和经验进行旅游决定，对企图影响其做出旅游决定的信息会无动于衷。这种决定是不假思索迅速做出的，似乎已成为一种习惯和常规。对旅游景区来讲，总希望通过影响旅游者使其对旅游服务做出规范性的选择。在人们做出这种决定以前，旅游景区营销人员向他们提供足够的旅游景区信息，才能有效地影响他们做出的决定。花费相当多的时间和精力去收集有关旅游信息资料和考虑各种备选方案，属于重大型旅游决策，这时旅游信息资料如果易被旅游者获取就会引起其高度重视。瞬时性决策是指事先并未经过认真考虑就立即做出的决定，它常由新鲜的广告和奇特的刺激物诱发。为有效地诱发人们做出瞬时性旅游决策，景点景区营销人员应在人群密集的商业区、街道、交通场所及各种媒介广为散布旅游信息，采用多种方式向人们宣传新奇的旅游方式和活动项目。

四、旅游市场调查与预测

1. 旅游市场调查的内容

旅游市场的调查既包括宏观的政治、经济、科技、文化环境，还包括买方市场即旅游消费者市场的基本特征，包括消费者的基本人口学特征（如性别、年龄、受教育程度、职业、收入水平等）、消费总支出、消费结构、消费频次、停留时间、游客满意度等方面的内容。

2. 调查的方法

编写和实施营销调查计划中，要注意根据调查的目的和具体的研究目标，采用适当的调查方法，以获取完整可靠的信息。

1）文献调查法

它是通过搜集景区内部和外部各种现有信息数据，从中摘取与此次市场调查主题有关的内容，进行分析研究的一种调查方法。

2）实地调查法

实地调查法是在周密的调查设计和组织下，由调查人员直接向被调查者搜集原始资料（第一手资料）的一种调查方法，主要有询问法、观察法和实验法。询问法是把研究人员事先拟定的调查项目或问题以某种方式向被调查者提出，请求给予答复，由此获取被调查者或消费者的动机、意向、态度等方面的信息的调查方法。观察法是由调查人员直接或通过仪器在现场观察调查对象的行为动态并加以记录而获取信息的一种方法。观察记录的内容主要是消费者数量、类型及其活动类型，活动发生的时间、地点、频率和持续时间等。实验法来源于自然科学研究的实证法，是指把实验对象置于特定的控制环境下，通过控制外来变量并测量变量变化对实验结果的影响，来发现变量间的因果关系，以获取特定信息的调查方式。

3. 调查问卷的设计

询问法是搜集第一手资料的主要方法之一，而问卷是询问调查最常用的工具，了解并掌握问卷的制作是市场调查人员的基本功，也是市场营销人员的一项重要技能。

1）问卷的基本结构

问卷的标题，如"景区游客满意度调查"。

问卷说明，说明调查的目的意义、填表的方法和要求等。

被调查者的基本情况，如性别、年龄、民族、受教育程度、职业、收入水平等主要特征。

问题，问卷的主体和核心部分。

编码，以便分类整理和统计分析。

2）问题的基本类型

问题的编写关系到调查所获得的信息的数量和质量，主要包括开放式问题和封闭式问题两种类型。开放式问题：这种问题不需要事先拟订答案，让被调查者自由回答，充分发表意见，又称为自由回答式问题。如"你对××景区有什么看法或意见"。封闭式问题：问卷表中需要列有问题的各种可能答案，被调查者从中选择回答。主要有以下方式（表9-3）。

表9-3　封闭式问题的类型

序号	问题类型	说明	示例
1	是非问	被调查者只需回答"是"或者"否"	您来到本市会到本景区吗？ ○会　○不会
2	多项选择问	对一个问题列出若干个答案，被调查者从中选择一个	您认为我们景区在哪些方面具备优势？ ○设施齐全　○服务优良　○位置方便 ○价格便宜　○景区形象突出　○开发有特色 ○其他
3	顺序问	由被调查者根据自己的认识程度及爱好程度对所列出的答案定出先后次序	按顺序标出您最喜欢的三个项目 ○漂流　○沙滩游泳　○乘快艇　○森林爬山 ○探险　○垂钓　○骑马　○棋牌　○烧烤　○露营 ○历史寻踪　○其他
4	量度问	由调查者把提出的问题分不同程度列出答案，由被调查者选择	您对景区服务： ○满意　○较满意　○一般 ○不太满意　○不满意

3）调查问卷的设计技巧

第一，问卷纸张大小。如果问卷设计需用一张8开的纸张，最好采用两张16开的纸张来代替。纸张太大会给对方造成心理压力。

第二，第一印象。问卷表面设计应明快、简洁、庄重，纸张较高级，像是一份正式文件，不要粗制滥造。

第三，单面印刷。问题只印刷在问卷的单面，每个问题都必须给对方留下足够的空间用于回答。

第四，条理清楚。所有问题的列出必须一目了然，以方便阅读和回答。

第五，亲自设计。必须由市场销售和调查人员亲自设计有针对性的专用问卷，不要请其他人员代劳，也不要照抄别人的调查问卷。

第六，统一编号。每张问卷都在右上方印上统一编号，以便查阅和管理，同时也让被询问者感觉到调查的严肃性，以便收到更好的效果。

第七，问题不宜过多。问题控制在20道题左右，页数控制在2页以内。

任务三　旅游景区的 STP 营销

任何一个旅游景区向旅游市场提供的单项旅游产品都不可能满足所有需要，旅游景区的经营者有必要根据旅游者不同的消费特点区分出不同的旅游消费市场，将整体旅游市场划分为不同特点的细分市场，如度假、观光、会议、商务、探亲访友、文化交流、宗教、考古、体育等旅游市场。在对市场进行细分后，旅游景区便可以从中选择自己的目标市场，再根据目标市场的需要，确定营销组合，以便有效地为目标市场服务。这就是所谓的"STP"营销，即市场细分（Segmentation）、目标市场选择（Targeting）和市场定位（Positioning）。

一、景区的市场细分

市场可以分为"同质市场"和"异质市场"两类。同质市场即消费者对商品的需求和对企业的经营策略的反应有一定的一致性，它是由需求基本相同的顾客组成的市场。企业经营者面对此类市场提供统一的标准化产品就能满足顾客需要，只需采用整体性市场策略而不必细分市场。然而旅游景区所面临的市场却并非简单的同质市场，因为旅游者的需要和偏好千差万别，这些具有不同需要和要求的游客所组成的是异质市场。旅游景区市场细分就是将错综复杂的异质市场划分为若干个具有相同需求的亚市场，从而使旅游景区有效地组织分配有限的资源，开展各种营销活动。在现代旅游市场竞争激烈的情况下，一个旅游景区要占领一定市场份额并得到发展，必须善于分析市场，从中寻找市场机会，在发现有利于本景区发展的细分市场上积极有效地调配各种资源，科学营销，以获得满意的经营效果。

1. 景区市场细分的作用

景区市场细分的实质就是选择属于不同类型的顾客：通过识别具有不同需求的顾客群，将整体市场划分为不同类型的市场。这种细分的意义在于发现市场机会，开发占领对景区具有价值的市场。景区市场细分在景区营销活动中具有以下作用：

有利于发现新的市场机会：通过市场细分，景区可以对每个细分市场需求状况进行了解，掌握不同顾客群体的需求满足程度，了解哪些顾客群体的需求得到了满足，哪些顾客群体的需求尚未得到满足或未完全得到满足；还可以分析比较不同细分市场中竞争者的营销状况，着眼于未满足的需求或者竞争对手较弱的细分市场，寻找有利时机，开拓新市场。

有利于景区的市场定位：由于市场供求状况和景区的实力所限，一个景区难以在整体市场或者较大市场上建立自己的竞争优势，特别是对于中小景区而言，通过市场细分，可以根据自身的实际情况，寻找并集中服务于某一细分市场的顾客，推出相应的营销策略，避免与大景区进行直接竞争，使中小景区同样也可以在市场上占据一席之地。

有利于提高营销策略的针对性：通过市场细分，各个目标市场的特征明确，景区可以更加清楚地了解目标市场顾客的需求和欲望，有针对性地收集细分市场的信息，使景区能迅速调整市场策略；同时，市场细分还能使景区比较容易了解目标市场的顾客对营销策略的反应，营销人员可以有针对性地选择促销媒介和技巧，进行准确的定位。

有利于提高营销效率：通过市场细分，景区可根据目标市场的特点集中使用人力、物力和财力等各种资源来满足顾客需求，提高经济效益；同时，景区还可以根据市场需求的变化准确调整产品和服务的结构，使景区的产品和服务适销对路，扩大销售，提高资金使用率。

2. 景区市场细分的原则

市场细分的重要性决定了进行市场细分时应特别慎重，对景区进行市场细分，既不能过于粗略，忽视顾客需求的差异，又不能过于琐碎，使细分市场失去经济意义。市场细分要有实用价值，必须坚持以下原则：

可衡量性原则。有效的市场细分必须使各个子市场之间界限明确，特征各异，可相互区别，即细分市场具有明显的需求差异，并且这些差异可以用具体的指标加以衡量。

有效性原则。细分出来的市场必须足够大，在市场容量上达到一定的规模，并且有较好的发展前景，才能保证景区有利可图。这就要求景区对于市场既要采用市场细分来寻找机会，又不能分得太细、太小。

可进入性原则。通过市场细分所形成的子市场应该是可以进入或能够占领的，景区选择一个不能进入的市场是毫无意义的。

稳定性原则。细分出来的市场能在一个较长的时间内保持较好的稳定性。由于景区的投资建设以及回收的周期往往很长，如果景区还处在建设期间，细分市场就已经发生了变化，这对于景区来说将是致命的打击。所以，景区应该尽量选择那些具有长期、稳定购买力的市场。

竞争优势原则。景区进行市场细分，是要选择目标市场并进入该市场，而有的细分市场已经有了一些竞争对手进入，如果本景区没有任何优势，就难以在该细分市场生存，所以，景区市场细分后所选择的目标市场，应该是能够形成景区独特优势的细分市场。

3. 景区市场细分的方法

旅游市场细分的方法与一般市场细分无本质差异，都以消费者需求的差异性为基础。这种差异性表现在消费者的生理特征、社会经济地位和心理性格等方面。因此旅游景区营销者可以使用许多标准进行市场细分，常见的方法有地理细分法、消费者人口统计细分法、心理行为细分法和消费行为细分法。

地理细分法。这是一种传统的也是最受重视的细分方法。地理细分因素包括地区、气候、人口稠密度、城市规模等。消费者不同的地理分布特征与旅游景区的旅游需求之间有重要的关联性，了解一国或地区的人口地理分布，了解各地区的自然环境对人们形成的影响，了解城市与农村生活环境的区别，对旅游景区营销起着重要作用。

消费者人口统计细分法。旅游者人口统计因素一般包括性别、年龄、职业、收入、家庭结构、社会阶层、受教育程度等，游客的需求、爱好往往同这些因素密切相关。不同年龄阶段的人在旅游内容、时间、方式、价格观念上存在很大差异。家庭是社会的细胞，是旅游活动的重要消费单位。一般来说，无子女的家庭和有子女的家庭的游乐方式不尽相同。新婚不久的无子夫妇由于购买力高、闲暇多，对度假型旅游景区兴趣较大，并且旅游时间较长；有子女的家庭，是娱乐型景点的重要细分市场。老年夫妇则多倾心于游玩节奏较慢、与其生活阅历相关的观光型景点景区。旅游属一种精神消费活动，客观上要求消费者有较高的层次，具有一定的社会地位、经济和文化水平。社会阶层及文化程度不同，出游的目的不同，从而对旅游景区的选择也不同。例如，观光型旅游景区的主要客源市场多为具有中等社会地位和中等教育的旅游者，而科教型景点的市场潜力则来自学生旅游市场。

心理行为细分法。心理行为属消费者主观意识所导致的行为，比较复杂。从心理行为进行细分，主要从旅游者的个性特征、生活方式等方面去分析。按照生活方式细分市场，主要根据人们的消费倾向、行为习惯、对周围事物所持的价值观念等细分。不同生活方式的旅游消费者中，按自我意图行事者比需求促使者和按外界标准行事者更有可能旅游，因为他们富有创造性，较易冲动，喜欢时尚，爱好户外活动，追求内心发展。因此，不同类型的旅游景区对不同心理特征的旅游者具有不同的吸引力。充满冒险性、富有刺激性的旅游活动对渴望在旅游中获得新感受的冒险者来说吸引力强；但对于追求舒适者，有吸引力的旅游景区则是观光娱乐型的。从心理需求角度进行细分，对旅游景区营销人员也有很大指导意义。

消费行为细分法。这种细分方法须考虑的细分因素，包括消费动机、频率、服务及价格的敏感程度、广告敏感程度等。旅游景区根据自身提供的旅游产品的具体情况，必须有选择地按不同因素来细分客源。自然景点景区适宜吸引以度假、休闲或会议为目的的旅游市场客源，而人文景点景区适合吸引以文化交流、科技、教育等为目的的旅游者。以娱乐为主要内容的旅游景区根据游客出游时间、结伴方式等来划分市场是有效的方法。旅游景区营销管理者熟悉了解一年中、一季度中、一个月或一周里的什么时间客流量最多，以及通过何种购买方式，呈现什么规模结构等，对于有效地制定营销组合策略十分必要。

二、景区目标市场的选择

1. 选择目标市场的依据

目标市场的选择，是景区制定正确的营销策略和营销组合的前提条件，直接关系到景区的兴衰成败和未来的发展。因此，必须对细分市场进行准确的评估，再根据竞争情况来进行选择。

市场规模及其增长潜力。景区开发的客源市场人数要足够多，消费能力要足够强，要具有适当规模。所谓"适当规模"是一个相对的概念，是与景区的规模相对应的。大型景区往往重视市场规模大的细分市场，中小景区会避免进入过大的细分市场。市场增长潜力的大小，关系到景区销售和利润的增长。有的目标市场尽管目前规模不是很大，但随着时间的推移和环境、政策的变化，会有较大的发展。

长期获利率的高低。一个细分市场可能具有适当的规模和增长潜力，但从获利的观点看不一定具有吸引力。行业利润率高低，取决于行业的五种竞争力量和它们竞争力的强弱，即现实的竞争者、潜在的竞争者、替代的竞争者、购买者和供应者。所以，景区在选择目标市场时，要考虑竞争对手构成的威胁，应避免与主要的竞争对手选择相同的目标市场而发生冲突。

景区的发展目标和资源。有些市场虽然规模适合，也具有吸引力，但在选择目标市场时仍需考虑：第一，进入该市场，是否符合景区的长远发展目标，如果不符合，就必须放弃。不同的经营项目在景区中的地位不同，为景区创造的利润也不同，每个景区会在某一个或几个方面树立自己的特色。第二，景区是否具有进入该市场的资源和能力。如果不具备，也必须放弃。景区要进入的目标市场，必须是景区能够有效为之提供服务的目标市场。总之，景区在选择目标市场时，要综合考虑多方面的因素，既要考虑自身实力，又要考虑顾客的特点；既要看到现实市场，又要预测潜在市场；既要服务于游客，又要体现景区的经济效益。

2. 目标市场营销策略

旅游景区对不同细分市场做出评估后，就必须做出为细分市场提供旅游服务的决策，这就属于选择目标市场，旅游景区经营者可以采取不同的市场覆盖策略选择目标市场，主要有无差异营销、差异营销和集中营销。

无差异营销。采用此策略的旅游景区不重视各细分市场的差异性，以一套旅游产品或服务提供给整个旅游市场，把营销重点放在需求的共同处。旅游景区营销人员所开发的旅游项目和制定的营销方案都以吸引广大旅游者为目的，使用大量旅游分销渠道及大量广告。许多游客充足的旅游景区多采用这种策略，主要理由是节省成本，不必进行细致的市场研究和规划。

差异营销。决定在两个或两个以上细分市场内经营，针对不同的细分市场分别进行差别营销的策略就是差异营销。旅游景区提供多种旅游项目和丰富的旅游内容，分别满足不同目标市场游客的需求。

集中营销。将旅游景区有限的人、财、物集中于几个细分市场，全力争取较高的市场份额，这是中小型旅游景区建立市场优势的有利选择。由于对某特定细分市场需求情况较易把握，同时也享有特别的声誉，故在其专门投入的旅游市场中能享受到较高的市场回报。

三、景区的市场定位

景区的市场定位是为了使自己的产品在市场和目标消费者心目中占据明确的、独特的、深受欢迎的地位而做出的各种决策和进行的各种活动。在市场营销活动中，定位先于整体营销传播策划，指导所有的营销活动，各种传播媒介都要与定位相协调，从而使广告、公关等种种推广宣传工具整合成一体，发挥出更有实力的综合效果。对于景区来说，市场定位是确定景区在旅游者心目中位置的过程。

1. 定位的依据

目标顾客的需求。定位关键是要找出消费者心智上的坐标位置，景区旅游产品要占领的是消费者的心理位置，是对消费者的心智下功夫，是"攻心之战"。将消费者的心智看成是一个"靶心"，那么，定位就是将定位对象这支"箭"射向"靶心"，其命中率高低，完全取决于射手的技巧是否娴熟，经验是否丰富。对消费者的心灵掌控得越准，定位策略也就越有效。

发现市场。定位是为景区在市场上树立一个明确的、有别于竞争对手的、符合消费者需求的形象，其目的是在潜在顾客心中得到有利的位置，是为了在潜在游客心目中寻求有价值的位置而做的形式上的改变。这样改变的目的是为景区的生存和发展赢得更大的空间，是对适合自己的市场的发现。在定位过程中，景区产品并没有实质性的改变，有的只是为了实现向消费者心智的靠近而做的修饰性变化。

2. 景区的形象定位策略

旅游者在选择景区和做出旅行决策时，除了考虑距离、时间、交通方式和旅游成本等因素外，还非常重视景区的感知印象这个吸引因素。事实上，那些在游客心中具有强烈而深刻印象的旅游景点，往往吸引着远在千里的旅游者。

1）逆向定位

逆向定位强调并宣传定位对象是消费者心中第一位形象的对立面和相反面，同时开辟了一个新的易于接受的心理形象阶梯。例如野生动物园的形象定位属逆向定位。它将人们心目中的动物园形象分为两类，一类是早已为人类熟识的普通笼式动物园，在我国这类动物园以北京动物园最知名，动物品种最丰富；另一类为开放式动物园，游客与动物的活动方式对调，人在"笼"（车）中，动物在"笼"外。

2）空隙定位

比附定位和逆向定位都要与游客心中原有的旅游形象阶梯相关联，而空隙定位全然开辟一个新的形象阶梯。尽管旅游景区的数目呈爆炸性增长，特别是同类人工景区相互模仿，促使景区数量剧增，但相对来说，仍然存在大量的形象空隙，旅游者仍然期待着个性鲜明、形象独特的新景区出现。空隙定位的核心是树立一个与众不同、从未有过的主题形象。以大型主题公园"世界之窗"为例。"世界之窗"的旅游形象不是那一个个精雕细琢的世界著名"建筑",而是黄昏和夜幕中尽情表演世界风情的各国演员。"世界之窗"的主体市场正如宣传口号"让中国了解世界"所表明的,是从未踏出国门的国内游客。"世界之窗"所突出展现并为人们永久记忆的还是那不同肤色和国别的"世界儿童"和热情奔放的异国导演。外国演员踏上中国舞台,从中外合资的星级饭店,到开放改革之后艺术团体之间的中外交流,规模不大,而真正面向众多普通旅游者服务的即景表演,还是"世界之窗"开了先河。

3)重新定位

我国的主题公园或早或迟都会面临"重新定位"的问题。以深圳锦绣中华为例,当锦绣中华的发展处于游客人数下降的阶段时,为延长其生命周期,锦绣中华需要重新定位。锦绣中华开始将客源市场定位于珠江三角洲区域的中小学生和各类企业青年员工,并打造一个爱国主义教育和观摩基地的新形象,已取得了成功。

任务四　景区营销策略

旅游景区营销者在进行 STP 营销分析后,必须从目标市场中寻找自己的营销目标,将营销设计转化为营销组合方案,营销组合就是用来从目标市场中寻求其营销目标的一套营销工具。营销组合的要素很多,但一般概括为四类,即"4P":产品(product)、价格(price)、渠道(place)和促销(promote)。景区营销的起点是需求,是在目标群体的消费需求和基本特征的基础上完成产品的设计、价格的制定、渠道的选择以及如何促销这"4P"的营销组合方案的制定。

一、产品策略

旅游景区在确定市场营销组合策略时,面临的首要问题是向游客提供什么样的产品或服务,以满足他们的需要。正确的产品决策,是旅游景区生存和发展的关键。旅游景区产品有三个组成部分,核心部分:与活动项目、旅游吸引物、娱乐设施、旅游基础设施相结合的旅游服务;外形部分:旅游景区的服务质量、特色、设计风格、地理位置、声誉及组合方式等;辅助部分:给游客提供的便利、优惠、推销方式等。

1. 旅游景区的生命周期策略

每一种产品都是为满足消费者需求而提供的,但一种产品在时间的序列上难以永远满足需求,这是因为人们的需求包括旅游需求都处在变化之中,因此产品就有一个由兴至衰的过程,旅游景区也是如此。一般来说,旅游景区的生命周期通常以旅游者人次和时间来衡量,分为四个阶段:市场进入期、成长期、成熟期、衰退(再生)期。在旅游景区不同生命周期阶段,营销者所采用的策略也不同。

市场进入期。又称为导入期或投入期，指旅游景区按预先方案规划、开发、完成施工建设，到正式向旅游者开放。在这一阶段，刚进入市场的旅游景区尚未被顾客了解并接受，旅游者接待人次增长缓慢；为打开市场，经营者投入较大，所以单位成本较高。这一时期营销者应致力于加大投入，创造知名度，培育市场形象，通过广告宣传向目标市场传递信息，以刺激市场增长。市场上一般没有或较少有同行竞争。

成长期。当旅游景区基本被市场接受时，就进入成长期。这时来访游客的数量稳步增长，经营者渐渐回收投资，利润上升速度快，而用于广告宣传的费用相对减少，销售成本大幅下降。在这一阶段营销者要及时抓住有利的市场机会，迅速扩大接待能力。同时努力维持产品质量，挖掘市场潜力，为防止竞争者仿效抄袭，必须着手构思新产品的开发。

成熟期。在产品的成熟期，潜在顾客很少，市场需求量趋于饱和，游客总量达到最高点。此时市场上不断出现仿效者和替代产品。旅游景区利润率开始下降，用于对付竞争对手和保持市场份额的费用增加。处于成熟期的旅游景区，其营销重点应放在保护市场占有面和开拓新需求上，依靠产品价格的差异化吸引客源，开发新产品和服务项目，稳定质量创造回头客，并加大促销力度，改进销售渠道。

衰退（再生）期。经历成熟期后，产品便渐渐或很快失去吸引力，市场上出现新的旅游景区，市场被严重分割。这时旅游景区的游客流量明显下滑，旅游者的需求和兴趣转向新的产品，与之相伴的是经营收入迅速下降。另一种可能是旅游景区经营者预先采取产品改进方案，使旅游景区重获生命力，生命周期再次循环，产生再生期。由成熟期转入衰退期的旅游景区，经营者面临两种选择，要么采取行动退出市场，要么改进现有产品，无论何种选择，营销人员都必须对具体情况认真分析研究，找出原因，以便决定采取新的营销策略。

2. 景区产品组合

旅游者在景点景区购买的旅游产品，往往包括食、住、行、游、购、娱等在内的多种产品或服务，此外，旅游景区经营者还必须联合其他旅游企业，按旅游者的需要将各景点景区的产品进行组合，以满足各种不同的旅游需要。前者属旅游景区内部的产品组合，后者属旅游景点、景区的产品组合，为此将它们分别称为内组合和外组合。

内组合。任何一个旅游景区都存在绝对意义上的内组合，只要该景点或景区提供单纯游览内容以外的其他服务功能。设在一旅游点入口处的摄影服务站所提供的留影服务和景点提供的纯游览服务便构成了一种简单的内组合。当景点内部及周边向游客提供的服务种类越多，这种内组合便越丰富。可以说，内组合的目的在于提供游客所需的若干服务，直至满足吃、住、行、游、购、娱等多种需要。内组合的丰富程度，要视旅游景区的具体情况而定。

外组合。是指旅游经营部门为满足旅游者多种旅游经历而将旅游景区串联组合在一起的行为。外组合实质上是旅游经历中多个旅游景点、景区的集合体。将旅游景区进行组合时，一景点（景区）并不负责景点（景区）之间的旅游服务，而单纯将景点（景区）提供给游客，其他服务功能由旅行社或旅游公司来完成。在进行外组合时应注意以下问题：与旅游线路的设计特色相匹配，如以突出水上旅游特色为目的的旅游线路中的旅游景区必须邻近水域或在水上；进入组合的旅游景区之间必须有层次地加以组织安排；旅游线路中组合起来的景点景区要冷热兼顾。

我国旅游资源十分丰富，为使各旅游景区发挥最大效益，各景点景区经营者应该时刻关注旅游市场的需求变化，加强市场调研，密切彼此之间的协作，组合出内容丰富的旅游产品，以顺应旅游业发展的趋势。

3．旅游景区的新产品开发

随着人们旅游需求的不断变化，旅游市场上传统的观光旅游产品难以满足当代旅游者的需要。旅游景区经营者必须不断开发新的旅游产品，才能很好地生存发展。旅游景区大多依靠增加服务项目、模仿竞争者的旅游项目、改进产品质量等方式进行新产品开发，只要是旅游景区中任一构成部分的创新或改革，都属于新产品之列。旅游景区新产品，大致可分为四种：

全新产品。为满足旅游者新的需求而创新的景点，这种景点是旅游市场上以前未出现的。全新产品往往耗时较长，投资巨大且风险性高。

换代产品。这是指对现有景点景区的旅游内容进行较大改革后形成的产品。过去许多山地旅游景区没有索道，游客只能靠步行、登爬沿途游览。有了索道，旅游者可以在缆车内欣赏沿途景色风光。

改进产品。对景点景区产品进行局部的改变便是改进产品。如有的旅游景区增设体育用品出租服务，为在旅游景区内进行体育运动的游客提供体育器材。推出改进新产品是旅游景区经营者吸引游客的一种有效手段。

仿制产品。仿制是一种重要的竞争策略。旅游景区模仿市场上已经存在的产品。享有其他企业的部分推销效果，能较快获得增长的客源，故多被采用。

旅游需求日益朝着文化、保健、参与、新奇、环保、增强体验效果的方向发展，正因为如此，旅游景区经营者在开发新产品时必须对新产品进行风险性分析，并密切注意旅游产品的发展动态，以避免新产品缺乏吸引力。

■ 案例思考

迪士尼商品的产品策略：销售娱乐文化

随着精神享受、娱乐休闲方面需求的日益增大，企业已经开始注重开辟娱乐市场和文化市场，而领导潮流者，当属美国的迪士尼。如今，销售欢乐的迪士尼已建立起全球最大的娱乐帝国。可以说，现在人们一提起迪士尼便会想到家庭娱乐、想到"米老鼠"。靠着"在娱乐之中学习知识"的诀窍，迪士尼成了名留青史的企业巨头，开创并主宰了一个全新的卡通世界。迪士尼的产品策略就在于在"产品"上不断求变，不断给予产品娱乐文化内涵。迪士尼不以创作卡通为限制，而是朝着全方位的家庭娱乐组合发展，包括电影电视、主题公园、都市规划以及多种多样的消费品。

1. 以卡通形象带动商品销售

迪士尼的创始人即世界动画片泰斗沃尔特·迪士尼，他创作出来的米老鼠、唐老鸭、白雪公主、匹诺曹等童话动画形象日复一日、年复一年地牢牢地占领着数不清的各国儿童的心。1933年米老鼠手表开发问世，仅两个月就售出了200万只。此后，诸如米老鼠图案的糊墙纸、麦片包装盒、米老鼠造型的电影机等米奇系列产品相继问世，深受消费者的青睐。

迪士尼除了整体攻占别国游乐市场、竞相在国外新建迪士尼乐园外，其创作的系列卡通片——米老鼠、唐老鸭、白雪公主、小象顿波、小鹿斑比等角色，也以其生动活泼、永不减色的形象魅力捷足先登。这些迪士尼卡通片诉说出的世界儿童共通的卡通语言，营造出一个不可估量的文化大市场——卡通读物、卡通玩具纪念品以及带有卡通人物形象的服装、文具等，迪士尼从而成为卡通市场的霸主。难怪迪士尼公司董事长艾斯纳宣称"迪士尼的文化娱乐产品将陪伴全球消费者从童年到老年"。

2. 以电影引领消费时尚

迪士尼之所以能在全球产生经久不衰的影响力，还必须看到它在技术、艺术和商业上的成功。每年迪士尼都推出一部动画电影，为了保证动画片在市场上取得成功，迪士尼旗下的广播、电视、报纸、杂志、录音和录像制品、纪念品、影院、广告以及主题公园都会同时启动，共同进行市场推广。

例如，当某一部电影开机时，迪士尼所有相关公司就着手规划相关产品的销售，广告公司开始铺天盖地地造势，书籍开始进行设计和印刷，玩具和纪念品着手制造，电视广播进行宣传，整个公司围绕此产品形成集团化生产，各司其职。

真正等到播出时，所有附属产品都已推向市场，这种多元化、立体化的市场宣传形成了强大的营销攻势，营造出时尚的消费潮流，自然为产品的成功奠定了良好的基础。

以1993年发行的《阿拉丁》为例，这部电影在当年就创造了4.4亿美元的票房，而在录像带市场，也有2 400万盘以上的惊人销售成绩。迪士尼王国并不以此为满足，在迪士尼乐园中，阿拉丁在舞台上、花车游行中出现，各种阿拉丁的文具用品、服饰、电动玩具、电影原声带都在占领各个市场。迪士尼之所以能够让从电影院走出来的观众，一再心甘情愿地掏出钱来购买这些"副产品"，往往是因为电影的精彩。这种以电影为中心的营销模式，塑造出一个强而有力的参照标准。

3. 以主题公园强化产品形象

走进迪士尼乐园，每一位游客都会从每一处深深地体会到迪士尼所从事的行业和取得的成就，公园中不管是娱乐项目，还是商业产品、布景、装饰、音乐等，无不取材于其电影、电视作品。在多数情况下，只有成功的作品才有机会进入主题公园的娱乐项目。因此，主题公园成为了一个检验影片是否成功的场所。比如，迪士尼把《狮子王》的动画角色制作成游戏设施，并在迪士尼商店中出售《狮子王》玩具，受到了人们的喜爱。迪士尼的内容不断更新，而且带给观众的又是精品，所以它们吸引了一代又一代人。

4. 结合视觉图画和数字科技开发新产品

在数字化的今天，迪士尼公司积极倡导利用视觉图画和数字科技的结合开发新产品。1995 年迪士尼公司与苹果电脑动画公司合作的三维动画片《玩具总动员》、迪士尼后来推出的《虫虫特工队》、1999 年的《玩具总动员 2》以及 2001 年的《怪物公司》，都是对数字技术的运用。

5. 从目标群体的不满中发现兴奋点

迪士尼注重搜集消费者对产品的意见和建议，了解顾客的消费感受，从而不断挖掘和获取新的灵感，以改进和丰富自己的产品。例如，1992 年，迪士尼生产的 14 种以小熊维尼命名的儿童录像带，在欧美的好几个国家和地区出售。他们把这个组合称为"沃尔特·迪士尼迷你经典"和"小熊维尼新历险记"。为了配合销售，他们把小熊维尼的故事编辑成短片，在 ABC 广播网的多家下属媒体播放，以吸引儿童们产生购买欲望。但是事与愿违，这些操作并没有产生多大的效果，相反销售量日渐低下。经过消费者调查研究之后，营销团队发现了令人振奋的情况，孩子妈妈们依旧热爱小熊维尼，而产品卖得不好的原因就是，"沃尔特·迪士尼迷你经典"和"小熊维尼新历险记"的命名和包装对妈妈们产生了负面的影响。其一，她们认为"沃尔特·迪士尼迷你经典"录像带的时间短，一定没有原来的小熊维尼好看，不划算。其二，她们并不认为小熊维尼是个冒险家。原来的产品定位忽略了对孩子妈妈真实感受的挖掘，没有找出目标顾客群体的兴奋点，当然会一败涂地。

通过对妈妈们的研究进一步发现，她们依然记得她们在儿时深爱的故事书里读到的小熊维尼的可爱形象，并且她们现在还将这些故事讲给自己的孩子们听。她们热爱小熊维尼和它的朋友们所具有的温和、宽大、真诚和关心的品质，并希望自己的孩子也能够具有这些好的品质。根据这些发现，迪士尼调整了小熊维尼系列产品，将包装改成了三种不同的款式，命名分别改成了"小熊维尼故事书经典""小熊维尼学知识"和"小熊维尼游戏时间"。在媒体的配合下，新的定位策略取得了前所未有的效果，小熊维尼销势异常火爆。

（资料来源：邹统钎. 旅游景区开发与经营经典案例[M]. 北京：旅游教育出版社，2003.）

✍ 思考题

迪士尼开发新产品的运作模式有哪些经验值得学习？

二、价格策略

门票价格是景点景区营销策略中的重要内容，也是旅游者较为敏感的因素，制定适当的门票价格，是旅游景区有效的竞争手段之一。

1．影响门票价格的因素

成本。成本是价格的重要决定因素。旅游景区产品的成本可分为固定成本、可变成本、总成本、边际成本和机会成本等。一般来说，在人造景点景区（如主题公园）的成本中固定成本比重较大，而自然旅游景点可变成本则较大；前者的总成本大大超过后者。

市场条件与环境。在完全竞争的市场条件下，价格完全由产品的供求关系决定。旅游产品的供给在某种程度上有不易变动的特点，而独一无二的某些旅游景区的门票价格体现一定的垄断性。

市场需求。旅游者对某些旅游景区旅游需求的大小与门票价格呈正向变化，不同的需求情况反映到价格上就是地区差价、季节差价、批零差价。

2．门票定价目标

旅游景区的总体目标可分解为营销目标、财务目标及其他目标。前两者直接决定定价目标。因此，我们把旅游门票价格目标具体分为利润目标、营销目标和竞争目标。

利润目标。不同的利润目标直接影响旅游景区门票价格的高低。在市场竞争中处于绝对优势地位的旅游景区可以利润最大化为目标进行门票定价；在实际运营中的旅游景区难以达到理论上的最大利润，在经营者允许的基础上可以以满意利润目标来定价；追求不同投资收益率的旅游景区经营者，在定价时以理想的投资收益率为目标。

营销目标。要有效地吸引和保持来访游客，意味着销售量在现有程度上必须继续扩大，门票价格就有必要进行调整。从长计议的旅游景区，扩大市场份额比提高销售量更重要，前者既有利于后者，又有利于提高收益率。具有较大市场力量的旅游景区，其营销策略的制订和实施的主动性更大。专业化的销售分工有利于产品分销效率的提高，节省企业的营销费用。调动旅游分销商销售产品的积极性，必须与旅游中间商维持良好的长期合作关系，制订能为他们带来利润的价格措施。

竞争目标。把维持生存作为运营首要目标的旅游景区，必须通过制订适合顾客要求的价格来扩大需求，生存价格以不低于成本为下限。稳定价格可以树立良好形象，在旅游业中占据举足轻重地位的旅游景区常以此为目标。在不同的竞争状况下，大多数旅游景区应对竞争对手会选择有利于竞争的价格。

3．门票定价策略

门票价格策略是旅游景区制订价格时依循的总体指导思路，为营销人员提供解决定价中所遇问题的基本原则，它包括新产品定价策略、心理定价策略和促销定价策略三种。

1）新产品定价策略

新产品定价具有较大灵活性，可以考虑弥补景点景区开发成本或限制竞争等因素，它分为市场撇脂定价和市场渗透定价两种。

撇脂定价。是指景点景区的新产品或新景点景区投放市场时可以指定大大高于产品成本的定价，这是因为新产品较早进入市场，很少有竞争性的替代产品，需求的价格弹性小。制定高价利于旅游景区在初级市场中培育独特的、高价值的形象，使企业迅速回收投资，为市场成熟期制订价格留有余地，但若产品易被仿效和被竞争者跟随，就不宜采用此策略。

渗透定价。是指以低价位投放市场，可以迅速占领市场，取得较高市场份额，达到有效排挤竞争者的目的。这种策略适宜于价格敏感型的客源市场。

2）心理定价策略

这要求营销人员制订门票价格时，考虑到游客情绪上对价格的反应。这种策略更适合为传统型旅游景区使用。心理定价策略主要有声望定价、习惯定价。客源较固定的旅游景区往往接受习惯定价，不宜随便改动调整，原因在于长期游览此类景点的顾客已习惯于这种价格。声望定价策略多为著名旅游景区采用，由于这类旅游景区在行业中享有极高的声望，旅游者信任它而愿意支付较高的门票价格。

3）促销定价策略

门票价格的制订应考虑到与促销活动的相互协调。促销定价策略有差别定价和特定时间定价。在旅游景区促销时，通常制订多层次有差别的价格，以此刺激游客数量的上升。许多旅游景区（如博物馆、科技展览馆、风景名胜区）通常暂时或长期对学生收取较低的门票费。在特定的季节或节假日、纪念日，利用特别时间定价来吸引更多的旅游者，从而达到促销的预计效果。

三、销售渠道策略

1. 销售渠道概念

销售渠道的概念内涵较宽，除旅游景区在其生产现场直接向来访游客出售其产品和服务的传统销售方法，还包括旅游景区借助旅游中间商向顾客出售其产品的间接销售途径和依靠自身的力量在其生产地点以外的其他地方向旅游大众出售其产品的直接销售方式。因此，旅游景区销售渠道是指旅游景区经营者通过各种直接和间接的方式，将其旅游产品转移到旅游者手中的整个流通结构。

2. 销售渠道的类型

旅游景区产品的销售渠道可归纳为两类：直接销售渠道与间接销售渠道。直接销售渠道是指不经任何中间媒介，将旅游景区这一旅游产品直接销售给顾客的途径；间接销售渠道则意味着产品经由旅游中间商转移到顾客手中。

直接销售渠道。旅游景区向登门来访的游客直接出售门票的传统销售方式。直接销售最明显的优点在于节省付给中间商的费用。

间接销售渠道。经由旅游中间商进行间接销售，主要是指通过旅行社、旅游公司、旅游代理商、旅游批发商、旅游协会等机构来组织吸引客源。有的旅游景区选用多种组织与旅游中间商来销售自己的旅游产品。

3. 销售渠道的选择与设计

旅游景区在选择、设计销售渠道时，必须统筹兼顾多方面的情况。一般来说，选用销售渠道的主要评判标准有：

目标市场。旅游景区目标市场的远近及其客源类型，决定着直接销售还是间接销售以及选择哪类旅游中间商。

坐落地点。旅游景区所处的地点对吸引游客有很大影响，区位较好的旅游景区更适合直接销售。

旅游中间商的经营规模。其规模大小意味着其销售网点的众寡，一般情况下应优先考虑选择经营规模较大的中间商。

旅游中间商的信誉及营销能力。信誉好、营销能力强的中间商更易被旅游景区经营者所选择并建立合作关系。以间接销售为主要手段的旅游景区，应在选择销售成员时形成合理的组成结构，兼顾各类旅游中间商，以免遗漏有效的销售空间。

■ 案例思考

迪士尼的销售渠道策略：多样化渠道，全方位占领市场

1. 主题乐园和游乐场

迪士尼乐园除了公园外，周边环境规划和建设也极具特色。商业广场、酒店、高尔夫球场等各种配套设施一应俱全。商业广场一般都设置在入口之前，或者多个公园的连接处，是进出园的必经之地。当游客辛苦一天迈出公园时，一定会意识到应该在这些商业广场歇歇脚，或用餐，或购物。总之，商业广场的主要目的就是要游客"掏出口袋里的最后一分钱"，所以各商店的设置非常讲究品位，独具匠心，经营种类繁多的以迪士尼人物为主题的迪士尼乐园纪念品及礼品，如米老鼠卡通城的古怪礼品、迪士尼乐园帽子、各种装饰品、玩具、洋娃娃、纪念品、男女服装以及为儿童设计的迪士尼卡通人物服装等。大多数游客在关园后都会聚集在这里进行最后的消费活动。

2. 迪士尼专卖店

迪士尼还以"迪士尼专卖店"向市场直接推出与迪士尼有关产品。截至 1999 年 9 月 30 日，专卖店的总数已达 728 家。在专卖店中，消费者可以买到以下产品：迪士尼的各种图书和报纸杂志，如《趣味家庭》《迪士尼历险》和科普杂志《发现》等；公司下属的软件商迪士尼互动公司开发和营销的家庭和学校使用的计算机教育与娱乐以及游戏软件；迪士尼生产的教育用的视听产品和音像制品，其中包括录影带和电影、招贴画和其他教具；与迪士尼主题有关的各种商品和纪念品。

3. 互联网

在进入互联网产业之前，迪士尼的销售工作以传统方式为主，近年开始积极开拓通过互联网进行网上直销。迪士尼有许多互联网网址，人们可以进入互联网获取迪士尼公司提

供的信息、娱乐和消费品，并在线购买迪士尼的各种商品。

例如，Disney.com 是迪士尼公司于 1996 年 2 月建立的面向儿童用户和家庭用户的站点，到目前已经成为互联网上最受儿童欢迎的站点之一。在这个网站上，通过点击"玩具总动员"，就能下载电影片断、声音片段、电脑图像、背景图案、色彩书页和一个"玩具总动员"浓缩游戏。另外，网站的每一页的底部都有一个"指示—进入"按钮，邀请访问者共享个人信息和定期接受迪士尼的网上最新信息。该网站还促进了它的网上购物业务——"迪士尼商店"的销售，该商店主要销售各种儿童商品。

另外，迪士尼互联网络集团公司与 eBay 公司联合建成了迪士尼拍卖网站。该网站提供的各种拍卖品都是货真价实的、稀有罕见的和独一无二的迪士尼娱乐产业遗留物品，包括它生产的动画片和纪录片、系列电视节目、主题公园招贴画、书籍、标志商品、米老鼠穿着的夹克和鞋帽、录音带以及同时代的其他收藏品等。迪士尼与 eBay 公司合作建成的这个大型在线拍卖场，为广大用户提供了一个新颖的交易环境，并成为迪士尼新的稳定的效益增长点。正如 eBay 公司首席运营官布莱恩·斯维特所说："迪士尼拍卖网站的目标是让全世界的人都能分享到迪士尼的神奇魅力。"

4. 邮购

迪士尼是全国第五大邮购目录公司，通过直邮营销与迪士尼相关的商品。"沃尔特家庭礼品目录"的广告每周要寄出 280 万份，迪士尼乐园绝大多数的商店都有邮购服务。

5. 品牌授权

2000 年，迪士尼品牌授权的收入就达 10 亿美元，全球有 4 000 多家品牌加盟商，商品从电视、杂志到动画、网络，从几美分的普通橡皮到 2 万美元的高级手表应有尽有。

迪士尼通过建立多种销售渠道，编织了一个庞大的分销网络，为全方位占领市场、确立市场优势打下了良好的基础。

（资料来源：邹统钎. 旅游景区开发与经营经典案例[M]. 北京：旅游教育出版社，2003.）

✍ 思考题

讨论一下迪士尼选择新媒体销售渠道的可能性，如何运作？

四、促销策略

1. 促销的概念及其作用

旅游景区促销是指营销人员为提高游客来访量，促进目标顾客购买动机，通过向市场传递自身旅游信息而采取的综合行动。促销在旅游景区经营活动中主要起三个作用：

提供信息。让消费者知道有关旅游景区的信息（如坐落地点、服务项目、特色、风格等），能有效克服旅游景区不可转移性的特点，缩短经营者与旅游消费者之间的距离。旅游景区促销活动的核心就在于与旅游大众沟通信息，引起目标群体的注意，从而帮助旅游景区接待更多的来访者。

诱发动机。在激烈的旅游市场竞争中，景区通过促销，能有效地诱发消费者来访的欲望，激发人们对游览地区有所了解，产生好感，继而形成出游的动机和需求。如何有效诱发人们的出游动机，是旅游景区营销活动促销工作中的重要一环。

树立形象。树立旅游景区的形象，是旅游促销的重要使命。旅游地的良好形象不仅能积极推动旅游者购买的热潮，对于挖掘旅游市场潜力也有重要意义。通过促销树立形象是一项系统工程，需要各旅游景区以及旅游管理部门的长期努力和通力合作。

2. 景区促销常用的工具

在旅游景区的营销活动中，促销工具往往结合其他营销手段，共同实现预期的营销效果。根据旅游景区信息传播的不同方式，促销所采用的工具有广告、销售促进、公共关系和直接营销。

1）广告

旅游景区广告是指通过购买宣传媒介的空间或时间，向特定的公众或旅游消费市场传播旅游景区信息的营销工具。旅游景区广告一方面可以帮助旅游景区树立长期形象，另一方面也能在短期内促进销售。根据所选的媒介，旅游景区广告可分为下列形式：

大众传媒广告：报刊广告、电视广告、广播广告。

户外广告：户外牌、广告画、交通工具广告、空中广告。

印刷品广告：旅游画册、招贴画、旅游手册、宣传小册、明信片、挂历、清单等。

电子广告：录像带、光盘、电影等。

网络平台：携程、美团、驴妈妈、艺龙等。

新媒体：抖音、快手、短视频等。

2）销售促进

这是一种鼓励人们来访的短期刺激活动，促销的对象主要有三种：旅游者、旅游中间商、推销人员。针对旅游者进行促销手段通常是赠送纪念品、宣传品、实物礼品或赠送优惠券，以及减价和进行抽奖。为达到使游客留下印象、向他人推荐或鼓励重游的目的，旅游景区可以向旅游者赠送旅游地风情画册、特产、纪念品，也可以让游客享受购物优惠。针对中间商的销售促进活动，目的在于扩大和增加旅游景区同顾客之间联系的渠道，向中间商提供不同层次的优惠折扣，对于提高游客接待量有重要意义。这种销售促进除以价格为中心的手段外，还可以采用展览的方式进行。针对销售人员的促进销售也是旅游景区加强促销的常用方法，目的在于调动推销人员的积极性。

3）公共关系与宣传

根据菲利普·科特勒的观点，公关活动中的公共宣传和促销的关系很密切。他认为公共宣传就是："以不付费的方式从所有媒介获得编辑报道版面，供公司的顾客或潜在顾客阅读、看到、听到，以帮助达到特定销售目的的活动。"旅游景区的公共关系与宣传活动主要针对新闻界和社会公众来进行。针对新闻媒体的公关是将有新闻价值的旅游景区信息通过新闻媒体的传播来引起人们对旅游项目或服务的注意。针对游客的公关活动是把每一位客人都看作公关的对象，通过好的口碑传播，达到宣传和促销的作用。

4）直接营销

直接营销是一种不使用中介环节，浓缩促销活动的行为。直接营销包括门市销售、邮购、电台和电视台直播、电子销售、直播销售等形式。这些促销形式的共同特点是直接刺激顾客加深对某旅游景区的游览欲望。

■ **案例思考**

迪士尼的促销策略：定位于"销售文化"

迪士尼文化是以迪士尼卡通为核心的一种童话世界的文化，这种文化的目的在于给大众以梦想，焕发人们心底固有的童趣与纯真，尤其是通过形成一种影响美国以至世界的文化，来永久地占领迪士尼的观众。

1. 注重广告调查

迪士尼在每次进行大额广告投资之前都做好广告调查与小规模的广告试点。一旦确定效果不错，必将不吝投资进行电视、广播、报纸、橱窗等全方位的广告轰炸。例如，迪士尼曾做过广告试点，发现每花费 100 万美元，就会增加 15.4 万名游览迪士尼乐园的游客，平均 6.5 美元可增加一位游客，而这位游客将花费 18 美元买门票，另花 15～20 美元买食品和纪念品。为此，迪士尼在电视、广播和报纸上花掉了 1 000 万美元广告费来宣传乐园中的米老鼠、唐老鸭的童话世界，结果增加了 5 540 万美元的收入。

2. 利用联合广告宣传

除了宣传自己的商业文化外，迪士尼更善于利用其他商家的文化来进行广告宣传。例如，与已有较强文化影响的麦当劳和可口可乐进行联合宣传。迪士尼以在麦当劳餐馆处挂画有卡通人物招牌的代价，使麦当劳答应投入 1 500 万美元为迪士尼做广告。在这一交易中迪士尼既得到一笔广告费，又利用麦当劳文化扩大了迪士尼卡通文化的影响。

3. 融合当代时尚文化

迪士尼很会使迪士尼文化和当代时尚文化嫁接融合，使其具有生机。例如，制作了新版的《米老鼠俱乐部》，与以前只会吱吱叫的前任不同，迪士尼要求以电子合成乐器伴奏的快节奏歌曲、疯狂的舞蹈和性感的少女构成新卡通的主要特色。在广告宣传上也以青春时尚、劲歌热舞来吸引年轻人。结果新版节目相对于旧版，增加了 20% 的观众。

4. 聚合网络力量，成功实施商品策划

迪士尼产品的成功销售，在于它拥有强大的网络力量以及成功地把某个主题在多个领域实施了系列化商品策划。例如，迪士尼在 1994 年耗资 5 000 万美元制作了《狮子王》，最终其收益达到 20 亿美元。其中，电影票房收入 7.7 亿美元，而把《狮子王》的内容应用

于其他领域所获取的收益比电影本身要大得多。

在电影降下帷幕后，迪士尼把《狮子王》电影的内容通过旗下的 HomoVideo 事业部录制成影像产品，并通过旗下的 Hollywood Music 把电影音乐录制成 OST 唱片出售，两项收入均达到数亿美元。迪士尼还通过旗下的迪士尼主题公园，把《狮子王》的动画角色制作成游戏设施，并在迪士尼商店中出售《狮子王》玩具，受到了人们的喜爱。另外，迪士尼还把《狮子王》改编成音乐剧在百老汇公演，获得 1998 年的最高票房。

迪士尼之所以能在一部成功的电影上赚取如此巨额的利润，是因为它聚合了电影、传媒、唱片、体育、主题公园、剧场、游戏、互联网等强大的力量。同时《狮子王》也是把一个内容在多个领域实施商品化的成功策划。迪士尼目前已经是整合 50 多家大型娱乐企业的超级娱乐航母。

（资料来源：邹统钎. 旅游景区开发与经营经典案例[M]. 北京：旅游教育出版社，2003.）

✍ 思考题

迪士尼的强大促销网络是怎么建立起来的？

课后思考题

1. 营销等同于促销吗？营销与促销有什么不同？
2. 景区的新媒体营销方式有哪些？

◇ 任务训练

1. 海燕旅行社要开发适合大学生市场的旅游产品，请利用问卷调查法，设计一份问卷，针对大学生市场做一个调查，了解大学生对何种旅游吸引物感兴趣，喜欢哪种形式的旅游，旅游可以承受的费用，旅游的时间等信息。

2. 以小组为单位，针对一个具体的景区制定营销组合方案。

项目十　景区的智慧管理

- **学习任务**

1. 认识景区智慧管理的定义、内涵和主要内容；

2. 理解景区智慧管理的体系构建要素和彼此关系；

3. 掌握景区智慧管理在面向游客、面向景区、面向商家及面向管理部门四个方面的应用。

- **达成目标**

掌握景区智慧管理体系的建设规范。

☞ 案例导入

智慧乌镇

乌镇是首批中国历史文化名镇、中国十大魅力名镇、全国环境优美乡镇、国家 AAAAA 级景区，素有"中国最后的枕水人家"之誉，拥有 7 000 多年文明史和 1 300 年建镇史，是典型的中国江南水乡古镇，有"鱼米之乡、丝绸之府"之称。

名气就像一把"双刃剑"，一方面使乌镇景区门庭若市，另一方面也使得景区管理混乱不已：古镇里到处都是充满商业气息的小店，打着古镇特色的旗号却卖着义乌小商品；游客太多，常常一进景区手机就开始信号不良，连不上网，也就无法使用支付宝付款；古镇里小巷交错复杂，游客一不小心就绕了回头路，几次冤枉路走下来疲惫不堪……

而现在，到达乌镇景区的游客会发现：

乌镇打造了智能停车场，游客可以直接从停车场外的电子屏设备知道车位目前的空余状况。

入园时也无须排队，通过景区票务系统仅需扫码即可购买门票入园，并能获取园区内语音导游、电子地图、实时导航等，还可以通过扫码输入相关信息后叫车、叫船。

一进入乌镇，游客可以免费使用景区 Wi-Fi，360 度全镇无死角，而且网速也十分可喜。

景区内商家支付宝 100%覆盖，同时推出景区一卡通，在乌镇景区使用一卡通还可以享受相应优惠。

（资料来源：https://www.sohu.com/a/319592220_410740）

任务一　认识景区的智慧管理

在互联网技术不断创新和完善的当下，景区建设逐渐转型，智慧化建设成为推动景区发展的重要抓手，更是智慧旅游健康发展的第一原动力。无论是自然资源丰富的景区还是历史文化厚重的景区，抑或是现代主题鲜明的园区，对资源经营、接待能力提升、安全监控以及游览服务辅助的技术应用一直是智慧景区力求完善的主旨。因此，景区智慧化建设和管理，对于推进智慧旅游整体建设，推进信息技术与旅游业的融合，加快旅游业管理现代化和国际化进程，对于实现整个旅游产业更好更快地发展具有重要意义。

一、智慧景区的含义

智慧景区可从广义和狭义来理解其定义。广义的"智慧景区"主要强调科学管理理论同现代信息技术高度集成，实现人与自然和谐发展的低碳智能运营景区。能够更有效地保护生态环境，为游客提供更优质的服务，为社会创造更大的价值。而狭义的"智慧景区"强调的是对"数字景区"的完善和升级，指能够实现可视化管理和智能化运营，能对环境、社会、经济三大方面进行更透彻的感知，更广泛的互联互通和更深入的智能化的景区。狭义的"智慧景区"强调技术因素，广义的"智慧景区"不仅强调技术因素，还强调管理因素和社会因素。智慧景区的内涵主要体现在：

1. 通过物联网对景区进行全面、透彻、及时地感知

全面感知的本质是使旅游资源能被计算机识别，然后形成整体的数据网络，从而实现数据信息的即时交互。其核心是感知技术，如传感技术、RFID 技术、GPS 技术视频识别、红外、激光、扫描等所有能够实现自动识别与物物通信的技术都可以成为智慧景区的信息采集技术，目前运用较多的主要集中在 RFID 技术上。

2. 对景区实现可视化管理

通过信息技术将景区的旅游资源、经营动态、人员管理等集成到智慧景区平台上，实现景区各种信息的及时汇聚，做到对景区的可视化管理，例如通过电子巡更系统实现对景区管理人员的定位管理，通过视频监控系统实现重点景点的客流预测，通过 RFID 传感网络实现对游客的遇险救急等。

3. 利用科学管理理念和现代信息技术完善景区的组织结构，优化景区业务流程

景区传统业务流程信息传递迟缓，运行时间长，部门之间协调性差，组织缺乏柔性，制约了"智慧景区"建设的步伐。景区需要以科学发展观为指导，坚持以游客的利益和资源的保护为出发点，运用现代信息技术和最新管理理念对原有业务流程进行优化和再造。景区业务流程优化和再造包括观念再造、工作流程优化和再造、无边界组织建设，工作流程优化和再造主要指对游客管理、办公自动化和智能监测等流程的优化和再造。

4. 发展低碳旅游，实现景区环境、社会和经济的全面、协调、可持续发展

运用信息技术，降低景区碳排放，实现景区向生态节能、绿色低碳的方向发展，在不降低游客消费体验的前提下减少能源消耗，有助于提高景区的生态环境、经济价值，实现人与自然的和谐发展。

二、景区智慧管理的主要内容

景区的智慧管理是借助物联网、云计算等现代信息技术，通过智能网络对景区地理事物、自然灾害、旅游者行为、景区工作人员行迹、景区基础设施和服务设施进行全面、透彻、及时的感知，对游客、景区工作人员实现可视化管理，实现景区的智能化运营管理、精细化旅游营销、个性化游客体验，实现景区环境、社会和经济全面、协调、低碳、可持续发展。

景区的智慧管理主要以旅游者为中心，为旅游者提供全方位、全过程、智能化的旅游服务，主要包括以下几方面：

1. 信息发布

旅游者在进行旅游决策之前，旅游信息的获取是将其旅游需求转变成旅游活动的催化剂。智慧旅游目的地通过信息发布功能，全面整合旅游产品信息、旅游企业信息、旅游促销信息和旅游设施信息。以文字、图片、多媒体和虚拟现实技术为旅游者提供个性化的"吃、住、行、游、购、娱"方案。旅游者可以随时随地登录网站了解详细的旅游产品服务信息，进行信息搜索查询，辅助旅游决策。在网站中，可以用论坛、留言板、机器客服等形式实现和顾客的反馈交流。

2. 在线交易

景区的电子商务网站、微信公众号或者景区 App 的在线交易模块主要是为旅游者提供在线预订、在线支付等业务。首先景区的网站或者 App 提供会员注册功能，同时接受网络

预订、订单确认和网络支付。通过在线交易模块，使交易操作程序简便，交易环节合并压缩，交易成本大幅节省，形成量的优势。

3．投诉反馈

投诉反馈是旅游者认为景区经营者损害了其合法权益，要求对双方发生的争议进行处理的行为。如果旅游者的投诉反馈没有得到妥善解决，就会使旅游者自身或影响他人不再对景区所提供的产品和服务进行购买。因此，投诉反馈模块能及时高效地接受旅游者的投诉建议，提醒景区管理组织及时响应处理，以达到消除旅游者不满的目的。

4．移动信息服务

游客在景区开展旅游活动及时获得高品质的服务。通过移动信息使服务变得更加便捷、人性化和品质化，使旅游者获得更好的旅游体验，延长旅游者的消费环节和消费时长，达到提升景区满意度和强化景区品牌意识的效果，实现旅游者和景区的双赢。

三、景区智慧管理体系构建

信息技术的发展为景区智慧化建设和管理提供了技术支撑。GPS、北斗、GIS 与共享经济结合，创新的滴滴拼车、共享单车等，帮助游客解决出行最后一公里的难题。技术的发展使得清洁、环保低能耗的景区景点卫生间的出现成为可能。生物降解新技术与"吃、住、行、游、购、娱"全要素结合，为景区创新带来新机遇。旅游产业广泛应用 VR 等技术带来的旅游体验为客人提供更加个性化的服务，机器人进驻酒店，实现了无人值守的酒店前台。借 RFID 等技术更好地管控景区入园闸机，借助实体机械、摄像头、手机等设施设备提升了景区管理的质量和效率。

旅游景区智慧化总体建设主要包括景区的智慧整体技术架构和智慧应用系统架构。

1．智慧整体技术架构

旅游景区智慧整体技术架构包括信息基础设施层、资源层、应用支撑层、应用系统层、应用层五个层面。信息基础设施层提供前端感知数据的采集及传输，资源层实现包括数据中心、目录资源及应用资源的数据访问集中化，应用支撑层提供各种应用支撑服务，应用系统层有效分配资源池中的共享信息，从而提高整体访问效率。应用层的建立前提是提供统一的数据接口服务。应用系统层包括景区政务管理、目的地营销管理及辖区电子商务通过负载均衡实现用户并发访问，而景区核心系统服务由应用服务器提供。

2．智慧应用系统架构

旅游景区智慧应用系统建设可以按"三层两中心"的架构进行建设，即基础设施层、应用及平台层、综合业务层和运营中心、数据中心。

1）基础设施层

基础设施层包括用户终端及用户行为、物联网终端、基础网络及相关数据。其中基础数据包含 3G/4G/5G 数据、GIS 数据、音视频数据、GPS 数据；基础软件含操作系统、数据库及指挥平台、GIS 平台；基础网络包括通信网络设施、物联网软硬件系统、数据中心及大屏幕显示系统等。

2）应用及平台层

应用及平台层包括物联网平台、视频监控平台及面向景区的智能化及信息化系统等；以提升管理为目的线上线下一体化系统等；面向日常经营管理的 OA 办公系统、规划管理信息系统、视频监控系统、电子门票系统、LED 大屏幕信息发布系统等；面向产业发展的电子商务、进销存系统等以及面向游客服务的信息呈现和互动系统等。

3）综合业务层

业务层包括面向业务的智慧管理、面向公众的智慧服务、面向行政的智慧营销三个方面，是景区运营管理的重要体现。

4）运营中心

作为智慧景区的核心平台，其主要功能是实现景区各系统的统一组织协调以及管理资源的有效整合，主要应用包括：

GIS 地理信息系统：将多媒体技术、网络传输、现代通信技术及 GPS、北斗定位技术和遥感测量技术等整合为一个可视化管理平台。

一体化平台：基于线上线下一体化平台的旅游电子商务、互联网营销和旅游电子票务。

客流统计与预警系统：通过预订分流、票务分流和交通工具分流等三级分流措施，缓解景区出入口及内部交通拥堵、实时监测及诱导游客均衡分布，确保游客的游览质量。

智能化系统：包括智能化系统集成、安全防范系统、LED 信息发布系统、楼宇设备自控系统等。

5）数据中心

大数据处理中心则实现各业务系统数据的统一采集、传输、运算、管理、存储及共享，产生的数据包括 GIS 数据、GPS 数据、媒体数据、游客数据等。

智慧景区综合管理平台可实现景区从业人员特别是运营管理人员通过移动端（包括智能手机、PAD、单兵通信仪等）对景区各类环境及设施在线实时现场采集及查询，并实现各项旅游数据统计、分析应用及大数据展示与应急指挥调度，以满足景区运营管理部门及上级主管部门实时动态掌握景区的运营状态，促进景区管理的智能化与信息化，提高管理人员的工作效率，提升游客的满意度。

四、景区智慧管理应用

景区的智慧管理主要有面向游客、面向景区、面向商家及面向管理部门四个方面，具体见图 10-1。

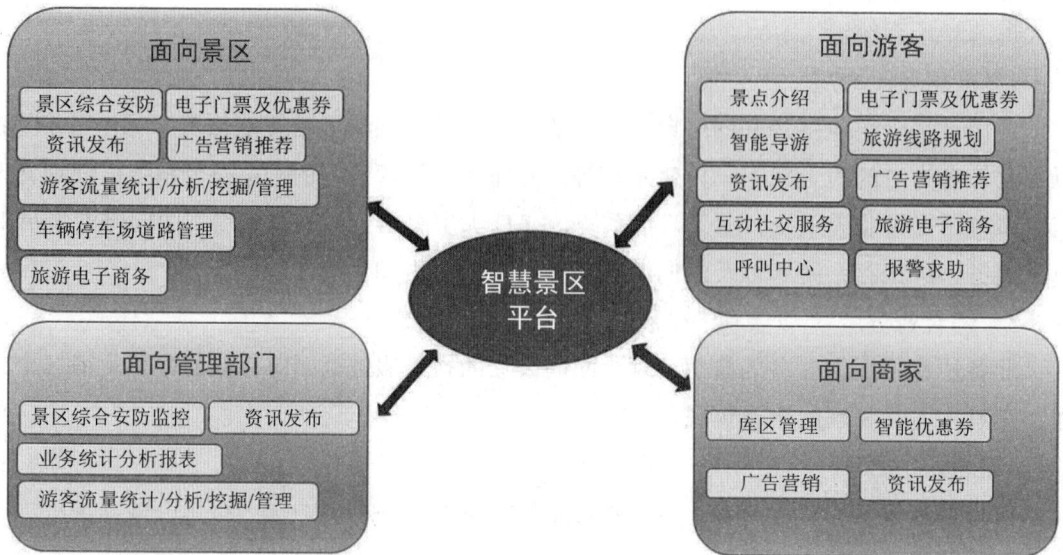

图 10-1   景区智慧管理应用内容展示

任务二   面向旅游景区的智慧管理

面向旅游景区的智慧管理应融合及提升原有传统管理信息系统，运用大数据、云计算技术进行数据的整合、分析及处理，通过移动互联网技术实现一站式的智能服务，主要内容如下：

一、景区门票网上预订

游客可通过短信、Web、App、微信公众号等多种方式申请景区电子门票，平台通过短信、微信或 App 等方式发送二维码电子门票。景区电子门票管理系统提供了多种预订形式、支付方式。

二、景区全方位安防监控系统

建立覆盖景区的实时影像和数据采集系统，通过完善整个景区的视频监控系统、环境数据监测系统、游客信息管理系统，全方位收集整个景区的实时数据。景区监控系统从确保游客安全、景区环境安全出发，以游客游览线路和景区重点环境段监测为安防重点，保障游客在景区内游览活动的人身和财产安全以及景区环境安全。伴随人工智能和物联网技术发展，现有视频监控技术已实现从被动监控向主动监控的发展，通过 AI 智能安防、智能视频分析技术、自动探测技术，可以实现对景区人员活动轨迹和环境变化实现全程监控及临界预警等。

三、信息技术辅助景区的游客管理

基于收集数据的清洗、建模、分析，通过云计算服务，快速高效获取分析结果，根据多通道信源进行综合定位与分析，实时绘制园区人流热力视图、景区现状态势视图以及客流拥堵预测视图，结合景区管控措施、虚拟景观设置等手段，个性化地规划游客引导方案以避开客流高峰；通过手机 App、Web 应用、微信公众号引导游客避开拥堵区域，提醒管理人员对重点区域及时做出应急预案；通过大数据和信息平台分析结果为其他系统提供决策，通过应急调度系统、巡护监管系统，调配安全人员进入人流量大的区域，加强巡视，提高预警机制和应急管理能力，保障游客和景区的安全。

■ **案例思考**

青城山-都江堰智慧景区系统

青城山-都江堰智慧景区系统主要包括两个中心（数据中心、指挥中心），三大平台（指挥决策平台、协同办公平台、旅游目的地营销平台）及 24+N 个应用系统（环境监测系统、监控子系统、门禁子系统、旅游咨询子系统、智能数字监控系统等）。目前景区的三种典型应用：视频分析技术广泛应用于青城山-都江堰景区森林防火、重要路段、文物保护、客流量预警、车流量预警等业务中；物联网的应用主要涉及景区游客流量监测，景区实时环境数据监测、传播等领域；移动互联网及手机终端主要应用于游客客源地数据采集，手机随身有 LBS 等系统。

青城山-都江堰数字化景区已经建立了统一的数据中心、智能指挥调度中心、基础数据管理、生物文物资源管理、旅游服务五大体系和视频监控、电子门票、森林防火监测、大气环境监测、车流量监测、客源地监测、游客紧急求助、应急广播等 20 多个应用系统，实现监测、预警、分析、决策、指挥、评估和善后处理的流程化管理。据景区工作人员介绍，青城山-都江堰景区共建设 290 余个视频监控点位，全部为自建，并铺设光缆线路用于景区通信和视频信号的传输。监控点位覆盖了景区的重要路口和游客聚集地，是景区管理最重要的基础设施之一，解决了景区看得见的问题。对于景区周边的重要路段，青城山-都江堰旅游管理局接入了天网的部分视频监控点，最大限度地消除监控盲区。

（资料来源：陈云川. 景区游客高峰时段管理理论与实践[M]. 北京：中国旅游出版社，2018.）

✍ **思考题**

智慧景区系统对于青城山的游客管理相比于传统的管理方式有哪些优势？

任务三　面向游客的智慧服务

面向游客的智慧服务应该在满足游客对信息服务基本需求的基础上，进一步拓展游客个性化的需求服务。

一、电子票务服务

景区旅游电子商务网站利用现代网络信息技术实现门票、车票、船票、宾馆、农家乐（渔家乐）、旅行社、导游、餐饮、特色旅游产品、旅游线路等旅游产品的网上预订和网上交易，提供景区与商户票务、优惠券的验证、统计与分析报表等服务。通过景区 App、微信公众号、小程序、二维码、手机验证等多种接入方式，以线上线下一体化应用为基础，提供智慧化预订及信息查询服务，实现旅游产品的网上统一展示预订和支付，使在线营销成为旅游营销的重要手段。

景区窗口：自建景区内部票务系统，景区可将所有资料放在景区内，在景区窗口进行售票、退票，办理年卡机制，创建代理，可通过导游证进行购票，享受更多优惠折扣。

微信购票：关注景区微信公众号，微信菜单进入购票页面，在线下单支付景区门票，免去窗口排队购票的烦琐，可直接用于进门核销，同时为景区拓展了销售渠道。

电商平台：景区建立属于自己的 B2B 和 B2C 电商平台，提供各种票务销售，无限等级发展代理、支持第三方接口，快速实现线上线下对接，让游客获得一系列便利的消费体验。

自动售票机：通过设备游客可以自主选择购票，系统支持各类介质付款方式进行售票，具有多种交互界面，界面注重人性化和客户交互，符合大众购票习惯，操作和使用方法简单。

二、智慧导览服务

智慧景区建设的一大特色应用就是解决景区导览短缺问题。游客可通过扫描二维码等方式下载定位导航客户端。客户端为游客提供室外景区基于 GPS 及北斗卫星，室内景区基于 Wi-Fi 及蓝牙的定位、导航、紧急报警等服务。衍生服务则包括周边配套设施搜索、最佳旅游线路推荐等。通过导览设备、手机 App 等方式接入导览应用，游客在游览过程中可以自动定位及播报参观景点的音视频信息，图文并茂地全面讲解景区特色。同时也提供多种语言服务等，避免导游服务水平参差不齐等问题，做到了为游客服务的流程化、规范化（图 10-2）。

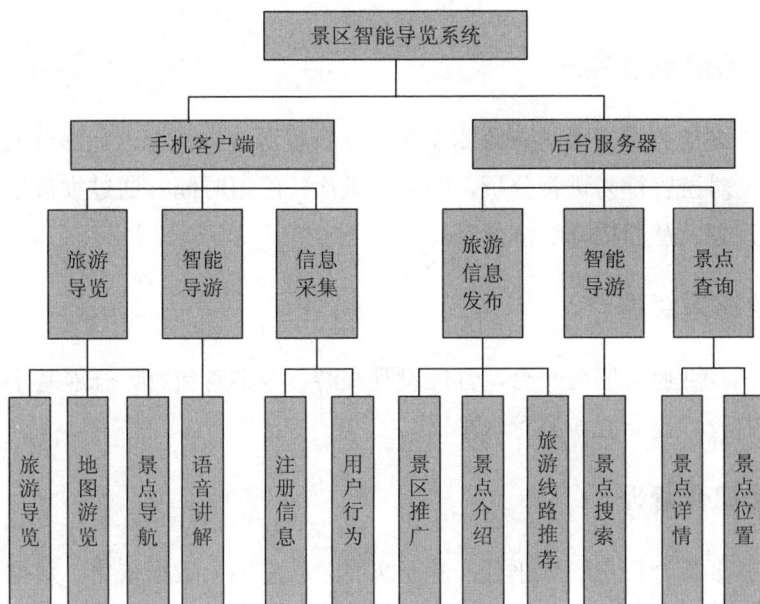

图 10-2 景区智慧导览服务系统图

三、互联网虚拟旅游

游客可以通过景区 App、Web、微信公众号等方式接入景区智慧旅游平台，实时动态掌握景区的景色、天气和客流情况，并可观看景区的音视频介绍，观看景区不同季节、不同时间的风景，实现虚拟旅游。互联网虚拟旅游能起到很好的景区宣传效果，对用户的冲击力远胜文字，且支持大流量、大迸发量、高分辨率的视频图像展现。

四、LED 信息发布

通过实时流量统计，当某景点出现客流量激增、人员密集报警后，智慧景区平台需要借助景区设置的 LED 信息发布屏、移动端信息推送等方式进行游客流量引导。

任务四　面向旅游管理部门的智慧监管

一、应急处理

建立应急指挥调度管理系统，开展景区运行状况的监测、调度及分析，利用基于 GIS 的综合应用管理平台在指挥调度大厅大屏上直观展示运行状况，并能够实时调度指挥处理景区紧急状况。

二、旅游客流动态监测

构建基于基站的旅游客流动态监测系统，分析客源分布状况，能够分省（区、市）显示客流的动向。对游客行为进行分析，例如，频次、停留时间，通过大数据分析，部署下一步景区景点规划，从而提升经济效益。

三、行业监督管理

建设统一的行业监管服务平台，合理设置旅游行业监管流程，开展基于物联网技术的景区运行活动监管，提高旅游监管水平。

四、景区综合管理

构建智慧景区综合信息管理平台，基于实时、动态的大数据采集、数据分析处理及标准化接口，通过物联网、云计算及大数据分析，实现对游客、景区软硬件资源等数据的实时掌控，以提升景区的信息化管理水平，提升景区管理效率和游客体验，为精准营销及可视化运行维护提供全方位支持。

任务五　面向商家的智慧营销

对旅游产品的个性化需求使得越来越多的人选择自助游和散客游，并已经成为旅游市场一种主要的出游方式。智慧旅游时代为游客自主规划旅游路线，购票、订房等提供了可视化、便利的服务。智慧景区旅游营销思维就是以满足海量游客的个性化需求为目标，更加便利快捷地开展智能化、个性化、信息化的营销。

一、提供虚拟旅游体验

信息科技让景区越来越精彩。利用传统景点的优势，突出传统景点的特色，将最前沿的信息技术与先进的运营理念相结合，以新颖的形式为游客提供更丰富的虚拟旅游体验，强化游客对景区的认知和认同。

二、广告营销

开展多渠道多方式的营销，通过 B2C 官网购票、B2B 分销、OTA 对接，进行线上线下（O2O）无缝对接，达到无时间、无区域平台限制地进行票务销售，同时支持支付宝和各种网银付款，为用户创造自己的平台，实现飞机票、火车票、景区电子门票等的游客自助购票功能。

三、与上下游企业开展合作

利用广告营销功能可以与商家组成联盟，共同开拓和分享旅游产品的销售。与酒店、租车公司、餐饮企业开展合作，推出优惠合作项目，实现企业互惠共赢；多渠道发布企业名片，为商家（如餐饮、购物店、娱乐等）量身打造"企业名片"，发布服务促销信息。

课后思考题

1. 我国景区智慧管理的现状如何？存在哪些问题？
2. 景区的智慧管理如何兼顾不同游客群体的需求？

◇ 任务训练

以小组为单位，到当地的 4A 或者 5A 级景区调研，看看景区面向游客的智慧管理包含了哪些内容？

项目十一　景区的质量管理

- **学习任务**

1. 认识景区的质量管理；

2. 掌握景区质量监控的方式；

3. 了解景区质量等级申报的工作流程。

- **达成目标**

能够根据我国景区质量等级评定标准指导景区申 A 建设和申 A 工作。

☞ **案例导入**

5A 级景区首被"摘牌"，景区乱象能否彻底破除？

2015 年 10 月，国家旅游局在北京召开新闻发布会，通报河北省秦皇岛市山海关景区被取消 5A 级资质，同时，云南省丽江市丽江古城景区等 6 家 5A 级景区被严重警告。专家分析称，此举意味着 A 级景区的动态管理机制变为常态，5A 级景区"终身制"变为历史，景区一直以来"重建设、轻保持"的弊病有望克服。

据媒体报道，此次山海关景区被摘 5A，是自 2011 年国家旅游局启动对既有星级资质的景区暗访工作以来，首次取消 5A 级景区资质。据国家旅游局通报，此次秦皇岛市山海关景区被取消 5A 级资质，主要有四点原因：一是存在价格欺诈。强迫游客在功德箱捐款现象普遍，老龙头景区擅自更改门票价格。二是环境卫生脏乱。地面不洁、垃圾未清理，卫生间湿滑脏乱，清洁工具、施工材料随意堆放。三是设施破损普遍。设施普遍老旧，电子设备、寄存柜、展品等损坏严重，长时间无人维修。四是服务质量下降严重。导游、医务等岗位人员缺失严重，保安、环卫人员严重不足。依据国家 5A 级景区标准和评分细则，山海关景区已不具备 5A 级景区条件，并存在严重服务质量问题。

面对宰客、配套设施不足、安全隐患突出等乱象，景区自身要设法出台措施满足游客需求，同时政府也需要加强管理和监督。

此次山海关景区被取消 5A 级资质，不仅意味着 A 级景区的动态管理机制变为常态，同时对于其他景区也起到很好的警示作用。5A 级景区是公认的旅游景区的最佳品牌，也是旅游产业发展的重要支撑。国家旅游局对 5A 级景区的管理一直是严格的和动态的。未来将通过摘牌、警告等手段，督促景区始终坚持以游客为本，不断加强管理，改进服务，提高品质。

（资料来源：《5A 级景区首被"摘牌" 景区乱象能否彻底破除？》，中国新闻网，2015-01）

注：经过几年时间的修复与整改，山海关景区通过重重"考验"，又重新恢复了国家 5A 级旅游景区的称号。

任务一　认识景区的质量管理

一、景区质量的含义

质量的概念最早来源于制造业，更多指的是减少生产过程中的浪费和最终生产出来的次品的数量。随着人们认知的不断深入，质量的内涵从仅指结果转变为产生结果的整个过程。质量管理系统由此衍生，人们认识到，质量管理不仅是企业生产管理、经营运作管理等管理功能的一部分，也不仅只是专门负责质量管理的员工的职责，而是涉及整个企业和组织的各个方面。因此，每个员工都应具有质量意识，保证质量是所有员工的责任。

现如今，国际标准化组织对质量概念的定义被提供产品和服务的各行各业所接纳和认可。在 ISO 9000：2000 标准中，质量被定义为"产品或服务所具备的满足明确或隐含需求能力的特征和特性的总和"。根据这一定义，旅游景区产品质量定义为景区满足游客显性或隐性需求的能力和特性的总和。所谓游客显性的需求是指旅游者对景区景点的潜在期望，并能够准确地表达出来的需求；而隐性需求是指那些游客认为理所当然的事情，无须表达出来，但景区一定要满足的需求。这类需求往往被景区所忽视，若景区未能及时识别并给予满足，则会导致游客的不满情绪，影响游客对景区质量的评价。通过以下几点理解旅游景区质量的内涵：

（1）旅游景区质量所研究的是景区的有形产品的质量，表现为各种设施设备和实物商品的质量。景区的无形产品质量，表现为旅游景区为游客提供的旅游过程的服务质量。两者是相互依存并互为条件的关系。有形产品的质量是无形产品质量的载体和依据，无形产品的质量是在有形产品的基础上通过服务劳动产生而来，是景区服务质量核心的体现。

（2）旅游景区质量以游客需要为导向，他们也是旅游景区质量的评价者。在衡量旅游景区产品质量时，不同主体评价的角度有所不同。对于旅游景区管理者而言，质量意味着旅游景区的顺利运营和最少的旅游投诉；对旅游景区员工而言，质量就是按照服务标准和规范提供服务，尽可能提高游客满意度；对旅游者而言，质量意味着能够以最低的价格消费对于他们而言利益最大的旅游产品。从市场经济的观点来看，旅游景区质量的评价者应是游客，旅游者是旅游景区产品的购买者，对旅游景区产品质量最有发言权。旅游景区管理者必须树立这种观念，以游客为中心，从旅游者的角度出发管理旅游景区产品质量。

（3）旅游景区质量具有动态性。旅游景区作为一种经历型产品，游客主要依靠个人感知对其旅游经历和旅游需要进行主观评价，在具体含义上十分模糊。由于旅游者需求的多样性和个体的差异性，对旅游景区质量评价大有不同，游客需要和感知程度又会随时间和环境的变化而变化。因此，衡量旅游景区产品质量比较困难，需要管理者对景区质量进行全面定期的评审。

（4）旅游景区质量的影响具有综合性。旅游景区质量的综合性主要体现在其质量内容的丰富性和受益对象的广泛性。对于旅游景区而言，影响旅游体验质量判断的因素多种多样，从总体上看，游客更关心旅游景区特色、游览内容多少、价格水平是否公道以及卫生安全条件等。而优良的景区质量的受益对象也并不单是游客，还包括在景区的工作人员、管理层的各个部门和社会团体组织、投资者等。由此可见，旅游景区质量涉及旅游景区管理的各个环节，只有将各方面都做好了，旅游景区质量才会有所提高。

二、景区质量的构成

景区质量主要体现为有形产品的质量和无形服务的质量。因此，景区产品的质量必须从旅游景区产品的各个构成要素的质量及其有效组合以满足游客期望和需求的程度来体现。旅游景区质量的构成要素主要包括以下几部分：

1. 基础产品质量

旅游景区基础产品质量主要包括景观、环境、交通、酒店、餐饮、购物、娱乐等设施的质量。旅游景区基础产品是旅游者在旅游景区内进行旅游活动所必须借助和消费的有形物质载体。这一要素中任何一部分出现质量问题都会直接引发游客对旅游景区产品质量的不满。

2. 产品组合质量

旅游景区产品组合质量是指旅游景区内各景点之间的线路设计、项目安排等是否满足游客的需求。景区应针对不同游客人群的游玩需求，对自己可控制的各种基础产品进行优化组合和综合运用，使景区资源之间协调配合，扬长避短，发挥优势，以便充分发挥出旅游景区的特色，实现景区质量的把控。

3. 服务质量

服务质量是景区质量的无形性体现，是旅游景区服务人员所提供的服务质量，包括售票服务、讲解服务、购物服务、咨询服务等各种劳务性服务。由于旅游景区服务具有无形性，游客旅游体验的形成必须要经过与多个环节上服务人员提供的服务接触，对整体景区服务质量的感知与评价也建立在服务接触环节的基础之上。因此，服务接触质量的高低往往成为游客评价旅游景区产品质量的主要依据。服务质量是旅游景区产品质量的核心环节，必须努力提高旅游景区的服务接待质量。

4．产品价格

旅游者在衡量旅游景区质量时一般将其价格作为一个重要的指标，认为较高的价格理应提供相应价值质量的服务。所以，产品价格是构成景观质量的重要方面。当游客感到物有所值、物超所值时，就会对景观形成较高的质量评价，反之，当游客感到价格较高，有所不值时，则会降低满意度。

5．游客满意度

旅游景区属于体验型的服务产品，游客在进入景区之前，基本上对景区的质量没有直观的概念。只能通过景区对外的宣传资料和口碑等渠道产生一个对景区产品、服务质量的"事前期待"，是游客对景区服务行为和服务绩效的一种心理标准。当游客购买门票进入园区后，才对景区的质量有所感知。旅游者在景区所感知的服务质量是他们期望的服务质量与在景区实际接受到的服务质量的差异。如果游客感知的服务质量超过预期，则会对旅游景区服务质量评价较高，反之则较低。所以景区管理者应注重管理游客对景区的需求和期待。对于游客合理的显性需求要给予满足，对于游客不现实的隐性需求和过高的期望要及时给予引导，才能保证游客对景区质量的满意度。

三、景区质量的管理

1．景区质量管理定义

旅游景区质量管理是指确定旅游景区质量方针，改进并使其实施的全部管理职能的所有活动。景区质量管理是一个景区全部管理活动的重要组成部分，其管理职能是负责质量方针的制定和实施。景区质量管理是多主体活动的集合。景区质量管理战略和质量方针主要由景区管理者制定，而景区质量的改进和实施与景区工作人员和游客均相关，他们的行为会直接或间接地影响景区质量状况。景区质量管理涉及的面很广，从横向来说，它包括景区质量战略、质量检验和质量成本管理等活动；从纵向来说，景区质量管理应当包括质量方针和质量目标的制定，以及实现质量方针和目标的质量体系的建立和维持。在景区质量管理中必须考虑经济因素，即要考虑景区质量系统的经济效益。

2．景区质量管理基本原则

多年来，基于质量管理的实践经验和理论研究，在质量管理领域形成了一些有影响的质量管理的基本原则和思想。这些质量管理原则结合旅游景区质量管理领域，体现为：

1）游客满意原则

景区管理工作的最大受益者是游客，而游客对景区产品和服务的满意度是衡量景区质量高低与否的重要指标。景区应将游客需求作为管理导向，以游客的切身利益为经营目标，全面调查和研究游客需求的综合性，例如，不同年龄人群、性别、从事行业、游览目的的游客当前的旅游需求和旅游期待分别是什么，通过采取有效的质量管理措施满足游客要求并争取高出游客期望，从而使游客对景区质量满意。

2）景区主导原则

景区最高管理部门的负责人对景区具有决策权。负责人必须将景区的宗旨、方针与内部环境统一结合起来，为景区员工创造一个能充分参与实现景区目标的气氛环境。为了营造一个良好的环境，最高管理者应建立正确的质量方针和质量目标，时刻关注游客需求，确定一个有效的质量管理体系，并监管其实施运作的有效性。将景区运行的结果与目标相比较，根据情况决定实现质量目标的措施，并确定持续改进的措施。在领导作风上还要亲民、透明、务实和以身作则。

3）全员参与原则

景区的质量涉及景区上上下下多个管理部门的工作，不仅包括站在服务前线直接为游客服务的一线员工，还有那些为景区提供保障服务工作的员工也影响着景区的服务质量，例如景区的保洁人员、硬件设施维修人员、景区园林维护人员等。就景区的管理而言，只有得到所有员工的充分参与才能为景区带来最大的收益。景区管理还应将员工的工作绩效同游客的满意程度挂钩，将游客满意度作为衡量员工工作绩效的重要指标。重视对职工进行质量意识、职业道德、以游客为中心的意识和敬业精神的培训教育，营造游客满意文化。

4）系统管理原则

景区质量管理应遵循系统论思想，认识到景区质量存在的问题不是单一环节失败造成的，对景区质量管理和改进活动应全面考虑组成体系中相互关联的所有要素和过程。在制定、识别和确定景区质量管理目标时，充分调动景区组织部门参与其中，最大限度地满足游客需求。

5）持续改进原则

持续改进是景区管理进入全面质量管理阶段后倡导的核心思想，也是景区的一个永恒的目标。随着时代的发展，游客追求的旅游体验也大不相同。只有持续改进更新，才能使景区在发展的每个阶段尽可能满足游客的需求。持续改进体现在：重视游客的反馈，对后续信息也要进行及时追踪，包括了解现状、寻求评价、制定实施解决办法、测量验证和评估结果，把更改的管理信息录入管理系统等。

6）双赢原则

景区经营单位向景区提供的产品和服务，直接影响游客对景区的满意度。所以旅游景区要和景区经营单位形成合作共赢、互惠互利的良好合作关系。

任务二　A级景区的质量监控

景区的质量监控可以分为内部监控和外部监控两种，内部监控指景区内部质量监控部门对景区日常运营的质量进行规划、监督、控制。外部监控指相关行政管理部门对景区的质量进行监督和控制。

一、景区质量的内部监控

1. 内部监控的类型

景区服务质量的控制，可以通过质量反馈控制得以强化。质量反馈信息是指在实施质量控制过程中对质量目标实现情况的反映信息。它的真实性是保证质量反馈控制的关键。

在实施质量反馈控制时，要注意如下问题：

（1）尽可能提高质量反馈信息的真实性。景区的质量信息包括了旅游基础产品的质量信息、旅游产品组合质量信息和从业人员工作质量信息三个方面。对旅游者的意见反馈，信息处理人员应明确：游客的意见因何而起，有无过激的表述；对产品组合的意见是否代表了主体消费者的意向，少数或个别旅游者对产品组合的不满具体表现在哪些环节等。

（2）尽可能缩短质量信息反馈的时程。景区质量信息反馈的时程，是指质量信息反送回质量控制主体的时间进程。质量信息反馈的时程越短，就越利于管理人员和工作人员及时修正工作方法，提高工作质量。为了缩短质量信息反馈时程，必须疏通反馈渠道，提高反馈环节的工作效率，具体措施有：

1）建立统一的质量信息中心。在景区内设立投诉站和方便的投诉电话。质量信息中心不仅接收游客的投诉、传递质量信息到相关的单位或个人，而且还应监控执行结果。

2）建立质量信息管理制度。对各种质量信息在传递、执行的时间上做出明确规定，并将之与质量责任制结合起来。

（3）选择多种质量反馈方式。景区的整体质量系统是由多个子系统构成的复杂系统，要控制好这个复杂的质量系统，单靠旅游者一条反馈线路是不够的，还需要借助行业间的质量信息反馈线路。

2. 景区质量内部监控的方法——PDCA 循环

旅游景区的质量管理工作需要不断地识别、实践、评估和总结。因此，运用旅游景区的质量保证体系来控制和提高质量是一个闭环过程。建立旅游景区的标准化管理体系可以参照查尔斯·戴明提出的"戴明模式"——PDCA 循环，即计划（Plan）、实行（Do）、检查（Check）和处理（Action）四个阶段来执行。四个阶段为一个循环，组成旅游景区的管理体系。

PDCA 循环是科学的质量管理工作程序。运用 PDCA 循环来解决旅游景区质量问题，可分为四个阶段进行。

1）计划阶段（Plan）

对制定计划和方案的决策要取得景区最高管理者的承诺和支持，进而成立专门的小组或机构来完成前期策划和设计工作。在策划过程中需要首先分析景区质量的现状和存在的问题；分析景区产品质量和服务质量的影响因素；给以上影响因素排序，找出影响景区质量的主要原因，着重解决主要矛盾；最后小组针对主要原因制定管理措施，并将改进计划和目标明确详细地写进计划里。

2）实行阶段（Do）

按照制定的计划和方案进行具体实施。

3）检查阶段（Check）

针对计划和方案的执行情况进行检查。确认设立的目标是否得以实现，并及时发现问题，进行整改。

4）处理阶段（Action）

根据体系的实际情况和变化的需要，对体系做综合评价和处理，进而提出改进要求，以便制订新的计划和进入下一轮的 PDCA 循环。

PDCA 循环应注意的问题：PDCA 循环必须按顺序进行，四个阶段既不能缺少，也不能颠倒。PDCA 循环必须在旅游景区各个部门、各个层次同时进行。旅游景区是个大的 PDCA 环，各个部门又有各自的 PDCA 环，各班组直至个人都应有 PDCA 环。只有当这些大环套小环，并且每个环都按顺序转动前进，互相促进，才能产生作用。PDCA 循环不是简单的原地循环，每循环一次都要有新的更高的目标。这说明每一次循环后，旅游景区的质量水平都会有新的提高。

二、旅游景区质量的外部监控

旅游景区动态管理以《旅游区（点）质量等级的划分与评定》（GB/T 17775—2003）与《旅游景区质量等级管理办法》（2012）为主要依据。同时，建立全国旅游景区动态监测与游客评价系统以及景区信息管理系统，以旅游信息和游客评价意见为补充依据。

我国在旅游景区质量管理机制上推行动态监管，实现动态管理常态化。旅游景区质量等级评定管理工作在"有进有出"的管理机制下，遵循自愿申报、分级评定、动态管理、以人为本、持续发展的原则开展。旅游景区申请质量等级需要具备一定的准入条件；在评定阶段必须完成创建工作，符合相应标准方可给予授牌；挂牌成功后接受一系列的监督管理，若达不到要求则取消其资质，退出质量等级体系。

《旅游区（点）质量等级的划分与评定》（GB/T 17775—2003）为推荐性而非强制性标准，但对已成功申请质量等级的旅游景区而言，标准内容则为硬性要求。目前，旅游景区质量等级评定管理存在着重创建、忽视保持以及荣誉"终身制"的现象。因此，实现旅游景区动态管理，建立长效机制，促进动态管理常态化，对提升旅游景区服务质量与管理水平、维护旅游者合法权益具有重要意义。

任务三　A级旅游景区的申报

一、A级旅游景区质量等级划分

根据《旅游景区质量等级管理办法》《旅游区（点）质量等级的划分与评定》（GB/T 17775—2003）及其评定细则中的有关要求，将景区质量等级划分为5个等级，分别为1A级、2A级、3A级、4A级、5A级，其中5A级为最高等级。而旅游景区质量等级的具体确认还需依据三个细则标准来进行评选，它们分别是：

细则一——服务质量与环境质量评价体系。该细则共计1 000分，共分为8个大项，各大项分值为：旅游交通130分；游览235分；旅游安全80分；卫生140分；邮电服务20分；旅游购物50分；综合管理200分；资源和环境的保护145分。其中5A级旅游景区需达到950分，4A级旅游景区需达到850分，3A级旅游景区需达到750分，2A级旅游景区需达到600分，1A级旅游景区需达到500分。看起来复杂，但所有标准都是对旅游过程体验的评估，以为游客提供更优质的服务而进行的分项评价。

细则二——景观质量评价体系。该细则分为资源要素价值与景观市场价值两大评价项目、九项评价因子，总分100分。其中资源吸引力为65分，市场影响力为35分。各评价因子分四个评价得分档次。等级评定时，对评价项目和评价因子由评定小组成员分别计分，最后进行算术平均求得总分。其中，5A级旅游景区需达到90分，4A级旅游景区需达到80分，3A级旅游景区需达到70分，2A级旅游景区需达到60分，1A级旅游景区需达到50分。

细则三——游客意见评价体系。该细则是对游客综合满意度的考查，以向游客直接发放的《旅游景区游客意见调查表》的得分情况为依据。细则计分项包括总体印象、可进入性、游路设置、旅游安排、观景设施、路标指示、景物介绍牌、宣传资料、讲解服务、安全保障、环境卫生、旅游厕所、邮电服务、购物、餐饮、旅游秩序、景物保护等评价项目。每一评价项目分为很满意、满意、一般、不满意四个档次，并依此计算游客意见得分数。游客综合满意度总分为100分，其中5A级旅游景区需达到90分，4A级旅游景区需达到80分，3A级旅游景区需达到70分，2A级旅游景区需达到60分，1A级旅游景区需达到50分。

景区质量等级评定标准评分细则见表11-1。

表 11-1　景区质量等级评定标准评分细则

评分细则	名称	分值	5A	4A	3A	2A	1A	评定项目	评分点
细则一	服务质量与环境质量评价体系	1 000分	950分	850分	750分	600分	500分	旅游交通、游览、旅游安全、卫生、邮电服务、旅游购物、综合管理、资源和环境保护	213个

评分细则	名称	分值	5A	4A	3A	2A	1A	评定项目	评分点
细则二	景观质量评价体系	100分	90分	85分	75分	60分	50分	资源吸引力、市场吸引力	9个
细则三	游客意见评价体系	100分	90分	80分	70分	60分	50分	游客综合调查满意度	17个
游客量/	海内外旅游者		60	50	30	10	3	—	—
万人次	海外旅游者		5	3	—	—	—	—	—

根据旅游景区质量等级划分条件确定旅游景区质量等级，按照《服务质量与环境质量评分细则》《景观质量评分细则》的评价得分，并结合《游客意见评分细则》的得分综合进行。经提交审核，最后旅游景区质量等级的标志、标牌、证书由全国旅游景区质量等级评定机构颁发，并向社会统一公告。

二、A 级旅游景区的申报与评定

2012 年，国家旅游局为进一步规范 A 级旅游景区评定程序，严格 A 级旅游景区质量要求，建立和完善 A 级景区退出机制和社会监督体系。将 2005 年颁布的《旅游景区质量等级评定管理办法》修订为《旅游景区质量等级管理办法》，并于 2016 年废止了《旅游景区质量等级评定管理办法》。该办法依据《旅游景区质量等级的划分与评定》而制定。此外，随着旅游景区质量等级评定工作进一步发展完善，国家旅游局于 2014 年出台了《关于下放 4A 级旅游景区质量等级评定管理工作的通知》，全国旅游景区质量等级评定委员会于 2015 年出台了《关于加强和完善旅游景区评定工作有关事项的通知》，以促进旅游景区质量等级评定与管理工作有序、有效开展，切实提高旅游景区管理、经营和服务水平。

1. 参评条件

凡在中华人民共和国境内正式开业 1 年以上的旅游景区，均可申请质量等级。旅游景区质量等级划分为五个等级，从低到高依次为 1A、2A、3A、4A、5A。

2. 评定机构

《旅游景区质量等级管理办法》的第三章"申报与评定"中明确规定了 A 级旅游景区的申报准则与评定程序。其中根据质量等级申报的不同，负责评定的组织级别也各不相同。评定等级具体分为以下三类：

（1）3A 级及以下等级旅游景区由全国旅游景区质量等级评定委员会授权各省级旅游景区质量等级评定委员会负责评定，省级旅游景区评定委员会可向条件成熟的地市级旅游景区评定委员会再行授权。

（2）4A 级旅游景区由省级旅游景区质量等级评定委员会推荐，全国旅游景区质量等级评定委员会组织评定。

（3）5A 级旅游景区从 4A 级旅游景区中产生。被公告为 4A 级 3 年以上的旅游景区可申报 5A 级旅游景区。5A 级旅游景区由省级旅游景区质量等级评定委员会推荐，全国旅游景区质量等级评定委员会组织评定。

表 11-2　景区的质量等级

等级	评定机构
5A	国家评定，省级推荐
4A	国家授权，省级评定
3A	国家授权，省级评定，省级可向地市级再授权
2A	国家授权，省级评定，省级可向地市级再授权
1A	国家授权，省级评定，省级可向地市级再授权

3. 各级别景区申报评定流程

（1）申报 3A 级及以下等级的旅游景区，由所在地旅游景区评定机构逐级提交评定申请报告、《旅游景区质量等级评定报告书》和创建资料，创建资料包括景区创建工作汇报、服务质量和环境质量具体达标说明和图片、景区资源价值和市场价值具体达标说明和图片。省级或经授权的地市级旅游景区评定机构组织评定，对达标景区直接对外公告，颁发证书和标牌，并报全国旅游景区质量等级评定委员会备案。

（2）申报 4A 级的旅游景区，由所在地旅游景区评定机构逐级提交申请报告、《旅游景区质量等级评定报告书》和创建资料，省级旅游景区评定机构组织初评。初评合格的景区，由省级旅游景区评定机构向全国旅游景区质量等级评定委员会提交推荐意见，全国旅游景区质量等级评定委员会通过明察、暗访等方式进行检查，将达标景区对外进行公告，颁发证书和标牌。具体申报流程示意见图 11-1。

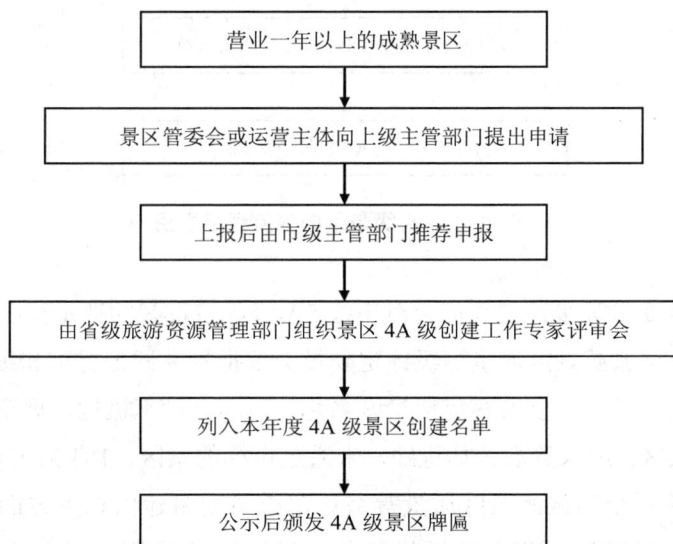

图 11-1　4A 级景区申报流程示意图

（3）申报 5A 级的旅游景区，由所在地旅游景区评定机构逐级提交申请报告、《旅游景区质量等级评定报告书》和创建资料（含电子版），省级旅游景区评定机构组织初评。初评合格的景区，由省级旅游景区评定机构向全国旅游景区质量等级评定委员会提交推荐意见。具体申报流程见图 11-2。

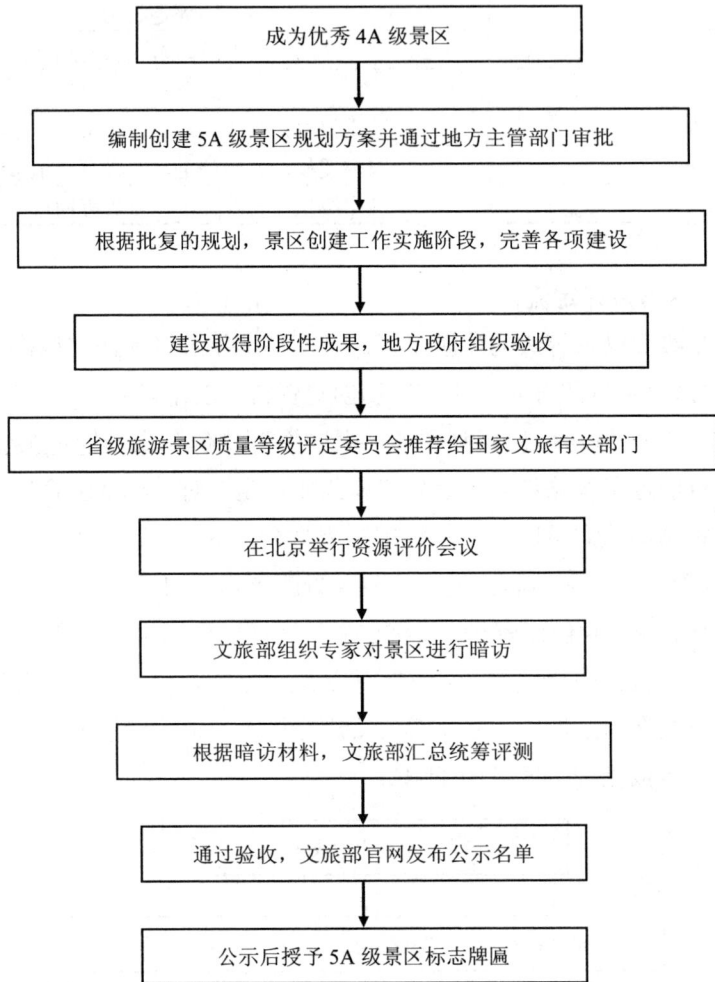

图 11-2　5A 级景区申报流程示意图

全国旅游景区质量等级评定委员会对申报 5A 级旅游景区的评定程序：

资料审核。全国旅游景区质量等级评定委员会依据景区评定标准和细则规定，对景区申报资料进行全面审核，审核内容包括景区名称、范围、管理机构、规章制度及发展状况等。通过审核的景区，进入景观评估程序，未通过审核的景区，1 年后方可再次申请重审。

景观价值评价。全国旅游景区质量等级评定委员会组建由相关方面专家组成的评议组，听取申报景区的陈述，采取差额投票方式，对景区资源吸引力和市场影响力进行评价，评价内容包括景区观赏游憩价值、历史文化科学价值、知名度、美誉度与市场辐射力等。

通过景观评价的景区，进入现场检查环节，未通过景观评价的景区，两年后方可再次申请重审。

现场检查。全国旅游景区质量等级评定委员会组织国家级检查员成立评定小组，采取暗访方式对景区服务质量与环境质量进行现场检查，检查内容包括景区交通等基础服务设施，安全、卫生等公共服务设施，导游导览、购物等游览服务设施，电子商务等网络服务体系，对历史文化、自然环境保护状况，引导游客文明旅游等方面。现场检查达标的景区，进入社会公示程序，未达标的景区，1年后方可再次申请现场检查。

社会公示。全国旅游景区质量等级评定委员会对达到标准的申报景区，在中国旅游网上进行7个工作日的社会公示。公示阶段无重大异议或重大投诉的旅游景区通过公示，若出现重大异议或重大投诉的情况，将由全国旅游景区质量等级评定委员会进行核实和调查，做出相应决定。

发布公告。经公示无重大异议或重大投诉的景区，由全国旅游景区质量等级评定委员会发布质量等级认定公告，颁发证书和标牌。

各质量等级旅游景区必须按照国家统计部门和旅游行政主管部门要求，履行《旅游统计调查制度》，按时报送旅游景区各项相关统计数据和信息，确保数据的真实性和准确性。

A级旅游景区的申请并非容易。但创建质量等级申请的过程对于不断提升景区整体体验是有意义的。景区在创建申请的过程中不断对照标准进行自我检查和完善，找出景区在旅游质量方面的相关不足，启动各旅游景区的自主能动性，从而提升我国旅游市场的整体水平。

二维码
• 旅游景区质量等级管理办法
• 龙云谷申请国家3A级景区实战案例
• 《旅游区（点）质量等级评定与划分》国家标准

课后思考题

5A级景区由终身制变为动态管理机制的意义有哪些？

◇ 任务训练

1. 通过资料查询，列举截至目前我国5A级景区的名录，其中河北省有哪些5A级景区？

2. 根据《旅游区（点）质量等级的划分与评定》的要求，选取一个当地的4A级景区对标4A级景区的标准进行实地调研，并写出调研报告。

项目十二　景区的节事活动管理

● **学习任务**

1. 认识景区的节事活动管理；

2. 理解与掌握景区节事活动的内涵及特点；

3. 了解旅游景区节事活动的分类及功能；

4. 掌握旅游景区节事活动策划的基本原则；

5. 掌握旅游景区节事活动营销的相关理论；

6. 了解旅游景区节事活动的组织与安排。

● **达成目标**

能够独立完成一项节事活动的策划方案撰写和营销策划。

☞ **案例导入**

元宵喜乐会秦行宫奇妙游——大型穿越之旅

为了弘扬中国传统文化，让广大群众在博物馆里感受中国传统节日的文化魅力，北戴河秦行宫遗址博物馆在元宵节推出"元宵喜乐会·秦行宫奇妙游"活动，来一场穿越千年的旅行，活动期间博物馆工作人员将集体穿着古装，期待参与活动的市民和游客也身着古装共赴穿越之旅。

体验规则：

（1）玩家入馆，领取任务卡。活动设置多个互动环节，身份不同，任务不同，快来博物馆领取属于你的任务吧！

（2）阅读任务线索，完成榫卯拼搭、隐秘线索、猜灯谜、射箭等。玩家每完成一项探索任务，即可获得奖励章，集满全部印章后可体验元宵制作活动。

（3）顺利回到现代者可获得博物馆准备的精美小礼品——兔子灯笼一份。

（4）身穿汉服参与活动的市民和游客可于现场品尝元宵一份。

活动时间：2 月 5 日上午 9:30—11:30 下午 13:00—15:00

活动地点：北戴河秦行宫遗址博物馆

活动费用：免费

参与方式：请通过博物馆官方微信公众号预约参观，活动限定 200 个名额，先到先得！
（资料来源：北戴河秦行宫遗址博物馆 公众号）

任务一 认识景区的节事活动管理

一、节事活动的内涵

节事活动（Festival & Special Event，FSE）是节日和特别活动的总称，是指根据一个地区的区域特征和发展战略，开展的偶然或定期的系列活动和事件，其中包括节日、庆典、博览会、展览、会议以及各种文化和体育活动等。在旅游业中，节事活动被认为是提升目的地形象的一种特殊形式的旅游活动，旅游目的地作为旅游业的六大要素之一，景区往往与节事活动有着内在的联系。

旅游景区节事活动指的是根据旅游景区或旅游景点所在地区的自然及文化基础，在其区域内以定期、不定期或一次性形式组织的具有特定的特色及文化内涵的一系列活动和事件。旅游景区普遍具有良好的自然、人文环境以及较为完善的服务设施，由此成为节事庆典活动的主要发生地和举办方。景区成功的节事活动不但可为景区带来即时的经济回报，也有助于设施的建设和整体环境的改善，提高景区的知名度和影响力，加强旅游管理能力，提高游客服务水平以及景区的文化内涵。

二、节事活动的特点

1．文化性

节事活动作为一种文化现象的表现，在人类发展历史中延续着。在景区节事活动发展的过程中，也充满旅游景区的文化印记，不断展现其独特的历史和文化特色。文化性成了节事活动的基本特征，因此，旅游景区的节事活动的策划和组织应突出其博大精深的地方文化，这也可以看作是一种当地的文化与旅游促销一体化的行为。

2．短期性

节事活动的开展会受到季节和时间的限制，并需要在预订的时间内进行，因此，节事活动一个基本特征是短期性。景区节事活动的时间并不是随意确定的，往往是主办方根据当地气候、交通状况、旅游淡旺季、游客接待能力、活动主题、活动经费等关键影响因素的实际情况来确定。在短时间内，举办地必须有足够的旅游接待设施，如酒店客房和便利的交通等基础设施，以接待来自四面八方参与节事活动的游客，这给风景名胜区和举办节庆活动的城市带来了机遇，同时也带来了挑战。

3．地域和资源的依托性

旅游节事活动作为历史的产物具有地域差异的特性，景区的节事活动能够生动地反映地方和资源的特点，因此景区的节事活动一般被认为是区域形象的有效塑造方式之一。由于地域与地域间有着不同的风俗习惯以及资源条件，不同地区将形成不同的节事活动，景区的节庆活动应该根据区域和资源的特点进行策划，只有这样，景区的节庆活动和节庆旅游才能具有强大的吸引力。

4．参与性

随着旅游休闲业的发展，游客越来越重视通过参与活动获得旅游体验感。旅游节事活动就是一种参与性很强的旅游和休闲活动，活动的策划者和主办方都在利用游客强烈的好奇心试图缩短与参与者的距离。游客往往希望通过参加旅游目的地节事活动以了解一个地区的生活方式，希望能够体验当地居民的生活方式和感受当地的风土人情，通过参与节事活动来获取新的知识和技能来提高自己，通过享受风景和食物来获得内心的愉悦。

5．多样性

从节事活动的定义可以看出，节庆活动是一个内涵非常广泛的集合概念，任何能够吸引游客的因素，经过开发和策划都可以成为节事活动。景区的节事活动在表现形式上也具有多样性的特点：景区节事活动可以是展览（博览）和体育赛事，也可以是庆典活动以及多种形式的文化娱乐活动。它的主题可以是种植当地的某种特色农作物，或者纪念当地的一位名人，也可以是纪念某件历史事件，还可以是当代活动庆典等。

三、节事活动的分类

1．按节事活动的属性划分

传统节日活动：根据当地文化历史景观、独特的地理文化、宗教活动等开展的活动。从传统节日的发展历史又可分为：古代传统型，如中国端午节的赛龙舟活动、杭州运河文化节、西方的圣诞节等；近代纪念型，如各国国庆节等。

现代庆典活动：与生产劳动紧密联系的节庆活动，如广州花会、摩洛哥的献羊节（Presenting Goat Festival）等。与生活紧密联系的节庆活动，如上海饮食文化节、威尼斯狂欢节（Venice Carnival）等。

其他重大活动：包括大型会议、体育盛事等。

2．按节事活动的影响范围划分

世界性节事活动：世界性节事活动通常规模较为庞大，能在全球引起反响，如戛纳国际电影节（Cannes International Film Festival）、国际孔子文化节等。

全国性节事活动：全国性节事活动主要在某些区域引起反响，如厦门中国广告节、青岛啤酒节、洛阳牡丹交易会等。

地区性节事活动：地区性节事活动通常在乡镇、城市或地区间产生一定的影响，如上海南汇桃花节、浙江陆羽茶文化节等。

3．按节事活动的组织者划分

政府性节事活动：由政府组织的非营利节日活动，如五四青年节、中秋节等，以及政府组织的交流活动和纪念活动。

民间自发性节事活动：指社会组织、民间团体自发组织的节庆活动，如云南傣族泼水节、巴西狂欢节（The Brazil Carnival）、澳大利亚墨尔本白夜节（White Night Festival）等。

企业性节事活动：是指以企业为主导的商业节事活动，如山东潍坊国际风筝节、墨尔本国际时装周等。

4．按节事活动的主题划分

节事活动按主题大致可以分为以下六种，详见表12-1。

表 12-1　中国城市节事活动的常见主题及基本特征

活动主题	活动特征	典型案例
宗教性节事活动	宗教纪念日或由各种宗教组织举办	藏族晒佛节、伊斯兰教古尔邦节
自然景观型节事活动	以举办地自然景观为主题	桂林山水节、华山国际登山节
体育性节事活动	以体育赛事为主题	北京国际马拉松节
政治性节事活动	以政治事件为主题	APEC 会议、世界银行大会
文化性节事活动	以地方文化内涵为主体	上海国际文化艺术节
贸易型节事活动	以举办地最有代表性的特产为主打品牌	青岛国际啤酒节、洛阳牡丹节

5．按节事活动的形式划分

单一性节事活动：是指活动内容和形式比较单一、专业性很强的节事活动，如法国香槟节、中国哈尔滨国际冰雪节等。

综合性节事活动：是指活动内容和形式广泛、具有较大包容性的节事活动，如上海旅游节、杭州西湖博览会等。

6．按节事活动的内容划分

节事活动按照活动内容可分为自然景观型、历史文化型、民俗风情型、物产餐饮型、博览节事活动型、运动休闲型、娱乐休闲型、综合型等八大类，详见表12-2。

表 12-2　中国城市节事活动的主要类型及基本特征

活动类型	特征关键词	典型案例
自然景观型	自然风光、风土人情、城市面貌	哈尔滨国际冰雪节、张家界国际森林节
历史文化型	历史传承、地域文化、宗教仪式	杭州运河文化节、曲阜国际孔子文化节
民俗风情型	民族艺术、风情习俗	潍坊国际风筝节、傣族泼水节
物产餐饮型	特色美食、饮食文化	青岛国际啤酒节
博览节事活动型	大型展览会、艺术表演	昆明世界园艺博览会

活动类型	特征关键词	典型案例
运动休闲型	竞技体育、赛事活动	奥运会、亚运会、全运会
娱乐休闲型	娱乐休闲、节事表演	山海关欢乐海洋节、上海环球嘉年华
综合型	综合主题、内容丰富、规模较大	昆明国际旅游节

四、节事活动的功能

旅游景区举办节事活动的目的不仅仅是为了吸引游客、投资者、赞助商，还在于节事活动所带来的多种连锁效应。在当今社会，节事活动甚至已经成为发展旅游业和振兴旅游经济的最重要工具之一，节事活动可以使旅游景区和具有强大产业效应的旅游区的旅游资源得到更广泛的综合利用，对一个城市或地区的经济和社会进步产生着不可估量的影响和促进作用。

1. 提高景区的竞争力和知名度

景区的节事活动在旅游营销中发挥着重要作用，在某种程度上，节事活动对活动景区的营销功能甚至是大于其自身的旅游功能，成功的节事活动甚至可以成为城市形象的代名词。在节事活动举办前夕，主办方应当整合当地历史、文化、工农业等旅游资源，扬长避短，充分发挥自身优势，提升当地旅游竞争力；研究景区、景点、路线，加强和改善旅游设施，积极进行营销和宣传。在活动举办期间，通过高强度、多方位、大规模的广告活动，引起游客和普通民众的广泛关注，使越来越多的人在更广的范围内通过各种媒体宣传了解该地区或亲临现场进行参观，从而对景区乃至城市留下深刻的印象，在短期内打造该地区的旅游形象。

2. 弥补旅游景区淡季的供给能力

旅游业的季节性特征明显，多元化的节事活动可以为游客提供更多的选择，从而使目的地的旅游资源在不超过其承载能力的情况下得到最大限度的利用。即使是在旅游淡季，旅游景区和活动主办方通过合理的策划，结合地方特色举办人们喜闻乐见、具有吸引力的节事活动，也会有效地吸引大量的游客来此参观。例如，在哈尔滨国际冰雪节期间，吸引了近百万的游客来哈尔滨欣赏美丽的冰雪世界。

3. 调整举办地的旅游资源结构

节事活动是一项综合性的旅游活动，旅游景区在举办节日的同时，可以通过对当地的旅游资源进行优化组合，积极创新，从而改变旅游景区过去举办单一的活动的问题，大大有助于活动举办地旅游资源结构的调整。并且，节事活动相对于其他旅游项目而言，其市场运作的复杂性高于普通旅游市场的运作，这就对组织和经营者的市场运作能力包括策划、推广、运营、管理等方面有着更高的要求。

4．满足游客多层次的需求

旅游节事活动内容较为多样，如礼仪、季节、服饰、饮食文化、音乐舞蹈、戏剧等诸多方面，可以满足游客多元化的需求。游客可以在景区内参加形式多样的活动，使自己的身心得到放松的同时又了解一定的地方特色文化。例如，通过武汉国际旅游节，游客可以充分地了解到湖北特色的楚文化、三国文化、宗教文化、水文化等地方文化。在旅游节期间，游客不仅可以游览东湖、长江等美丽的自然景观，还可以参加花车巡游、烟火晚会等大型娱乐活动，无论男女老少，无论什么身份及职业，都可以在节事活动中找到自己所感兴趣的活动，使游客多元化的体验需求在参与中得到满足。

5．提高和完善景区的基础设施

良好的基础设施和服务是旅游业发展的强有力支撑及不可或缺的条件。通过举办节事活动，首先，举办地的基础设施，如交通、环境条件、酒店、体育场馆和休闲设施可以得到进一步地改善和优化，更加有利于提高景区的综合接待能力。其次，节事活动的举办将有利于景区进一步加强规章制度的建立和完善。

例如昆明世博会，为保证前来参加世博会的众多游客的旅游质量，昆明除了对各个景区进行整治和宾馆翻修以外，还投资 10 多亿元开展 18 项重点配套设施建设工程，包括道路拓宽、绿化、立交桥建造、15 条道路大修、城区水体治污等。同时购置了 1 000 多辆出租车和近 300 辆公交车，完成了世博园及市区通信设施及旅游信息网络的建设，城市的基础设施得到了极大改观。这一切不但保证了世博会期间的交通、通信、咨询服务能力，而且为昆明市居民的日常出行带来长期效益。

6．促进文化的传承、发展和精神文明全面进步

在旅游景区举办相关节事活动，有利于促进文化传承和发展，促进经济社会全面进步，对于弘扬和传承中华传统文化有着积极而深远的影响。例如，山东曲阜利用数千年的文化积淀，创办了孔子国际文化节，生动再现了数千年的历史遗迹，使传统文化焕发新的活力。

任务二　景区节事活动的发展现状及趋势

一、我国旅游节事活动发展历史

我国的节事活动有着悠久的历史，从原始时期的祭祀巫术到先秦古代的祭祖仪式，再到 20 世纪 70 年代末各民族的节事活动，经历了一个从萌芽到成熟的漫长历程。改革开放后，我国全面进入以经济发展为中心的新时期。中共十一届三中全会后至 20 世纪 90 年代末期，旅游业的发展充满活力，但是这一时期我们对节事活动的重要作用认识不足，不够

重视节事活动这一特色旅游产品及其所包含的丰富旅游资源。

自 1991 年以来，我国在旅游资源的开发和保护方面取得了巨大进展。国家旅游局（现文化和旅游部）借鉴国际上举办大型主题年活动的成功经验，结合全国推出的旅游专线，举办了一系列旅游年活动和各种节事文化活动，充分展示了中国举世闻名的文化风采，并逐步形成了一批在世界上具有一定影响力的节事活动，如云南西双版纳的泼水节、大理石林三月街的火炬节、哈尔滨国际冰雪节、潍坊国际风筝节、青岛国际啤酒节、洛阳牡丹花展、广州春节花市以及各种少数民族民俗及民间竞技活动等。

这些节日和活动在吸引游客、促进当地经济和旅游发展方面发挥了突出作用，在这一系列的节事活动举办过程中，人们逐渐意识到节日和旅游活动的重要性。由此，我国节事活动由之前民间组织，已过渡到由政府有计划、有组织地主动开发的新阶段。

二、我国旅游节事活动的发展趋势

我国社会经济已经进入到新的发展阶段，旅游业作为国民经济支柱产业面临高质量发展的新要求。节事活动具有丰富的文化内涵，对旅游经济发展具有巨大的促进作用。受国家政策与新经济格局以及产业发展需求等多方面的影响，我国旅游节事活动将呈现以下趋势：

1. 国际化

国际化是旅游景区举办节事活动的必然趋势。节事活动的群众性、广泛性、开放性体现了走出家门、走向国际舞台的内在要求。在我国，许多地方都注重学习国际先进的办公理念，努力运用市场工具，让节事活动更加开放、国际化、娱乐、高效、规范。例如在青岛国际啤酒节举办过程中，活动举办方派工作人员到国外借鉴先进经验，还邀请国外专业人员参与指导节事活动，并提出了"青岛与世界干杯"的主题口号，凸显中国节事活动进军国际市场的决心与接轨国际化水准的明显趋势。

2. 市场化

传统的管理制度如大量的财政资源和僵化的分配制度，导致地方政府、企业与社会经济超负荷运转，对地方经济带来了较大的负担与隐患。为了节事活动的健康发展，国内各地开始尝试市场化经营模式，按照"成本收益""投入产出"概念中的市场规律来运作。稳定的资金来源是举办节事活动的根本基础，但资金来源不能一味依靠政府，应吸引企业、社会组织与媒体宣传等相关领域行业主体的积极参与，形成"投资-回报"的良性循环发展模式。如 1998 年山东潍坊风筝节突破了传统举办模式，联合鲁台会、寿光蔬菜会同时举办，并同时吸引了企业冠名、赞助及承办。此次活动形成了节事活动与知名展会资源共享的合作模式，摆脱了依赖地方财政拨款、市场运作力度欠佳的传统模式，实现了以节事活动"自办自强"的目的。

3. 个性化

目前，举办节事活动风靡各大旅游景区成为一种时尚。然而，大多旅游景区所举办的节事活动形式雷同、主题不够鲜明，甚至地方文化流于表面，缺乏深刻文化内涵，缺乏个性化的节事活动将会成为低廉的"文化快餐"。由此可见个性化的主题、丰富的地方特色文化内涵是节事活动的生命力。比如，第十四届哈尔滨国际冰雪节，以"梦幻海森林、雪原、魔法冰雪动画"为主题，打造了九个景区。将东北黑土文化与冰雪文化巧妙结合，整体提升"林海雪原"冰雪表演，为游客提供视觉盛宴；新增"冰雪动漫嘉年华"活动和旅游动漫游戏互动体验项目，打造世界级冰雪动漫乐园，推出大型游戏《愤怒的小鸟》真人版等活动，为了满足白天游客的需求，举办了 30 多项参与性活动，如滑雪和国际联合冰雕比赛等。

4. 产业化

随着景区节事活动经济功能的增强，节事活动将呈现产业化趋势。景区节事活动产业化趋势要求景区以节事活动为重点，从项目策划、筹款、广告、展览、场地布局、花车制作、场馆建设、纪念品制作等，以招标、承包的有序形式，逐步形成新的"节事产业"。

节事活动产业化，首先，可以继续保持政府调控，但要以市场化运作为主，尽量减少行政干预，努力扩大社会参与规模，逐步摆脱节事活动是政府工作任务的旧有印象；其次，应将节事活动的产业化渗透到地方经济与社会发展规划的每一个环节，根据政策法规确立行业准入门槛，组建专门的产业集团或产业公司，明确产权关系，由行业主体通过市场运作来完成节事活动的一系列运作。

5. 智慧多元化

"十四五"公共文化服务体系建设规划明确指出，加强地方文化资源数字化建设，以数字虚拟现实、人工智能互动以及"互联网+"等先进技术与运行模式大力弘扬优秀传统文化，讲述好中国故事。节事活动作为具有丰富文化内涵的旅游产品，应深入挖掘地方优秀文化元素，结合多种科技形式，增强节事活动的可玩性，提升游客体验满意度。例如2019 年千米之巅·云端乐园开园仪式暨首届沂蒙山云蒙景区高空酷玩季正式开幕，为打造景区云端网红打卡地形象，推出了新云蒙、新网红、新玩法等众多主题，并与腾讯、新浪及抖音等互联网公司联手，策划了云端 cosplay 秀、QQfamily 穿越节、与新浪达人探险节等一系列精彩活动，智慧化、多元化的举办策略大幅提升了游客的体验感与参与度。

6. 乡村普及化

以乡村旅游振兴乡村经济是国家未来发展规划中的重要举措。旅游节事活动的大众参与是对于活动本身魅力的证明，应下沉乡村充分挖掘地方优质传统民俗文化，深入开展民众喜闻乐见、深入百姓生活的节事活动，普及推广乡村旅游节事活动。随着乡村旅游的发展，乡村农业产业结构也会逐步随之转变，传统的农业生产模式将会被新兴的产业模式所取代。这些新兴元素将会成为节事活动的新元素，乡村休闲旅游的差异化也会因此拉开。

例如 20 年来成都龙泉驿区桃花节，以桃花文化与客家民俗文化为主题，深入挖掘地区文化元素，同时结合各种硬件、软件的提升和管理，从最初的地区知名节会，最终将龙泉驿区"桃花节"打造成为走向世界的城市名片，成为如今海内外知名的国际节事活动。

7. 集约化趋势

当前节事活动风靡流行，受其影响国内众多旅游景区都在举办自己的节事活动。因此许多节事活动呈现出主题分散、规模不大以及优势不突出等众多问题。各地区应对当地进行充分地调研，在深入了解地方优势文化资源的基础上，针对当地节事活动开展情况进行集约型调整，达成文化与资源的充分整合，实现节事活动的集约化经营发展。如哈尔滨国际冰雪节就是在延伸产业链，集中艺术文化资源，将冰雪雕刻艺术、冰雪运动以及俄式艺术文化等方面捆绑营销，产生了较强的聚合效应和广泛的文化影响力。

任务三　景区节事活动的策划

一、活动策划的含义

活动策划（activity/event planning）是提高市场份额的一种有效方法。一份具有良好的创意性、可执行性的策划方案，将会有助于提高公司的威望和声誉。活动策划是属于市场规划的一个分支，两者之间是相互关联、相辅相成的关系。活动策划和市场策划都应当服从于企业的整体营销思想和模式，只有这样，市场规划案例和商业规划案例才能成为一种完整而持续的广告行为。通过这种方式，公众才能了解到品牌的文化内涵，而活动策划也需要沿着整体的市场策划思路进行，才能使企业在市场上保持稳定的销售额。

二、活动策划的分类

1. 营销主导型活动策划

营销主导型活动策划是指以盈利销售为基础，结合品牌宣传推广为核心活动的策划行为。营销主导型活动主办方的目标通常是以活动作为一个"爆点"，对潜在客户进行挖掘，吸引企业客户进行广告投放，消费者对门票等相关资源进行购买，从而实现提高品牌知名度的效果。

2. 传播主导型活动策划

传播主导型活动策划指的是一种以品牌宣传为主、获得盈利为辅的策划行为。最终目的是通过宣传使品牌的知名度得以提升，刺激消费者的购买行为，从而使品牌获得盈利，这种类型的活动策划更加注重公众及媒体形象的营造，进而获得良好的口碑。

3. 混合型活动策划

混合型活动策划凝聚了各方特点，鱼和熊掌可以兼得，既有传播性质又具有营销的性质。

三、活动策划的要素

1. 活动背景

活动背景在一定程度上决定着活动的参与度，影响活动背景主要价值因素有：政策环境、产品数据、市场热点、竞品动态、目标人群等。

2. 活动目的

要使活动办得有意义，主办方及活动策划者需要明确客户参加活动的目标和动机，在确定活动目的时通常需要遵循以下几个原则：

明确性：活动目的要明确；

衡量性：活动细分的标准和细分后的市场可以衡量；

可实现性：这个事情，是可以做到，还是不可能做到的；

相关性：明确通过活动需要获得什么，是曝光度、用户量的增加还是其他；

时限性：时限性很大程度上制约着活动的客观效果。

3. 活动主题

在活动策划的过程中，以下四个维度可以帮助策划者来决定活动策划方案的主题。

人群/行业：产品目标人群是谁？我们的活动对象是哪些人？

服务/卖点：用户想要什么？他们遇到了什么问题？我们能为他们提供什么服务？

热点/名人：当下有哪些热点可以蹭？哪些名人的话可以引用？ 哪些爆款可以拿来参考？

痛点/共鸣：用户有哪些痛点？我们可以怎样帮他解决？

4. 活动形式

对于活动策划而言，活动的形式既不能太简单，也不能太复杂，须具备以下要求：第一，营销工具的有效性，主要是利用用户的逐利心理，巧妙地运用各种营销手段来激发用户的购买欲望，常见的营销工具包括团购、代金券、早鸟价、积分兑奖等。第二，为用户设置有趣的互动场景，使用互动式营销来提高用户获取营销工具的参与度和成本，从而增加营销工具在用户心中的价值。互动营销活动的常见形式包括拼团、限时秒杀、抽奖、满赠活动、问卷调查等。

四、节事活动策划的意义

旅游景区的节事活动策划指的是主办方根据旅游资源和市场条件，提前分析可在景区开展的节庆活动的主题、内容和组织形式，做出计划以及决策的理性思考过程。总的来说，节事活动整体战略以及策略的运筹规划构成了旅游景区的节事活动策划，对于举办地而言，节事活动策划不是一项具体的业务，而是一个将节事活动目标分解成具体的任务，并最终得以实现的决策过程。

旅游景区节事活动的资源具有潜在性的特点，旅游景区节事活动往往是该地区地方精神和文化最具体、最集中的体现。并且旅游景区节事活动的资源是一种基于地域文化资源的特殊产品，这种资源平时往往处于潜在状态，只有在经过节事活动的规划之后，它们才能从潜在状态转变为可以销售给节日利益相关者的产品状态。

独特性和创新性构成了旅游景区节事活动的灵魂。节事活动的策划者通过敏锐的分析并加以大胆创新，对旅游景区节事活动的独特卖点和新颖的组织运作模式进行提炼和总结，才能更加有效地吸引更多的游客来此参观游览。

节事活动是社会文化的一种仪式性表达。如今，旅游景区举办多种形式的节事活动，可以为举办地带来更多的经济、环境以及社会效益。反之，如果活动的策划和运作不当，也可能会对举办地造成重大不良影响。

旅游景区节事活动的准备、策划、实施以及运作是一个系统工程，需要在初始阶段进行周期化的准备过程，以确保景区节事活动利益相关者的预期利益可以得到充分满足，节事活动可以顺利和安全地举办。

五、节事活动策划的原则

原则是人们行为或做事的准则和标准。对于旅游景区而言，节事活动策划原则需要有效反映出节事活动策划过程的规律以及客观要求，在节庆活动策划中必须遵循的指导原则和行动指南，也是对节事活动策划客观规律的一种理性回应方式。节事活动策划目标的确定、策划问题的评估以及活动策划的设计、制作和实施都须要遵循下述景区节事活动规划的原则。

1. 可行性原则

遵循可行性原则，一是为了避免景区在节事活动中的投资失误，二是为了选择最佳的节庆活动规划方案，以实现投资收益最大化。一个缺乏可操作性的活动策划是无法实施的，有些活动的创意虽然非常有吸引力，但是在实际操作落实的过程中却充满了无数的困难。因此，主办方在做活动策划之前必须要对该活动进行可行性分析，以便具体可行、实用有效，避免造成成本以及资源的浪费。

可行性原则要求旅游景区在开展节事活动前需要考虑：节事活动策划和实施的可行性。这就需要景区对活动取得的社会效益和经济效益以及人力、物力、财力、科技水平等主客观条件的可行性进行综合的分析和论证，以确保规划的实施。从成本效益的角度考虑实施活动策划的成本和代价问题，有些活动策划即使理论上是可以实现的，但是由于需要付出过高的成本及代价，因此最终结果可能是得不偿失。景区在进行节事活动策划的过程中，应当考虑可能出现的问题和提前设定好应急预案。

2. 市场导向原则

旅游景区在进行节事活动策划的过程中，必须遵循市场导向原则，对市场细分进行深入的研究。旅游需求是指旅游者愿意并能在一定时间内花费金钱购买的旅游产品的数量，如果节事活动的策划不依托于市场需求，将很难实现旅游项目的价值。

在为旅游景区的节事活动做策划时，应当对该景区的游客构成、游客消费行为以及消费能力、人口特征、游客需求差异、行程安排以及活动偏好进行详细的数据收集，并对不同细分市场进行实证研究，研究不同细分市场的要素，以便有针对性地规划景区节事活动的开展，从而达到预期目标，更好地满足利益相关者的期望。

3. 因地制宜原则

旅游景区的节事活动有时需要依赖一定的资源条件，有些活动需要特殊的气候和地形条件以及场地条件，因此，旅游景区应当根据该地旅游资源的客观条件，开展与其相适应的节事活动。节事活动主办方和策划者应对举办地的特殊资源进行调查和分析，开发出具有地域特性的节庆活动，使本地区的独特魅力得以向广大游客展示。

4. 以人为本原则

旅游景区经过规划建设已经不缺乏功能，游客随着旅游体验的积累，对当地旅游体验感的比较以及对活动的感受已经成为游客日益增长的需求。因此，策划出满足游客体验的活动形式显得尤为重要，景区节事活动的策划应当体现出以人为本的原则，为游客规划设计具有互动体验、亲和力和吸引力、情境感知和个性化的节事活动，这也是对于旅游景区节事活动策划的基本要求。

5. 特色原则

追求原创性和独创性是景区节事活动策划时的首要原则，这关系着该活动是否能在激烈的市场竞争中赢得先机。近年来，由于旅游景区意识到节事活动对于景区运营的重要性，各种形式的节事活动在景区如火如荼地开展着。但是一些景区存在着盲目跟风效仿的现象，并未围绕景区主题形象的开发和发展目标进行活动策划，导致部分景区的节事活动同质化严重。游客寻求的是一种独特参与的体验，景区的节事活动策划应当以该景区主题形象为基础，独具匠心，采用独特的表现形式，形成其核心竞争力。

6. 效益性原则

效益是每个人、每一个社会团体、每一个社会阶层，甚至是每一个国家所追求的目标，也是整个人类社会前进的动力，因此一切策划活动的本质都是对特定效益的追求。以往地方政府曾采取大包大揽的方式举办节事活动，这种举办方式存在效率低下、铺张浪费的严重问题，与当前我国提倡建立节约型社会的做法背道而驰。因此，在对景区节事活动进行策划时，必须牢牢把握效益原则，提高节事活动的开展效率。

■ **案例思考**

2021 年全国各地巧打旅游节庆牌

2021 中国长三角·海盐南北湖文化旅游节、新疆阿克苏地区第十七届"多浪·龟兹"文化旅游节、四川省第十二届（秋季）乡村文化旅游节……金秋时节，全国大部分地区展现出一年中最美的景色，各地纷纷举办各式文化旅游节招徕游客。

近日，第九届中国沭阳花木节在江苏省宿迁市沭阳县举办。这里花木栽培历史悠久，有中国"花木之乡"的称号。近年来，花木产业优势逐渐成为当地推动文旅融合的重要资源。本届花木节期间，当地推出"金秋花乡游"旅游专线，方便游客领略沭阳秋之美，同时举办沭阳"老鹅"美食节、花乡绿道健康行、"淮海戏艺术节"、楹联书法展等，向游客展示旅游和文化资源。除了花木节，沭阳还举办多种专一花木门类的节庆活动，例如刘集镇海棠节、油菜花海旅游节等，吸引游客前来游玩、采购，成为当地一大"招牌"，并带动了多个以花木为特色的乡村旅游区建设。

结合当地文化或产业特色而举办的各类文化旅游节，其本身已成为一地旅游特色的集中展示平台，而不是"为办节而办节"，它对当地的带动作用，也不因节庆落幕而停止。

近年来，云南省楚雄彝族自治州禄丰市连续举办"水果文化旅游节"，东河大米、云南红梨、九头山大白菜等特色农产品，是该节庆的主角，吸引着游客前来品尝新鲜水果、欣赏田园风光、观看民族特色歌舞、购买农特产品。随着这一文化旅游节的名头越来越响，当地对特色生态资源、红色文化资源加以整合，更加凸显其文旅产业优势，如今，这一文化旅游节还成为当地推进乡村振兴的好品牌。

［资料来源：各地巧打旅游特色牌，人民网（people.com.cn）］

✍ **思考题**

各地如何将当地景区资源和游客的需求巧妙地结合进行节庆活动策划的？

任务四　景区节事活动的营销管理

一、节事活动营销的概念

节事活动的营销指的是通过利用消费者的消费心理，在节庆和特别活动开展期间，充分利用广告、公开演出、现场销售等多种营销手段，对产品和景区进行推广，从而达到提高产品的销售力，提升品牌形象效果的一种行为。

节事活动营销包含以下两层含义：第一，节事活动是一个良好的营销载体，其自身就是一种非常有效的营销方式。第二，节事活动本身就需要营销活动的市场行为帮助其进行有效的宣传和推广。

二、节事活动营销的影响因素

"5W"理论营销是所有产品进行营销的基础，旅游节事活动产品也不例外，但是其中的内涵有着其独特的元素（表12-3）。

表 12-3　节事活动营销的"5W"影响因素

1．为什么（why）	• 强调收益 • 描述节事的主要原因 • 使用人员推销手段 • 需求诉求
2．谁（who）	• 受众范围（全国的、区域内的、洲际的、地方性的） • 受众的原则和兴趣 • 受众对节事性质的认知 • 经验等级（从生手到专家）
3．什么时候（when）	• 市场营销计划/方式 • 一天中的时间选择 • 一周中的时间选择 • 一年中的时间选择（季节）
4．在哪里（where）	• 会场的独特性 • 方便性 • 旅行的可到达性 • 地方支持的可获得性
5．做什么（what）	• 解释节事的目的 • 明确和创造期望 • 项目特点的优先和识别 • 回顾关于"谁"（who）的准则

第一，"为什么"（why）——游客花时间和金钱参与这项节事活动的原因是什么？需要向游客及大众解释该活动的特别之处，给出一定要参加此活动的理由，游客能从活动中收获什么。

第二，"谁"（who）——谁是我们进行营销的目标客户？

第三，"什么时候"（when）——活动什么时候开始，正确的时间选择是活动成功举办的要素之一。

第四，"在哪里"（where）——活动在哪里开展，合适的地点选择也是该节事活动进行成功销售的因素之一。

最后，"做什么"（what）——每项节事活动都应有其独特之处，需要为游客带来新鲜感和刺激感。

三、节事活动营销的 3E 原则

节事活动营销的 3E 原则包含娱乐性（entertainment）、兴奋性（excitement）和冒险性（enterprise）。旅游景区举办各种类型的节事活动，这 3 个原则对于获得成功都是至关重要的。

1．娱乐性

许多年前，人们不得不走出家门去剧院或体育场才能获得娱乐享受，而现如今在人们的周围充斥着各种各样的娱乐活动，通过电视、电脑、手机等都可以获得。因此，景区节事活动进行成功营销的关键之一是向游客提供某种与众不同的娱乐活动，促使游客重新走出家门，体验到他们在家中无法获得的感受。

2．兴奋性

兴奋可能有些难以捉摸，但它是客观存在的。兴奋点的策划对于某项节事活动能否给人留下深刻印象是很重要的，要想策划一个有效的节事活动营销计划，就必须始终考虑到这一点，并确保将这些活动预设的兴奋点传递给游客。

3．冒险性

在《韦氏词典》中，冒险的定义是："相对其他事物而言，冒险是做好冒风险的准备或尝试未曾尝试的东西、充满活力和进取心。"因此，景区节事活动的营销者应该抓住游客愿意去尝试、体验新的事物，有猎奇心理喜爱冒险的本性，设置具有吸引力的营销方案。

四、景区节事营销的 5P 要素

节事营销组合要素简称 5P，即产品（product）、价格（price）、地点（place）、促销（promotion）和定位（position）。

1．产品

旅游景区的节事活动不仅仅是一个独立的节庆或活动时间，而是产品的组合，由一系列细分的活动组成，其中最基本的五项活动是节庆、会议、展览、表演和比赛。根据目标游客的需求规划节事活动产品，并有效地传播该活动如何满足观众的需求，是营销景区的节事活动是否奏效的关键。因此，在策划景区的节事活动产品之前，对目标游客或旅游景区的目标进行调查尤为重要。

2．价格

合适的定价是使旅游景区开展节事活动被广大游客所接受的重要影响因素之一。给节事活动制定合适的价格，通常会受到以下三个因素的影响，即节事的成本、定价目标以及市场接受能力。首先，节事活动的成本包括直接成本、间接成本以及风险成本。定价目标一般有三种，分别是收支平衡、当前最大利润以及其他价值目标。市场接受能力指的是根据目标游客的接受程度以及竞争因素等影响合理制定节事活动商品的价格。

3. 地点

场地包括活动场地和消费者购票的地方。在选择旅游景区节事活动具体的举办地点时，至少应当考虑以下因素：可为当地游客提供停车位；场地可为筹备特殊节事活动提供后勤支持和物流保障、举办地的环境、节事附加活动的环境吸引物及基础设施、拥有相关游客或组织、节事活动参与者的安全保障、便利的公共交通（机场以及城市交通）等。

4. 促销

促销是通过各种方式宣传、影响和吸引目标顾客。其中有四种常用的促销手段：广告、员工促销、优惠促销和公共关系，它们因其不同的功能而相互补充，经常结合使用。

广告被认为是能够直接说服顾客的最有效的沟通工具之一。制订广告计划的首要因素是明确目标客户及其需求。人员推广是销售人员采取与客户面对面进行商品推荐的形式，它可以与目标客户形成直接互动。优惠促销是指通过短期优惠手段吸引目标客户的方式，其中包括提供优惠券、礼品、折扣、现金折扣等方式。公共关系是指为推广和保护节事的形象和品牌，确保节事活动顺利进行而使用的一种宣传方式，一般以面向公众为主。

5. 定位

景区节事活动的营销成功与否取决于产品的定位。定位是一种利用直觉、调查和评估来确定景区的节事活动能满足游客哪些需求的战略。定位不是节事活动的组织者想要做什么，而是思考潜在目标游客需要什么样的节事活动，来到某个景区的游客想参加什么类型的节事活动。旅游景区节事活动的营销定位应遵循市场导向、地域文化、与城市发展规划相协调的原则。

■ **案例思考**

从营销管理的视角来看青岛国际啤酒节的可持续发展

青岛国际啤酒节始于 1991 年，经过 30 多年的发展，啤酒节已经形成由开幕式、啤酒品饮、文艺晚会、艺术巡游、文体娱乐、饮酒大赛、旅游休闲、经贸展览、闭幕式晚会等活动组成的亚洲最大啤酒盛会。在"青岛与世界干杯"口号下，啤酒节的规模不断扩大，影响力不断增强，国际化趋势日益明显，综合分析发现，青岛国际啤酒节的发展拥有以下优势：

1. 产品形象

一直以来，青岛啤酒在年龄 40 岁以上、稳重成功的人士中拥有极大认知度，但在年轻人中品牌号召力略显不足，到 2004 年，青岛啤酒将自己的品牌内涵定为"自信激情、开放、进取"。根据品牌定位，青岛啤酒又提出了"激情成就梦想"的品牌主张，先后做了"梦想中国"、北京奥运会赞助商，并在 2006 年德国世界杯期间，与央视五套合作开展了"观球论英雄"竞猜活动，使青岛啤酒焕发了活力，找回了青春。

2．营销模式

2006 年，青岛啤酒推出了产品销售、品牌传播、消费者体验"三位一体"的营销模式，3 个组成部分相互支持、相互促进、不可分割。有了这套模式，青岛啤酒"激情成就梦想"的品牌主张更容易被消费者所接受，青岛啤酒也逐渐以激情活力的形象在消费者心目中定格。

3．活动创新

经过 30 多年的发展，啤酒节已经不仅仅是一个汇集各地美食、开怀畅饮的聚会，丰富的民族特色的戏曲表演，异国风情的音乐舞蹈，精彩变幻的杂技魔术，浪漫时尚的模特走秀，已经把它打造成了一场欢乐的视听盛宴，它也因此能够长久不衰，广受好评。

4．啤酒文化带动城市文化

如今，啤酒节已超越节日本身的意义，成为传承城市文化、宣传城市形象、扩大对外开放和拉动经济发展的重要载体，成为青岛与世界热切交流的激情平台，成为青岛不可或缺的精神坐标。

✍ 思考题

解析一下青岛国际啤酒节可持续发展的路径。

任务五　景区节事活动的运营管理

一、景区节事活动的组织和安排

1．活动项目的主题

节事活动项目的主题是根据活动的目的确定的。旅游景区举办节事活动，主要目的是进行宣传，吸引游客，提高景区在淡季时对游客的吸引力，从而为景区增加营收。策划与旅游节事相关的活动，最重要的是活动的主题要能有效地吸引游客，景区节事活动可以选择多元化的主题，包括历史、文化、艺术、娱乐、美食等。因此活动的主办方及策划者需要进行深入研究，拓展思路，才能策划出能够有效吸引游客并且适合该景区的奇妙的主题。

2．选址和线路

对于景区节事活动的策划来说，活动地点以及线路的选择也是至关重要的。在规划之初，一些旅游景区就对开展活动的场所进行了合理的空间布局，如主题公园的活动地点是在规划时已经提前留出。但是，有些活动需要临时安排场所，如一些户外展览、定向活动路线等。因此，在选择活动地点时，活动的主办方及策划者应该考虑活动的规模是否与景区的实际接待能力相一致,是否有足够的停车场以及便捷的交通工具,以及在恶劣天气下场地是否能保证正常活动等问题。

3. 活动和服务设施的建设

景区在开展大规模节事活动前,若景区内无合适的场地开展活动,主办方需要及早进行基础设施、活动场馆及配套设施的建设,场地也必须有足够的餐饮、垃圾桶、厕所以及其他设施来满足游客的基本需求。因此,旅游景区举办节事活动前,需要对游客流量进行提前测算,以便准备足够的设施为游客提供充分的服务。

4. 人员安排

旅游景区举办节事活动的目的之一是吸引更多的游客参与,这无疑会增加景区的客流。客流的增加意味着旅游景区有必要增加景区管理和接待人员,包括服务和维持秩序的公安人员,在开展大型的节事活动时还需要提前招募志愿者。因此,为了保证数以万计的游客在景区的节事活动中玩的开心,安全出行,有必要对景区的工作人员进行提前的规划与安排,明确岗位职责,并进行相关的培训。

5. 时间安排

节事活动的时间安排首先需要确定活动的开展时间以及活动时长,然后在活动筹备工作开始前,制订详细的工作时间表,订出每项工作完成的最后期限,以监察每项工作的进度。值得注意的是,活动的时间可能会受到很多因素的影响,例如季节或天气状况,在严冬酷暑的季节,多数的旅游景区都不太适合节事活动的开展。

6. 资金筹措

旅游景区节事活动的顺利开展离不开各种机构,包括政府及企业所提供的赞助支持,所以旅游景区举办节事活动前,必须及早寻找合适的赞助商,保障活动有充足的资金支持。为了寻找赞助商,主办方必须事先准备好几种对赞助商有足够吸引力的赞助方案或回馈方式,在需要的情况下主办方可对赞助方案做出适当的让步,例如减少或豁免景区部分门票等。

7. 宣传营销

旅游景区在确定节事活动的策划方案后,应利用新闻媒体和互联网平台创建与节事活动相关的新闻热点和事件。景区可以有选择地向新闻媒体披露活动信息,这种信息应该有利于传播景区活动的主题,然后结合目标群体的特点和各媒体的优势,选择合适的媒体进行广告宣传。

二、景区节事活动运营的保障条件

为了让节事活动更加有效地助力旅游景区发展,对于景区来说至少需要具备以下三个条件:

1. 节事活动体系的系统规划能力

旅游景区节事活动运营的先决条件之一是要对景区节事活动的活动体系进行系统规划，这通常是以年度为单位的，并且需要结合目标客户、淡季与旺季的平衡、资源的匹配，规划景区节庆活动体系，以确保每个季度甚至每个月都有规模可大可小节事活动的开展，从而不断在景区创造话题和热点，维持景区在游客的视线中有较高的曝光度。

此外，景区每年只是举办一场节事活动，所花费的成本则相对较高，并且准备工作也会非常复杂。如果节事活动是旅游景区的一种连续和周期性行为，那么边际成本将随之降低，团队也会相对稳定，活动经验也会不断丰富，景区的目标游客群体也会随之不断扩大。因此，这对旅游景区来说是一个良性发展的循环，节事活动也很有可能成为旅游景区的一大特色。

2. 专业化运作的能力

对于旅游景区而言，景区日常运营与节事活动运作之间存在很大差异。节事活动从筹备阶段的资源整合和对外宣传，到现场阶段的氛围营造和秩序维护，再到最后阶段的后续维护和持续影响，都有专业化运作的要求。此外，操作的专业水平不同，最终效果也会非常不同，主办方若能在节事活动的筹备过程中找到合适的资源方，将会对提高节事活动的水平和影响力产生重大影响。

3. 专业人才作为保障

旅游景区节事活动的成功运营，离不开专业人士的保驾护航。景区节事活动的举办有助于吸引包括设计创意人才、文案写作人才、资源整合人才、网络运营人才等在内的优秀人才。值得注意的是，人才结构和需求会基于旅游景区的特点和节事活动的内容发生变化，还需要根据实际情况进行详细分析。

综上所述，如何策划出一套具有特色和可操作性的节事活动营销计划；如何将节事活动与景区资源相结合，打造景区整体旅游形象；如何有效地向游客销售文化性节事活动产品；活动期间游客的安全如何管理；如何解决旅游设施的供给和旅游后续发展问题等，这一切都必须引起旅游景区管理者的高度重视，只有深入思考并解决这些问题，才能充分发挥节事活动在旅游景区管理中的作用，并且真正借助节事活动将旅游景区管理推入一个新的发展阶段。

课后思考题

1. 对于景区而言为什么要开展节事活动？
2. 景区进行节事活动策划的原则有哪些？

◇ 任务训练

六一儿童节快到了，请你选择一个景区做一个关于六一儿童节的节庆活动策划方案。

项目十三　景区的人力资源管理

- **学习任务**
1. 认识景区的人力资源管理；
2. 掌握景区人才的招聘管理；
3. 掌握景区人才的培训管理；
4. 掌握景区人才的激励管理；
5. 掌握景区人才的考核管理。
- **达成目标**

能够运用所学人力资源管理的相关理论，为景区制订人才招聘计划、培训计划等。

☞ **案例导入**

迪士尼：培养生产快乐的员工

从 1955 年沃特·迪士尼在美国洛杉矶创建世界上第一个生产快乐的主题公园——迪士尼乐园，到 1971 年在美国佛罗里达州奥兰多创建迪士尼世界、1983 年的日本东京迪士尼乐园和 1992 年的法国巴黎迪士尼乐园，迪士尼名震全球，成为世界旅游业主题公园中的一张王牌。据统计，上述 4 家迪士尼 1999 年接待游客 8 000 多万人次，到迪士尼参观的人有 70%会再度光临。

面对激烈的旅游市场竞争，是什么力量使得迪士尼经久不衰、执主题公园之牛耳呢？迪士尼乐园集团的成功给人们留下了众多启示。它的娱乐设施主题突出，造型奇特，创意新颖，经营理念先进，追求创新与发展，通过新奇建筑物与各种高科技手段的结合，融以丰富的世界文化遗产，为世人创造一个童话般的世界，让人们在光怪陆离的异国风情建筑群与多彩的演出中体验惊险与快乐，使游客不断有新的乐趣和新的体验，是使迪士尼乐园不断保持巨大魅力的主要原因。但是，迪士尼乐园人力资源管理的成功经验同样也是使其成为世界旅游主题公园佼佼者的独特秘诀。

营造欢乐氛围，把握游客需求，提高员工素质和完善服务系统，迪士尼的经营理念和质量管理模式简明而又实际。把握和了解它们并不难，难的是把它落实到实际工作之中，成为每一位员工持之以恒的追求目标。迪士尼乐园人力资源管理的成功经验，就在于它懂得把一个平凡无奇的"人"改变成一个可以产生无限附加价值的"迪士尼人"。

（资料来源：邹统钎．旅游景区开发与经营经典案例[M]．北京：旅游教育出版社，2003.）

任务一　认识景区的人力资源管理

一、景区人力资源管理概述

人力资源，从广义上讲，是指一切具有劳动能力且为社会创造物质财富和精神财富的从事脑力劳动和体力劳动的人口的总称；从狭义上讲，则指在全社会具有劳动能力的在劳动年龄范围内且从事社会劳动的人口总和，其根本点在于具有劳动能力并能够作为生产要素投入社会经济活动的劳动人口。

人力资源管理，就是一个社会组织去获取、利用、激励、调整人的能力，并将其集合到组织中融为一体，充分发挥其潜能以实现组织目标的过程。它既包括对人这一资源的有效开发、可持续管理和合理利用，也包括对人力资源的培养和发展。

旅游景区属于"情绪型产业"，具有劳动密集型特征，它所提供的产品主要是服务。这就要求旅游景区服务人员高度重视每一次提供服务的过程，给游客留下美好的印象。旅游景区服务人员大部分处于第一线，直接接触游客，作业对象是人不是物，游客的多样化需求对景区的服务提出了更高的要求，因此景区的人力资源管理对于景区整体服务质量的提升具有非常重要的作用。

二、景区人力资源管理的内容

旅游景区人力资源管理的内容分为以下五个方面：

1．人力资源计划

在工作分析的基础上，确定人力资源在数量和质量方面的计划。

2．人力资源流动

人力资源的流入、流出以及在组织内的流动，包括招聘录用、调动、提升、降级、轮换、退休、解雇等。

3．人力资源保持

保持雇员有效工作的积极性，实行有效的领导方式，加强沟通联系，采用公平合理的工资福利制度，创造健康安全的工作环境等。

4．人力资源发展

提高和培养员工文化知识、服务技巧和工作能力，增强竞争性。

5．人力资源评价

对工作表现、工作绩效等作观察鉴定和正确评估，同时加强旅游景区人力资源管理效能的反馈。

传统的人事管理功能是相互独立的，但人力资源管理却将其看作一个系统，重视旅游景区人事管理工作与整体经营目标的联系。一方面人力资源管理只是旅游景区管理系统的一部分，它与子系统之间相互联系，必须得到计划、组织、财务、技术等各方面的配合。另一方面，人力资源管理的各项内容又是融为一体不可分割的。如人力资源评价能为提升、调职、培训、奖励提供依据；人力资源的培训提高或丰富了员工的知识技能，造成调动、提升等人力资源流动；在制订计划时，人力资源需求和供应的预测工作必须依据目前的劳动生产率，而劳动生产率又是随着人力资源的有效使用、通过培训激励等措施逐步得以提高的。所以人力资源管理系统是一个动态循环的系统。有效的人力资源管理可以使旅游景区处在"吸引人→使用人→评估人→激励人→教育人→社会组织发展→吸引人"的良性循环状态。

三、景区人力资源管理存在的问题

我国旅游景区的人力资源管理还比较落后，理论上也缺乏探讨。饭店业在一开始就注重引进国外成功的人力资源管理经验和管理人才，与中国实际相结合，人力资源管理已发展得较为成熟。而国内旅游景区的管理、运作不甚规范，人力资源管理尤其如此，有的连象征性的招募选拔形式都没有。

我国旅游景区人力资源管理面临的问题主要有：

1. 管理体制

旅游景区管理体系的不健全形成人力资源管理障碍。我国的旅游景区管理体制尚未理顺，如道教名山武当山有城建、宗教、文化部门各自设立的管理机构，还有旅游经济开发区，另外，交通、公安、工商、税收等部门也设立派出机构参与管理。又如海南三亚的海上娱乐项目，除旅游主管部门对其进行行业管理外，交通局、文体局和海洋、港监、卫生部门等，也提出了管理要求。特别是跨行政区域的风景区，更是政出多头，管理混乱。旅游景区管理部门职能的虚泛化和分散化，给人力资源管理造成了困难，无法形成一个灵活、高效、适合发展的组织系统，也无法形成科学、严谨、规范化的组织制度。因此，建立一个高度统一、相对独立、办事高效的现代管理机构，是旅游景区进行人力资源有效管理的前提。

2. 员工素质

从业人员的文化素质和专业素质有待提高。员工文化层次偏低，服务技能不够规范，服务态度生硬，服务水平参差不齐，服务意识和创新意识不高，这些都严重影响着我国旅游景区的形象。

3. 员工培训

旅游景区的管理者对人员培训没有足够的重视。我国旅游景区中未达到应有专业水平的管理、技术、服务人员，其比例估计过半。而对旅游景区管理人员的培训刚刚开始列入议事日程。科学的培训体系以及针对性强的特定培训内容尚未完全落实，现有培训仅限于员工的服务技能技巧。

4. 人员配置

旺季工作人员不足、淡季工作人员闲置的情况普遍存在。旅游景区在制订人力资源计划时，未能根据所需人员评估和可提供的人才编制未来人才资源需求的预测计划。

5. 管理观念

人力资源管理的观念仍停留在传统的劳动人事管理阶段。现代人力资源管理不仅要对人才工作业绩进行监管，而且要调动人才的工作积极性，为员工创造良好的工作环境；不再是单纯的人力调配使用，而是人力资源的全面开发；不再受企业所有制性质和人才身份限制，而是全方位的人事管理；不再仅仅是人力资源管理部门的任务，而是各级管理人员的共同职责。旅游景区管理者提高自身素质，改变观念是关键。

任务二　景区人员的招聘管理

一、员工招聘的含义

员工的招聘是指通过各种信息，把具有一定技巧、能力和其他特征的申请人吸引到企业空缺岗位上的过程。招聘合格的管理人员和各类员工，是旅游景区管理的一项经常性的重要工作。招聘是把住人才关的首要环节，也是一项复杂细致的工作。旅游景区由于职工流动，不断产生人员的空缺，包括退休、跳槽、景区改建改造或其他原因而产生的职工空缺，需要通过招聘来填补。如何以最小的代价获得需要的人才，这就要求人力资源管理者掌握招聘员工的方法和技巧。招聘是景区人力资源形成的关键，是扩大企业知名度的重要环节，也是激励员工的一种有效方式。

二、员工招聘的途径

员工招聘主要有两种途径，即外部招聘和内部招聘。

1. 外部招聘

外部招聘是指企业面向社会公开招聘人才，外部招聘有它的优点和缺点。外部招聘的优点是招聘的人员广泛，可挑选的范围更广泛，能够为企业输送新鲜的血液，增添企业活力。缺点是外部招聘的人才对企业本身缺乏深入的了解，与企业其他员工之间缺少默契，工作的磨合期会长一些，同时在一定程度上会打击内部员工工作的积极性。

2. 内部招聘

内部招聘是指企业面向公司内部公开招聘人才，内部招聘也有它的优点和缺点。内部招聘的优点是员工对企业非常熟悉，能很快地进入工作状态，同时降低了选聘的成本，更有利于激励员工。缺点是内部招聘的人才水平有限，同时容易造成管理岗位的"彼得效应"，组织文化雷同，缺乏创新，容易造成"近亲繁殖"，如果操作不公正，极易造成内部矛盾。

三、员工选聘的程序

1．选聘决策

将员工担任的每项工作加以分析，确认这项工作的内容、职责、与内部其他工作岗位的关系、所需知识技能、工作环境条件等。通过工作分析，确定旅游景区用人的数量、类别、工作条件，最后形成工作说明书或岗位职责说明书之类的文件。

2．发布选聘信息

旅游景区根据不同岗位的不同需求，确定招聘途径和招聘媒介。招聘媒介有全国性报刊、地方性报刊、行业组织、人才交流中心、旅游高等院校、职业介绍中心、劳务市场、招聘网络等。招聘广告是常见的一种招聘形式，其基本要求是：明确提供真实情况，包括旅游景区介绍、招聘人数、应聘条件、岗位工作内容、职位待遇、就业条件和应聘的程序和方法等。招聘标题要引人注目，条件要一目了然，语言要有诚意，使人产生信任感。

3．选聘测试

准备规范化的应聘申请表让应聘者填写。令应聘者提交自己的履历表、特长、相片等资料。把应聘者的情况和工作说明书相比较进行初步筛选，然后对可能入选和勉强合格者作进一步审核。如属内部招聘，应对候选人的履历、个人才能、工作表现等进行全方位考察。对应聘者进行面试与测试。

4．人事决策

依照选聘测试的结果，对照选聘决策，参考测试结果，确定初步人选，查阅档案资料，进行体格检查，确定最终人选，签订相应的协议。

任务三　景区人员的培训管理

旅游景区工作人员的工作是与顾客接触、交往频度最高的工种之一，由于游客的兴趣在不断变化，他们对旅游景区内容的需求以及对服务水平的期望也不断提高，故通过系统而有计划的培训使员工掌握新技术和提高工作能力非常重要。

一、培训的含义

企业管理培训是指企业通过组织学习、教育等方式使员工在知识、技能、态度等方面得到改进，以适应工作需要的过程。培训的本质是企业的管理者想方设法帮助员工把现在或未来的工作做得更好。因而，除了办学习班的形式以外，小到午餐时的工作经验交流、回答新手某些与工作相关的问题，都可将它们视作培训。

二、教育培训的意义

对于旅游景区而言，其意义主要表现在如下几个方面：

1. 更新员工的知识和信息，增强企业竞争能力

科学技术的高速发展使今天的旅游景区服务设施和活动项目具有更高的科技含量。例如，计算机的应用既为游客提供了诸多的便利，也提高了旅游景区自身科学管理的程度，当然也意味着对员工的工作技能提出了新的挑战。培训就是使员工能够跟上科技进步的步伐，以适应工作环境变化需要。

2. 促使员工服务规范，保持良好的服务质量

旅游景区工作人员的工作态度和技能将直接影响游客的旅游质量，特定的工作性质要求他们具备热情的工作态度和良好的工作技能与游客进行接触和交流。

3. 提高员工工作效率，增加企业效益

降低成本、增加企业效益是企业永久的目标，现代企业为了达到这一目标，除了采用计算机管理等措施外，通过培训以提高员工工作效率同样是一种重要途径。尤其在人力资源缺乏或劳动力昂贵的地区，即使企业的工作量增加了，但员工的数量却有所降低，保持了企业的高效率和高效益。

4. 满足员工的成长需要，稳定员工队伍

与其他行业相比，旅游景区的员工队伍稳定性比较低。保持一定的流动比例能够使企业人才更具活力。但流动比例过高，将会造成服务质量稳定性差、总体素质水平降低、凝聚力弱化等不良后果。系统、持续的培训计划，能帮助员工获得更多的知识和技能，使员工感到自己在这里能够不断进步，满足自身成长的需要，从而为将来的发展创造更好的条件，有利于提高企业对员工的吸引力，稳定员工队伍。

三、教育培训的内容

教育培训的内容包括知识培训、技能培训和态度培训。

1. 知识培训

即通过培训使员工掌握完成本职工作所必备的基本知识，如规章制度、岗位责任、服务工作常识等。对于新员工来说，了解景区概况总是必不可少的，应该注意的是，当旅游景区的发展战略、目标、经营方针和经营状况发生变化时，也需要通过培训使现有员工随时了解这些改变，这样做既有利于提高他们对工作的适应性，也增强了他们参与旅游景区管理的意识，真正树立起主人翁精神。

2．技能培训

即通过培训使员工掌握或提高完成本职工作所需要的技能，包括操作技能、人际交流技能以及某些新兴技能。

操作技能。能根据旅游景区制定的标准和要求及时完成工作，面临问题时能正确决策并加以解决。

人际交流技能。能与不同的对象打交道。人际交流技能对于旅游景区的工作人员来说特别重要，它涉及口头表达能力、听取意见的能力、写作能力、阅读和理解能力，甚至涉及运用非语言技巧的能力，如能否在交流时善解人意。

新兴技能。如寻找、获取、组织、分析和使用信息的能力，即信息处理能力；想出新主意、新办法的能力，即创造革新能力；使用相关计算机软件和通过计算机从各种渠道获取相关信息的能力，即计算机技能。旅游企业往往是新技术最早使用的地方之一，员工掌握新技能可以极大地提高企业的竞争能力。

3．态度培训

即通过培训建立起企业与员工之间的相互信任感，培养员工对企业的忠诚度，并使员工逐渐具备企业发展所需要的精神和态度。员工对于其外部公众来说就代表企业形象，他们的言行会直接影响企业声誉，而旅游景区的工作人员与游客交流频繁、接触密切，因此更应该通过培训等多种途径使他们树立高度维护企业声誉和利益的自觉性。

四、教育培训的对象和内容

1．高层管理人员

高层管理人员的职责是对整个企业的经营管理全面负责，他们的知识、能力、态度等对旅游景区获得成功关系很大。因为大多数高层管理人员已经具备丰富的经验和比较杰出的才能，所以培训应侧重于这样一些方面：帮助他们总结、归纳和有效运用过去的经验；进一步帮助他们提高领导艺术，比如如何转变管理方式和制定战略决策，如何完成特殊委派，如何指导下属，如何进行谈判，如何正确处理人际关系，如何主持会议以及如何演讲等。为他们提供大量信息，帮助他们适应内外环境的变化，如向他们介绍新法规，让他们了解政治、经济、技术发展趋势等。对于新任经理，应该帮助他们尽快了解企业经营战略、目标、方针以及内外关系。

2．中间管理人员

中间管理人员在企业中处于比较特殊的位置，发挥着承上启下的作用。在上下级之间或者员工与企业之间发生矛盾的时候，他们能够平衡各方面的利益并协调各方面的矛盾。他们来自某一个岗位，所以应该帮助他们尽快掌握必要的管理技能，改变工作观念和方法，适应新职位的要求。

3. 销售人员培训

销售人员的工作能力是影响旅游景区客源市场拓展的重要因素之一。他们的培训重点涉及如何介绍新的旅游产品、提高市场规划能力和调查能力以及增加人际交流技巧等方面。

4. 专业人员培训

对于工程师、会计师、经济师等专业技术人员来说，需要不断更新专业知识，了解相关行业的最新技术及其发展方向，如计算机在相关行业的应用，紧急问题的处理等。此外，不同专业人员之间的沟通、协调，对于解决彼此之间的矛盾十分有效。所以，通过交叉培训，使他们互相了解，掌握人际交流技能。

5. 基层员工培训

基层员工是企业的主体，他们直接为旅游者提供各种服务，直接影响企业的声誉和未来发展。对他们进行培训，使他们明确责权，掌握必要的工作技能，按时高质量完成本职工作。

五、培训的种类

目前已有的培训种类多种多样，常见的有以下几种：

在职培训。在工作进行过程中由企业对员工进行的教育培训，内容是员工完成工作所需的知识、技能和态度。

脱产培训。参加培训的员工离开工作岗位一段时间，专门进行培训。

上岗培训。当企业吸收新的员工或员工在企业内调动时，即进入新岗位边工作边培训。

员工再培训。是指由于社会经济、技术的发展，企业经营活动调整，对员工进行的再培训。

六、培训的方法

直接传授。主要特征是信息交流的单向性，培训对象一直处于被动接受的地位。虽然这种方法存在不少缺点，但是当培训对象数量比较多而培训内容相似的时候，可以采用此法。直接传授式的主要形式有课堂授课、听报告、观看演示以及用电影、电视、录像等手段对员工进行培训的影视法等。颇具传统色彩的"从师学艺"也是一种直接传授式的培训方法，与前者不同的是培训对象能从中得到个别指导，效率不高但效果不错。这种培训方法在旅游景区依然广为运用，对于新员工来说，师傅带徒弟的培训方式尤其显得生动、形象、具体。

头脑风暴法。员工坐在一起，面对面地针对某个具体问题展开讨论，大家各抒己见，思想之间相互碰撞，激发出更多的思想火花，提高大家分析解决问题的能力。

案例研究。结合具体的案例，找出问题，分析原因，提出解决办法。

角色扮演。这是一种强调真实感的培训方法，参与者处于模拟的工作环境中，按照角色要求来完成工作任务，这种方法能使参与者较快地掌握工作技能、了解和适应工作环境。

模拟训练。模拟训练与角色扮演有相似之处，模拟训练更侧重对操作技能的培训。模拟训练经常使用计算机软件为参与者提供处理问题的背景条件。

班组活动。这种培训方法将学员分成若干小组，是通过解决问题和完成任务来培养参与者的集体观念和协作意识，训练、提高他们彼此沟通和协作的能力。

实际工作。指为培训对象提供相同的工作场景，分别让他们解决问题或完成任务；通过比较、评价和总结，使参与者能力和水平得到提高。

参加会议。是一种容易被人忽略的培训形式。事实证明，与会者从会议中可以学到他人的经验，训练自己的表达能力以及与他人交流的能力，获得许多信息，开阔视野。

岗位轮换。岗位调动往往能起到拓展知识面、改进工作技能的作用。采用工作轮换这一方式时，需事先计划、周密安排，方能达到既不影响工作秩序，又能使培训对象得到更多指导的效果。

其他。如开展读书活动、鼓励员工参加旅游英语或计算机的业余进修、组织技能竞赛等，征集建议和组织论文研讨等。

七、教育培训评估

培训效果评估是企业培训的必要环节，通过评估可以增强培训效果，借助信息反馈来诊断问题，不断改进工作。评估的基本准则可从有效性和效益性两方面加以评估。培训的有效性是指培训目标的实现程度。培训的效益性是指培训给企业带来的效益如何。评估可以通过学员反馈、测验、实习、工作表现跟踪考察、成本收益评估等方法来进行。

■ **案例思考**

迪士尼乐园的新员工培训

凡是去过迪士尼乐园的人可能都会有这样的体验：你会在不知不觉中情不自禁地露出笑脸。友好夸张的米老鼠、盛大的游行，还有总是笑脸相迎的工作人员——他们会很投入地蹲下来与孩子们说话、愉快地答应游客合影留念的要求。

迪士尼乐园要求每一位员工，不论是新聘任的副总裁还是入口处收票的业余兼职短工，都要接受由"迪士尼乐园大学"（Disney land University）教授团讲授的新员工企业文化训练课，以便让他们认识迪士尼的历史传统、成就、经营宗旨与方法、管理理念和风格等。

新员工接受培训前，迪士尼公司的全体人员对新员工表示特别欢迎。同时对这些员工们希望了解的情况均给予局部说明，如到何处报到、如何着装以及每一训练的时间多长等。第一天，新员工向迪士尼乐园大学报到并参加一整天的有关方面问题的会议。他们4人坐一张桌子。领到各自的姓名卡并享用咖啡、饮料、点心。与此同时，他们相互介绍，彼此熟悉。结果每一位新员工立即认识了 3 个人，并且感到自己是该群体中的一员。

一般来说，迪士尼乐园的新员工培训都安排在特别设计的贴满创始人沃特·迪士尼肖像和他最出名的角色（如米老鼠、白雪公主和七个小矮人等）的训练室里进行，经过精心挑选的培训导师用认真编写的脚本和特殊语言，通过反复提问及回答的方式来强化新员工对迪士尼的个性、历史、传统、神话等的认识。同时利用视听材料向新员工介绍迪士尼的经营思想和方法，使他们从中了解到他们是在娱乐企业中工作，是"戏中的角色"；在为迪士尼的"客人"服务时，应做到满腔热忱、熟悉情况和熟练掌握专业技能；知道他们在"节目"中扮演什么角色。然后他们被款待吃午餐、游览乐园，并被领去参观供员工专用的娱乐区。这个地区包括湖泊、娱乐大厅、野餐地、划船与钓鱼设施和一个大图书馆。

（资料来源：邹统钎. 旅游景区开发与经营经典案例[M]. 北京：旅游教育出版社，2003.）

✍ 思考题

迪士尼乐园新员工培训的目的和作用是什么？

任务四　景区人员的激励管理

一、激励的含义

招聘录用与教育培训工作仅仅解决了旅游景区选择合适的职工人选并使他们具备工作能力的问题。而职工是否具有做好工作的愿望，直接关系到工作的效率与服务质量，从而影响整个旅游景区的经营管理水平与服务水准。因此管理者还应充分认识到调动职工积极性的重要性，掌握好激励沟通的基本方法。激励是旅游景区的管理人员使用奖励和鼓励手段去激发和刺激职工工作热情的方法。

二、激励的理论

激励的重点是了解员工的需求。人的需要是多方面、多层次的。美国临床心理学家马斯洛把人的需要分为五个层次：

生理的需要。即衣、食、住、行等人们最原始的基本需要，也是人们维持生存所必需的。

安全的需要。在人身和职业方面有安全保障，如摆脱失业威胁，有医疗、保险、养老金等。

社交的需要。爱的需要和归属的需要，即人都希望寻找伙伴，得到友爱，成为一个集团或群体的一员。

自尊的需要。包括对地位和权利的向往，希望受到社会承认、尊重等。

自我实现的需要。这是最高一级的需要，包括实现个人的理想和抱负，充分发挥个人的创造力等。

马斯洛认为，上述五种需要是按次序逐级上升的，当下一级需要得到基本满足后，追求上一级的需要便成为行为的驱动力。但在实践中，并不是在低一层的需要完全满足时，高一层的需要才会出现。人们的需要是很复杂的，而大多数人的每种基本需要都只能部分地得以满足。马斯洛还认为，第一、二层属于低级需要，基本上是物质需要，可通过外部条件使人得到满足，其他三层次是高级需要，基本上是精神需要，它从内部使人得到满足。

按照马斯洛的需要层次理论，旅游景区的管理者在激励员工时，要注意处理好满足职工低级需要和高级需要、物质激励和精神激励之间的关系。物质奖励方式包括工资、奖金、股权、奖品、实物、住房等。物质的需求既是职工赖以生存的前提，又是维持人力资源再生产的必要条件。因此，旅游景区应切实做好物质方面的激励工作，尤其是要克服工资奖金分配上的平均主义和论资排辈的现象，因此旅游景区管理者应十分留意薪资政策的制定，做到报酬与业绩真正挂钩。

那么究竟在何种条件下，报酬才会真正激励员工呢？在心理学家赫茨伯格的"双因素"理论中，把对职工有影响的因素分为两大类，一类称为"保健因素"，包括工资报酬、生活福利、人际关系、工作环境、行政管理、组织政策等，这类因素只能保持人的积极性，维持工作现状，就像保健可以防病不可治病一样，并不构成激励因素。而只有工作成就，工作本身具有挑战性，负有重大责任，业绩受承认，个人的晋升和发展成长等因素才能激发员工的积极性和热情，才是激励因素。旅游景区管理者既要维持"保健因素"，更应注意多用"激励因素"。在现代社会里，当人们的日常生活需要基本上得到满足后，采用加薪、完善福利制度等办法只是一种保健因素的作用。因此，真正的激励因素还必须从员工的成长进步、自我实现等方面来考虑。

三、激励政策的制定

旅游景区应制定出公之于众的奖励制度和标准，让职工都有明确努力的方向而积极进取。首先应从制度上明确保证职工的主人翁地位，实行民主管理制度，让职工参加管理、决策；实行考核奖惩制度，设置科学的指标体系与测量方法，将员工的劳动成果与物质利益挂钩，这样才能激发员工为发展目标而奋斗的内在动力。

奖励制度应注意以下几个方面：

奖励的对象：激励是针对旅游景区全体职工的一种人力资源管理方法，因此无论是管理人员还是服务人员，不管是新职工还是老职工，都需要激励。针对管理人员和服务人员的不同工作特点，应制定不同的奖励制度。

奖励的价值和概率：奖励制度是否能激励员工，取决于很多因素。弗罗姆提出期望理论，引导出下面的公式：激发力量=效用价值×获奖概率。效用价值指达到目标对于满足个人需要的价值。只有满足职工需要的奖励，他们才会认为是有价值的。管理者必须为员工提供他们自己认为有价值的奖励（如工作再设计，灵活的福利系统，可以选择的工作时间表等）。获奖概率指职工判断自己的行为能够导致结果和满足需要的概率，即职工对于自己的工作业绩能够获得奖励的信心。该公式表明，假如每一个人把目标的价值看得越大，对获得奖励的期望值越高，那么激发的内在动力就会越强烈。

奖励的数量和时间：管理者须提供足够数量的奖励来激励员工，且在员工取得较好的工作绩效后及时给予奖励。

奖励的公平性：职工的工作动机，不仅受到其所得绝对报酬的影响，而且受到相对报酬的影响。报酬满足感固然重要，但更重要的是让每一个员工都认为自己的所得是公平合理的，而且还有进一步增加的余地。

任务五　景区人员的考评管理

一、考评的含义

员工考评是用科学的方式和程序对组织或个人的成绩和活动效能进行检验、考察和核定的全过程。旅游景区实行绩效评估，不仅可以起到检查与控制的作用，达到引导群体及个体行为的目的，而且为职工提升职务、晋级工资以及培训等决策提供必要的依据。在现代人力资源管理的环节中，绩效评估非常重要，因为它能提供反馈信息，在整个系统必不可少并与各个部分紧密联系。但做好绩效评估工作很不容易。环境、组织、个人等很多方面的因素都会影响绩效评估。尤其是旅游景区，由于服务性产品很难有量化的评估标准，职工的工作绩效难以衡量，因此绩效评估带有较大主观性。

二、考评的内容

绩效评估的主要内容包括工作业绩、工作能力、工作态度和工作适应性。

对工作业绩的评价。是指对预定期间内实际完成的工作成果的评价，其中包括工作量大小、工作效果好坏、工作中的创造性成果、对部下的指导教育作用四个因素。旅游景区应首先制订工作指标和成绩评价标准，然后考察员工完成工作指标或达到成绩标准的程度。

对工作能力的评价。是对员工在工作表现中反映出的基本能力的评价，如员工掌握专业知识和技能技巧，管理者在工作中表现出的领导才能、组织创新能力、业务能力如何等。

对工作态度的评价。如工作积极性、纪律性、协调性、服务的热情度、责任感、进取心以及对批评意见的态度等。

对工作适应性的评价。对员工的智力、体力及性格是否与工作相契合的考评，不同的工作特点决定了各类人员不同的评价要素特征。

三、考评的方法

绩效评估方法可分为定量和非定量两种。定量评估是旅游景区对各部门班组和个人的工作成绩和工作表现进行量化的评价方法。在绩效评估中采用数字评价尺度，可以充分利用人对数字和平衡的感觉，得出尽可能准确的相对评价结果。常见的有以下几种：

分等法。首先设计等级评定表，列举若干绩效因素，并将其分为若干等级，如较好、高于标准、平均标准、低于标准、较差等五级，或不满意、一般、良好、优秀、杰出等五级。评估时，可在对应的等级栏内画圈。

比较法。将评估对象在每项考评指标方面与其他评估对象一一进行比较。

述评法。将被考评者的优点、缺点、工作成绩、培训意见等方面情况，用写文章的方式来分段加以描述和评价。

讨论法。由考评人员组成考评小组，坐在一起讨论，围绕着考评对象的工作成绩等交流意见，进行总结和综合，经小组通过后记下考评结果，成为小组正式考评意见。

四、考评时应注意的问题

（1）确定评价要素和标准是绩效评估的前提。建立明确的职务职能等级标准，对每项职务的性质内涵、责任大小、工作难易等进行工作分析，不同岗位有不同的考核标准，再据此确定每个评定要素的观察考核要点。

（2）要及时沟通信息，进行反馈。除填写考核表的传统方法外，还可增加考评面谈的步骤。考评面谈包括晋升考评中的面谈答辩，成绩考评中的反馈面谈等。在反馈考评评语的面谈中，评估对象可以申诉他对初步考评结果的意见，提出讨论。

（3）使评估与奖惩相结合。好的评估方法必须向被评估者提出今后发展的方向和改进工作的方法，并通过晋升、奖励、培训、帮助、引导、忠告等一系列激励约束机制，促进职工更好地工作，使绩效评估成为人力资源管理的有效手段。

（4）绩效评估应遵循明确化、公开化、客观化、差别化的原则，另外，还要对评估承担者进行充分训练，使其对考证标准有准确统一的理解，尽量排除主观因素。

■ **案例思考**

迪士尼乐园独特灵活的绩效评估体系

能否吸引游客重复游玩恰是娱乐业经营兴旺的奥秘和魅力所在。游客对欢乐的体验，客观上是对员工们服务质量的一种评价。为了实现"给游客以欢乐"的服务承诺，迪士尼乐园制定了独特灵活的考核激励机制，对员工工作表现进行评估和奖励。凡员工工作表现欠佳者将重新培训，或将受到纪律处罚。

迪士尼公司人力资源部有自己所绘制的有关员工士气变化的图表。通常在刚开始的时候员工的士气呈现不断上升的趋势，但随着时间的推移，这种上升的速度开始变缓，并在某一时刻开始下降。但值得庆幸的是下降一段后，员工士气会再次上升，并且会上升到一个比原来更高的层次。这一过程将循环下去。

如何使员工保持较高的工作热情呢？绩效评价系统的改革和灵活的考核激励机制是推进员工行为改变最有效的工具之一。迪士尼人力资源部负责人说："我们并不刻意地去激励员工，但是我们会创造一个支持性的工作环境，让员工们在其中自然而然地感受到激励因素的存在。"迪士尼乐园的具体做法是创建一系列的识别程序，主动去发现员工的先进事迹并及时地给予奖励。如公司将会给做了一件好事的员工一张"为你喝彩"卡。

更值得一提的是以下几点：

（1）笑脸相迎、精力充沛是游客对迪士尼乐园员工的印象。为了维持这一形象，迪士尼乐园废除了有关出勤的奖励，因为他们不希望顾客看到生病的员工，这会影响员工的工作效率和公司的整体形象。

（2）取消了考核部门。因为他们认为考核不应该仅仅是一个部门的工作，考核更应该是各部门领导的责任。通过对员工工作中的表现的综合观察与评估，衡量员工对现任工作的胜任程度及其发展潜力。

（3）人力资源部将在新任经理上任的前几天向他们专门讲述公司总体的考核基准及奖励方法。每一个部门可以根据自己的实际情况，在这一基准上制定自己的奖惩制度。也就是说公司仅仅提供一种框架，各个部门根据本部门的实际情况，制定各自的激励方式。正是这种分权式奖励系统，使公司内部保持了一种共同参与的气氛。

（4）绩效评估系统中的任何一项改革，都会对企业文化和员工积极性产生很大的影响。迪士尼乐园非常注重改革绩效评估的方式。例如，各部门的部门经理可以根据本部门的实际情况制定自己的考核基准，只要这一新的考核基准能够有效地运转，并且能降低本部门的员工流失率，提高顾客的满意度。

（5）通过评估来发现绩效优异的员工并给他们以相应的奖励，这是任何一个有效激励体系的内在组成部分。以何种方式奖励新员工，经理将会征求新员工本人的意见，采用休假、发放电影票、公开表扬等不同方式。

（6）报酬系统。每年都制订奖赏计划，并向公司员工公布同期同行业工资水平，同时健全自身的绩效评估系统。

（7）所有离开迪士尼的员工都要回答一份问题调查表提出的问题。如他们对迪士尼工作的感觉如何以及有何不满。这样，迪士尼的管理部门便可评估在使员工满意并最终使顾客满意方面的成功程度。

这种独特灵活的考核激励系统的建立与运作，是迪士尼乐园维持较高的员工士气的秘诀。

（资料来源：邹统钎．旅游景区开发与经营经典案例[M]．北京：旅游教育出版社，2003.）

✍ 思考题

迪士尼乐园独特的绩效评估系统对企业员工考评管理有哪些启发？

课后思考题

1. 我国景区人力资源管理中存在哪些问题？
2. 怎样才能创造一个有利于人才发展的企业环境？

◇ 任务训练

秦皇岛鸽子窝景区进入暑期旺季，急需招聘一批一线服务人员，请你为景区制订一份详细的招聘计划。

参考文献

[1] 牟红. 景区开发与管理[M]. 北京：中国物资出版社，2007.

[2] 杨正泰. 旅游景点景区开发与管理[M]. 福州：福建人民出版社，2000.

[3] 宋炜，邓毛颖. 旅游资源开发与规划[M]. 北京：中国轻工业出版社，2010.

[4] 郑耀星. 旅游景区开发与管理[M]. 北京：旅游教育出版社，2010.

[5] 邹统钎. 旅游景区开发与经营经典案例[M]. 北京：旅游教育出版社，2003.

[6] 孙文昌. 现代旅游开发学（第三版）[M]. 青岛：青岛出版社，2005.

[7] 邹统钎. 旅游景区开发与管理（第四版）[M]. 北京：清华大学出版社，2018.

[8] 孙英杰. 旅游景区开发与管理[M]. 北京：中国财富出版社，2016.

[9] 邹统钎. 中国旅游景区管理模式研究[M]. 天津：南开大学出版社，2006.

[10] 郎富平，陈蔚. 景区服务与管理[M]. 北京：旅游教育出版社，2021.

[11] 文物保护领域物联网建设技术创新联盟. 智慧博物馆案例（第 1 辑）[M]. 北京：文物出版社，2017.

[12] 陈荣. 智慧景区背景下的旅游客流量预测方法研究[M]. 成都：西南交通大学出版社，2018.

[13] 陈云川. 景区游客高峰时段管理理论与实践[M]. 北京：中国旅游出版社，2018.

[14] 杨小兰. A 级旅游景区提升规划与管理指南[M]. 北京：中国建筑工业出版社，2015.

[15] 佟瑞鹏，李春旭. 旅游景区事故应急管理与预案编制[M]. 北京：中国劳动社会保障出版社，2015.

[16] 徐挺. 景区旅游商品开发与管理案例[M]. 北京：中国旅游出版社，2017.

[17] 北京大学旅游研究与规划中心. 旅游规划与设计：景区容量与游客管理[M]. 北京：中国建筑工业出版社，2017.

[18] 张文君. 智慧景区数字产品设计与开发：以黄龙景区为例[M]. 北京：科学出版社，2021.

[19] 欧朝蓉，邱守明，杨晓云. 智慧旅游[M]. 中国林业出版社，2021.08.

[20] 韩德昌，郭大水. 市场调查与市场预测[M]. 天津：天津大学出版社，1996.

[21] 徐德宽，王平. 现代旅游市场营销学[M]. 青岛：青岛出版社，2001.

[22] 余丹. 确定景区门票价格的因素[J]. 价格月刊，2006（4）：21-22.

[23] 陈秀疏. 公共资源类旅游景区门票涨价的理性思考[J]. 价格理论与实践，2006（8）：3s-36.

[24] 黄葵. 对景区门票涨价问题的思考——北京"世遗"门票涨价事件感想[J]. 重庆邮电学院学报（社会科学版），2005（6）：887-888.

[25] 孙英杰. 北京 4A 级景区餐饮业的现状分析和评价研究[D]. 广西大学，2006.

[26] 孙英杰，卢丽宁. 景区餐饮业的发展趋势研究——以北京 4A 级景区为例[J]. 南宁职业技术学院学报，2008，01：8-12.

[27] 孙英杰，王慧元. 景区餐饮业的经营管理研究[J]. 产业与科技论坛，2008（7）：58-59.

[28] 孙英杰. 旅游景区餐饮业的评价因素研究[J]. 商场现代化，2007，35：253.

[29] 尹婕. 走出旅游商品的怪圈[N]. 人民日报（海外版），2016-02-02（008）.

[30] 杨晓艳. 从旅游商品看供给侧改革[N]. 吉林日报，2016-01-20（008）.

[31] 陈斌. 新旅游商品更需推广平台[N]. 中国旅游报，2016-02-17（B02）.

[32] 张芹. 旅游商品的包装设计策略探析[J]. 艺术科技，2015，12：161.

[33] 王诗培. 奖励政策让北京旅游商品市场健康发展[N]. 中国旅游报，2016-01-06（B02）.

[34] 苏文才. 会展概论[M]. 北京：高等教育出版社，2004.

[35] 刘嘉龙. 节事与活动策划[M]. 上海：上海交通大学出版社，2013.

[36] 杨春兰. 会展概论. 2版[M]. 上海：上海财经大学出版社，2010.

[37] 沈刚，吴雪飞. 旅游策划实务[M]. 北京：清华大学出版社，2008.

[38] 苏英，陈颖. 会展旅游[M]. 上海：上海交通大学出版社，2012.

[39] 陈来生. 会展经济[M]. 上海：复旦大学出版社，2013.

[40] 贾晓龙. 会展旅游[M]. 北京：清华大学出版社，2015.

[41] 杨瑞. 节事活动管理实务[M]. 北京：机械工业出版社，2013.

[42] 彭平平，李宏. 影响景区节事活动发展的因素探讨——以北京香山红叶节为例[J]. 首都师范大学学报（自然科学版），2012，33（2）：7.